DCG 10

EN FI... MAS

Collection di...

C... e
a... e

...li Khaldi

ellipses

Retrouvez tous les ouvrages de la collection sur
www.editions-ellipses.fr

ISBN 9782340-058507

8/10 rue la Quintinie 75015 Paris

www.editions-ellipses.fr

Collection Le DCG en Fiches & en Schémas

La nouvelle réforme de DCG met l'accent sur l'acquisition des compétences techniques et les capacités d'analyse.
Le nouveau programme de DCG doit être mieux adapté aux besoins des cabinets et du marché du travail. Il est structuré autour de 4 parcours de 3 ou 4 UE chacun.
- Le droit des affaires ;
- La gestion comptable et financière ;
- L'analyse économique et managériale ;
- La communication et l'environnement numérique.

Les livres de notre collection ont pour ambition de donner aux étudiants le goût d'apprendre et surtout de maîtriser les concepts à travers des exemples améliorant la compréhension du programme et de faire le lien entre la théorie et la pratique.

Cette collection, conforme à cette nouvelle réforme, est conçue pour vous préparer efficacement à mieux réussir le DCG.

Pour chaque thème :
- un schéma pour suivre la progression ;
- un cours clair et bien structuré ;
- une synthèse pour retenir l'essentiel ;
- des cas corrigés et commentés pour s'entraîner et s'autoévaluer ;

Tous les auteur(e)s de cette collection sont très expérimenté(e)s, chacun(e) enseigne en DCG et/ou en DSCG et membre du jury.

M.A. KHALDI
Directeur de la collection
Maître de conférences en Master CCA Université Paris Descartes

Conseils pour réussir l'UE 10

L'épreuve

La comptabilité approfondie est une épreuve écrite portant sur 4 dossiers, d'une durée de 3 heures, coefficient 1 et le nombre de crédits européens est de 14.

Objectifs de l'épreuve

- Vérifier la capacité des candidats à maîtriser les écritures comptables des opérations concernant l'évaluation des actifs et des passifs, rattachement des charges et des produits au résultat, la vie des entreprises individuelles et les entités spécifiques ;
- Connaître l'intérêt et les méthodes d'évaluation ainsi que la définition des concepts ;
- Expliquer les règles comptables, fiscales ou juridiques.
- Maîtriser les concepts concernant la normalisation et la réglementation comptable ;
- La rénovation met l'accent sur l'acquisition des compétences techniques et celles relevant de l'analyse.

Préparation à l'épreuve

La préparation à l'épreuve « comptabilité approfondie » exige une connaissance des concepts qui sont développés dans ce manuel.
Il faut un entraînement régulier à la résolution des cas simples, des exercices plus complexes et des annales.
Dans ce manuel, il y a des exemples simples pour mieux comprendre et maîtriser les concepts, des cas à la fin des chapitres et les corrigés pour mieux s'entraîner.

Pour bien réussir, il faut :
- Savoir rédiger des phrases claires et bien structurées sans fautes d'orthographe ;
- Utiliser le vocabulaire approprié ;
- Donner des réponses courtes et parfois même sous forme de tirets ;
- S'entraîner à calculer rapidement (il faut commencer par bien connaître les tables) ;
- Être vigilant aux verbes utilisés pour répondre à la question ;
- Prendre de recul pour bien maîtriser les concepts et commenter et analyser les résultats.

Le jour de l'épreuve

- Lire le sujet en intégralité pour repérer les thèmes à traiter en premier et faire votre stratégie ;
- Bien gérer le temps, le barème renseigne sur le temps à consacrer à chaque dossier ;
- Repérer les annexes inhérentes à chaque dossier pour ne pas perdre votre temps ;
- Traiter chaque dossier sur une feuille séparée pour pouvoir faire des allers-retours d'un dossier à un autre tout en gardant une bonne présentation ;
- Mettre le numéro de chaque question sur votre feuille. S'il y a une question à traiter sur l'annexe, il faut mette le numéro de la question et vous indiquez voir annexe (A, B, etc.) ;
- Porter un soin particulier à la présentation de votre copie, à l'écriture, au style et au vocabulaire ;
- Les écritures comptables doivent comporter un numéro des comptes, un intitulé des comptes et un libellé explicatif.

Enfin, il est important de relire votre copie et bien vérifier les annexes à rendre avec la copie.

Bon courage et bonne chance

Thèmes des sujets des sessions 2008 à 2021

Années	Thèmes
2008	Dossier 1 (7 points) : Immobilisation décomposée et subvention d'investissement Dossier 2 (4 points) : Abonnement des charges et des produits Dossier 3 (6 points) : Répartition du résultat Dossier 4 (3 points) : Entités spécifiques (collectivités et GIE)
2009	Dossier 1 (5,5 points) : Augmentation du capital Dossier 2 (11,5 points) : Normalisations et difficultés comptables IASB, IAS-IFRS-normalisation ; provisions réglementées ; Abandon de créances Dossier 3 (3 points) : Comptabilité d'une association
2010	Dossier 1 (6 points) : Constitution de société Dossier 2 (6 points) : Gestion des immobilisations (Actif, immobilisation corporelle, construction, coût de démantèlement.) Dossier 3 (5 points) : Changement comptable et contrat à long terme Dossier 4 (3 points) : Entités spécifiques (professions libérales)
2011	Dossier 1 (9,5 points) : Immobilisations (composants ; amortissements ; dépréciations) Dossier 2 (4,5 points) : Stocks et évènement postérieurs à la clôture Dossier 3 (3 points) : Comptabilisation d'un passif Dossier 4 (3 points) : Le contrôle de la comptabilité (contrôle interne ; CAC)
2012	Dossier 1 (5 points) : Répartition des bénéfices Dossier 2 (6,5 points) : Crédit-bail mobilier Dossier 3 (5 points) : Dettes en monnaie étrangère Dossier 4 (3,5 points) : Entités spécifiques (comptabilité d'une association)
2013	Dossier 1 (4,5 points) : Augmentation de capital Dossier 2 (7,5 points) : Immobilisations incorporelles (Frais augmentation de capital ; R&D ; brevet ; logiciel interne) Dossier 3 (3,5 points) : Engagement « hors bilan » et annexe Dossier 4 (4,5 points) : Introduction à la consolidation
2014	Dossier 1 (3,5 points) : Acquisition d'une immobilisation avec clause de réserve de propriété Dossier 2 (7 points) : Emprunts obligataire avec bons de souscription Dossier 3 (6 points) : Contrat à long terme Dossier 4 (3,5 points) : Entités spécifiques (comptabilité d'une région)
2015	Dossier 1 (6,5 points) : Capitaux permanents (Report à nouveau ; affectation du résultat ; augmentation du capital par incorporation des réserves) Dossier 2 (4 points) : Fonds commercial Dossier 3 (6 points) : Sinistre Dossier 4 (3,5 points) : Relations avec l'expert-comptable
2016	Dossier 1 (9 points) : Financements externes : augmentation du capital, emprunt obligataire Dossier 2 (5 points) : Logiciels Dossier 3 (4 points) : Intéressement et participation des entreprises Dossier 4 (2 points) : Consolidation

Années	Thèmes
2017	Dossier 1 (6 points) : Production d'une immobilisation : coûts des emprunts, subvention Dossier 2 (5 points) : Quotas de gaz à effet de serre : définitions stocks et passif Dossier 3 (4 points) : Affectation de résultat et commissaire aux comptes Dossier 4 (5 points) : Gestion VMP : acquisition obligations, cessions DS, augmentation capital et dépréciations des titres.
2018	Dossier 1 (8 points) : Constitution de société Dossier 2 (5 points) : Immobilisations incorporelles et corporelles Dossier 3 (4 points) : Abandon de créances Dossier 4 (3 points) : Évènements postérieurs à la clôture
2019	Dossier 1 (7 points) : Augmentation du capital Dossier 2 (5,5 points) : Immobilisations incorporelles et corporelles Dossier 3 (5 points) : Contrat à long terme Dossier 4 (2,5 points) : Profession comptable et déontologie
2020	Dossier 1 (8,5 points) : Immobilisations Dossier 2 (5,5 points) : Emprunt Dossier 3 (4 points) : Augmentation de capital Dossier 4 (2 points) : Participation
2021	Dossier 1 (10 points) : Sinistre, principe comptable, site Internet. Dossier 2 (3 points) : Affectation de résultat : RAN, frais d'établissement, calcul et comptabilisation. Dossier 3 (3 points) : Comptabilité de l'association : obligations comptables, comptabilisation. **Dossier au choix** Dossier 4 (4 points) : Stocks : évaluation et comptabilisation. Dossier 5 (4 points) : Engagements de retraite : définition passif, changement comptable, comptabilisation.

Profession comptable et introduction à l'audit légal des comptes

Fiche 1

Schéma de synthèse

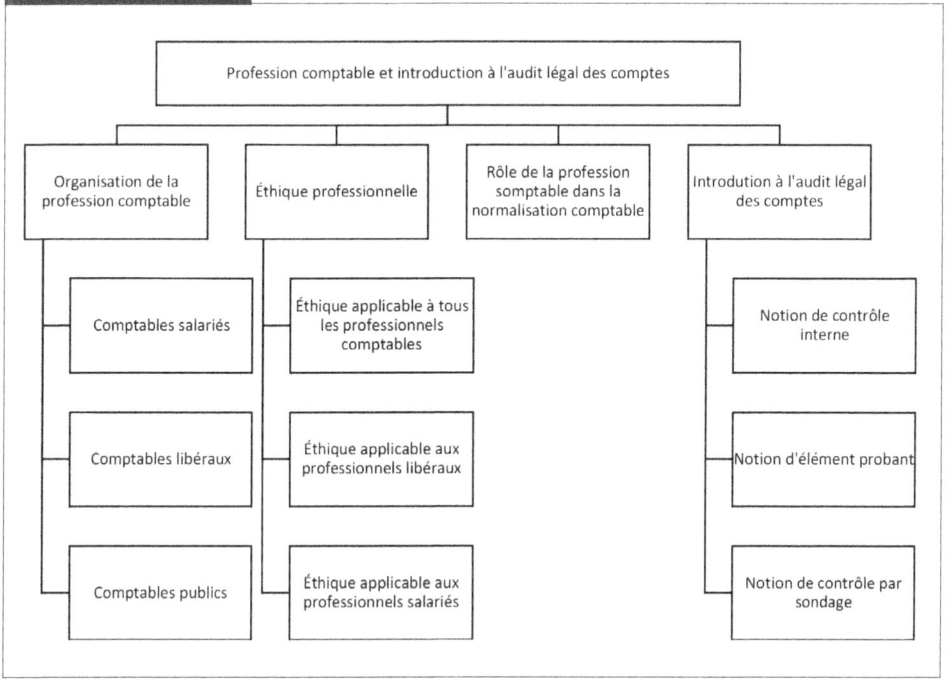

I. Organisation de la profession comptable

La profession comptable comprend trois familles :

- Comptables salariés ;
- Comptables libéraux : experts-comptables et commissaires aux comptes ;
- Comptables publics.

1. Comptables salariés

Le comptable salarié, parce qu'il détient des informations confidentielles très sensibles, met en jeu sa responsabilité dans l'exercice de sa fonction :
Responsabilité disciplinaire en raison de son contrat de travail et donc du lien de subordination qui existe entre le salarié et son employeur ;
Responsabilité civile de droit commun. La victime doit apporter la preuve de la faute du salarié et de la relation de cause à effet entre la faute et dommage subi ;
Responsabilité fiscale, en obéissant à son employeur pour dissimiler des revenus imposables, il est passible d'amende et d'emprisonnement, même s'il n'en n'a pas tiré profit pour lui-même. Il est passible d'une amende de 37 500 € (75 000 € en cas de vente sans facture) et d'un emprisonnement de 5 ans art. 1741 du CGI.
Responsabilité pénale s'il se trouve complice de certains délits.

2. Comptables libéraux

Ils exercent leur activité dans le cadre de cabinets individuels ou de groupe. La tendance est à la concentration. Il y a les *big Four* qui peuvent compter jusqu'à 100 000 collaborateurs dans le monde.
(KPGM, Ernest & young, Deloitte & price Waterhouse coopers).

Deux catégories de professionnels interviennent dans le contrôle externe des comptes ou de l'audit comptable et financier : les experts-comptables dont la plupart des missions sont contractuelles, et les commissaires aux comptes qui ont des missions légales.

A. Experts-comptables

Nuls ne peut porter le titre d'expert-comptable ni en exercer la profession s'il n'est pas inscrit au tableau de l'ordre.
Pour être inscrit il faut :
- Être français ou ressortissant d'un État membre de l'U.E ;
- Jouir de ses droits civils ;
- N'avoir subi aucune condamnation criminelle ou correctionnelle ;
- Être titulaire du diplôme français d'expertise comptable ;
- Présenter les garanties de moralité jugées nécessaires par le conseil de l'ordre.

a. Missions de l'expert-comptable

Mission de présentation des comptes	Elle a pour objet d'attester qu'il n'a rien relevé qui remette en cause la cohérence et la vraisemblable des comptes annuels
Mission d'examen limité des comptes	Plus complète que la mission de présentation. Elle pour objectif de permettre à l'expert-comptable d'attester qu'il n'a rien relevé qui remette en cause la régularité, la sincérité et l'image fidèle donnée par les comptes annuels.

Mission d'audit des comptes annuels	Une mission contractuelle à ne pas confondre avec la mission légale du commissaire aux comptes. L'objectif est de donner une assurance positive sur la régularité, la sincérité et l'image fidèle des comptes annuels.
Mission légale de l'expert-comptable du comité d'entreprise	Prévue par le code du travail : « le CE peut se faire assister d'un expert-comptable de son choix en vue de l'examen annuel des comptes.

b. Déontologie de l'expert-comptable

Il doit respecter un certain nombre de règles qui ont été fixées par un code de déontologie. Ce code comprend quatre chapitres : devoirs généraux, devoirs envers les clients, devoir de confraternité, devoirs envers l'ordre. Ce code oblige le professionnel à établir avec son client un contrat écrit (appelé lettre de mission) définissant la mission et précisant les droits et obligations de chacune des parties.

L'article 5 du code de déontologie stipule notamment les règles suivantes : « l'expert-comptable exerce son activité avec compétence, conscience professionnelle et indépendance d'esprit, etc. », c'est-à-dire qu'il doit en conséquence s'attacher :

- À compléter et mettre à jour régulièrement sa culture professionnelle et ses connaissances générales ;
- Il prend soin d'examiner chaque cas afin de renforcer ses certitudes avant de faire une proposition à son client ;
- Il est libre de donner son avis, il doit être sincère et objectif. Il nuance les hypothèses et conclusions qu'il formule ;
- Il ne doit jamais se mettre dans une situation pouvant nuire à son libre arbitre ;
- Il ne doit jamais être en situation de conflit d'intérêts.

c. Application

La SAS AGSEF a été créée il y a quinze ans par un ami de M. DIKHAL, expert-comptable associé du cabinet REMINES COMPTA. Lors de sa création et afin de soutenir son développement, M. DIKHAL est devenu actionnaire de la SAS AGSEF et détient une part significative du capital. Les dirigeants de la SAS AGSEF souhaitent faire appel à un expert-comptable et sollicitent le cabinet REMINES COMPTA. Pour réaliser cette mission, vous devez répondre aux questions suivantes.

1. **M. DIKHAL pourra-t-il accepter d'être l'expert-comptable de la SAS AGSEF ? Justifier la réponse en rappelant les incompatibilités applicables aux experts-comptables.**
2. **Le cabinet REMINES COMPTA peut-il fixer librement le montant de ses honoraires pour ses différentes missions ? Justifier la réponse.**

Afin d'accélérer le développement de sa clientèle, le cabinet REMINES COMPTA a fait appel à une agence de communication pour réaliser une campagne publicitaire radio. Le spot envisagé énumérera l'ensemble des missions que peut proposer le cabinet et finira par le slogan suivant :
« Les experts-comptables peuvent aider votre entreprise et le cabinet REMINES COMPTA peut vous aider plus que tous les autres cabinets ! ».

3. Le cabinet REMINES COMPTA peut-il faire de la publicité et le spot envisagé est-il approprié ? Justifier la réponse.

d. Solution

1. M. DIKHAL pourra-t-il accepter d'être l'expert-comptable de la SAS AGSEF ? Justifier la réponse en rappelant les incompatibilités applicables aux experts-comptables.

Selon l'ordonnance n° 45-2138 du 19 septembre 1945, l'activité d'expertise-comptable est incompatible avec :

- tout emploi salarié, sauf chez un confrère, membre de l'OEC ou de la CNCC, dans une AGC ou dans l'enseignement ;
- toute activité commerciale ou acte d'intermédiaire à titre non accessoire ;
- toute intervention dans une entité dans laquelle l'expert-comptable possède directement ou indirectement des intérêts substantiels ;
- liens familiaux et personnel, etc.

En détenant une part significative du capital de la SAS AGSEF, M. DIKHAL possède des intérêts substantiels dans la société et ne pourra donc pas accepter cette mission.

2. Le cabinet REMINES COMPTA peut-il fixer librement le montant de ses honoraires pour ses différentes missions ? Justifier la réponse.

Le cabinet REMINES COMPTA pourra fixer librement les honoraires. La négociation s'effectue dans le cadre de la lettre de mission.

3. Le cabinet REMINES COMPTA peut-il faire de la publicité et le spot envisagé est-il approprié ? Justifier la réponse.

Les cabinets d'expertise-comptable ont la possibilité d'effectuer des actions de promotion, à condition que ces actions fournissent au public visé une information utile. Le cabinet REMINES COMPTA pourra donc réaliser des spots publicitaires présentant les missions proposées. En revanche, ces actions ne doivent pas porter atteinte à la dignité et à l'honneur de la profession, pas plus qu'aux règles du secret professionnel et à la loyauté envers les clients et les autres membres de la profession. Le contenu des actions de promotion **doit être exempt de tout élément comparatif**. Ces conditions ne sont donc pas respectées par le spot envisagé, qui suggère une comparaison et un dénigrement des confrères. La fin du slogan du spot publicitaire ne pourra donc pas être maintenue.

B. Commissaire aux comptes (C.C)

Conditions d'inscription sur la liste des commissaires aux comptes :

- Réussir l'examen d'aptitude aux fonctions de commissaire aux comptes après l'accomplissement d'un stage de trois ans ;
- Les titulaires du diplôme d'expertise comptable sont dispensés de l'examen d'aptitude à condition qu'ils aient effectué au moins deux ans de leur stage chez un commissaire aux comptes agrée ;
- Les titulaires d'un diplôme équivalent dans un État membre.

Nomination : Le commissaire aux comptes titulaire est nommé pour six ans par l'assemblée générale ordinaire. L'assemblée doit également nommée un suppléant. Les sociétés astreintes à publier des comptes consolidés sont tenues de désigner deux C.C et deux suppléants. La désignation d'un CAC dans les sociétés est obligatoire soit à la constitution soit en cours de vie sociale si elle dépasse deux des seuils suivants.

- 4 000 000 € de bilan ;
- 8 000 000 € de CAHT ;
- 50 salariés.

Les missions du commissaire aux comptes sont légales.

a. Mission générale : l'audit

Elle porte sur le contrôle légal des comptes annuels sociaux et consolidés.
L'objectif de cette mission est « les commissaires aux comptes certifient que les comptes annuels sont réguliers et sincères et donnent une image fidèle du résultat des opérations de l'exercice écoulé ainsi que de la situation financière et du patrimoine ».
Il a une mission permanente, il est tenu de secret professionnel. Son travail doit déboucher sur une opinion qui doit être clairement exprimée : les comptes sont, ne sont pas ou sont partiellement réguliers, sincères et fidèles. Toute erreur de jugement peut déboucher sur une mise en cause de sa responsabilité civile et éventuellement pénale.

b. Mission de l'examen limité

Elle a pour objectif de permettre au CC., sur la base de diligences ne mettant pas en œuvre toutes les procédures requises pour un audit, de conclure qu'il n'a pas relevé d'éléments le conduisant à considérer que ces comptes ne sont pas établis, dans tous leurs aspects significatifs, conformément au référentiel comptable qui leur est applicable. L'assurance apportée par le CC. à la suite d'un examen limité est qualifiée d'assurance modérée.

c. *Missions connexes*

Ces missions sont nombreuses parmi elles :

- Procédure d'alerte : lorsque le CC relève, à l'occasion de l'exercice de sa mission, des faits de nature à compromettre la continuité de l'exploitation, il en informe le président du conseil d'administration ou de directoire ;
- Révélation des faits délictueux au procureur de la république : est puni d'un emprisonnement de 5 ans et d'une amande de 75 000 € le fait de ne pas révéler au procureur les faits délictueux dont il a eu connaissance (art. L. 820-7 du c.com).

C. Déontologie du commissaire aux comptes

Le code de déontologie des CC est approuvé par un décret du 16 novembre 2005 après avis de l'AMF et du haut conseil du commissariat aux comptes (H3C) afin de restaurer la crédibilité de la profession après les scandales financiers.

Le commissaire aux comptes qui exerce une mission d'intérêt général et se conforme aux lois et règlements doit :

- Exercer sa profession avec honnêteté et droiture (principe d'intégrité) ;
- Conserver en toutes circonstances une attitude impartiale ;
- Être indépendant ;
- Éviter toute situation de conflit d'intérêts ;
- Agir avec compétence et donc se soumettre à une obligation de formation continue ;
- Entretenir avec les autres commissaires aux comptes des relations confraternelles ;
- Respecter le secret professionnel.

Mais il y a des incompatibilités :

- Professionnelle : il est interdit de fournir à l'entité dont il certifie les comptes, tout conseil ou toute prestation de service n'entrant pas dans les diligences directement liées à sa mission ;
- Familiale : il est interdit d'avoir des liens familiaux avec une personne occupant une fonction sensible au sein de l'entité dont il certifie les comptes ou des liens étroits susceptibles de nuire à son indépendance ;
- Financière : le client verse des honoraires au CC, ce lien ne doit pas compromettre son indépendance. Le CC ne peut pas être actionnaire de son client, il ne peut avoir été consultant du client ou expert-comptable moins de deux ans avant l'acceptation de sa mission…

Le CC ne peut démissionner que pour de motifs légitimes comme la cessation définitive d'activité ou la survenance d'un évènement de nature à compromettre son indépendance ou son objectivité.

Ces honoraires sont fixés en fonction des diligences à mettre en œuvre, mais sans que cela puisse compromettre la qualité des travaux. Le montant versé doit être communiqué aux actionnaires ou associés.

3. Comptables publics

Le comptable public est un fonctionnaire, il est chargé de l'encaissement et du paiement des deniers publics au vu des titres de paiement ou de recettes émis par l'ordonnateur. Il est chargé d'une mission de contrôle, puisqu'il ne peut acquitter les dettes ou percevoir les recettes que si elles ont été prévues au budget. Il est aussi chargé de veiller au respect des principes et règles comptables et il doit s'assurer notamment de la sincérité des enregistrements comptables et du respect des procédures.
Le comptable public est responsable personnellement et pécuniairement de sa gestion devant le juge des comptes, à raison notamment des contrôles qu'il est tenu d'effectuer sur les recettes et les dépenses.
Séparation de ses fonctions de celles de l'ordonnateur. L'ordonnateur décide de la dépense, dans le cadre du budget qui lui est confié et qui a fait l'objet d'un vote. Le comptable contrôle la régularité de l'engagement décidé par l'ordonnateur.

II. Éthique professionnelle

L'éthique (science de la morale : ensemble de règles de conduite) est plus large que celle de la déontologie (ensemble des règles et des devoirs régissant une profession, c'est la science de ce qu'il faut faire, la science des devoirs).
La déontologie a une connotation juridique (comprend des règles de droit, qu'il y a lieu de respecter), l'éthique se limite à l'énoncé de règles, sans qu'une sanction morale ne soit prévue.
Le code d'éthique de l'IFAC (fédération internationale des professionnels comptables) comporte trois parties :

1. Éthique applicable à tous les professionnels comptables

On trouve le développement des concepts d'intégrité, d'objectivité, de compétence professionnelle, de confidentialité et de comportement professionnel.
Intégrité est synonyme d'honnêteté, de probité absolue. Le professionnel doit exercer sa profession avec franchise, honnêteté et droiture.
Objectivité c'est la qualité de ce qui est impartial. Le professionnel doit conserver en toutes circonstances une attitude impartiale. Il doit fonder ses conclusions et ses jugements sur une analyse objective de l'ensemble des données dont il a connaissance, sans préjugé ni parti pris.
Compétence professionnelle et respect des diligences normales
Un comptable professionnel devrait agir diligemment et effectuer ses missions en respectant les normes techniques et professionnelles appropriées (normes comptables, normes d'audit, législation, etc.).

Confidentialité est le maintien du secret d'information. Le professionnel doit faire preuve de prudence et de discrétion dans l'utilisation des informations.
Comportement professionnel c'est la manière de se conduire, d'agir d'une certaine manière. Le professionnel doit agir conformément aux règles de la profession et ne pas porter discrédit à celle-ci.

2. Éthique applicable aux professionnels libéraux

On trouve les règles concernant notamment les relations avec la clientèle, l'indépendance du professionnel, le traitement des conflits d'intérêts, la rémunération, les règles de communication et de publicité.

3. Éthique applicable aux professionnels salariés

Le professionnel doit être loyal. Loyauté est synonyme de droiture, d'honnêteté, de fidélité à tenir ses engagements. Le professionnel doit rester fidèle et loyal vis-à-vis de son employeur.

III. Rôle de la profession comptable dans la normalisation comptable

L'autorité des normes comptable (ANC) est instituée par l'ordonnance du 22 janvier 2009. Elle a permis la fusion de deux instances : le CNC et le CRC. Ses missions sont de trois types :

- Elle est compétente pour édicter les prescriptions comptables générales et sectorielles auxquelles sont soumises les personnes établissant des documents comptables ;
- Elle donne un avis sur tout projet de texte élaboré par les autorités nationales et peut émettre des avis sur les projets de normes internationales ;
- Elle assure la coordination et la synthèse des travaux théoriques et peut formuler des recommandations.

IV. Introduction à l'audit légal des comptes

L'audit est une mission d'opinion, elle doit être exprimée par écrit et être motivée. La mission est assurée par un professionnel indépendant, elle ne porte que sur les comptes annuels sociaux. L'appréciation des comptes doit se faire par rapport à des normes.

1. Notion de contrôle interne

Le contrôle interne est un ensemble des politiques et procédures mises en œuvre par la direction en vue d'assurer, dans la mesure du possible, la gestion rigoureuse et efficace de ses activités.
Le contrôle interne est un moyen d'atteindre des informations fiables.
La règle essentielle d'application du contrôle interne est celle de la séparation des fonctions : elle a pour objectif d'éviter que, dans l'exercice d'une activité de l'entreprise, une même personne cumule les fonctions opérationnelles, de saisie et traitement d'information, de contrôle, de détention matérielle des valeurs et des biens ou même simplement deux d'entre elles.

2. Notion d'élément probant

Les éléments probants désignent les informations obtenues par l'auditeur pour aboutir à des conclusions sur lesquelles son opinion est fondée.
L'auditeur doit réunir des éléments probants suffisants et adéquats pour parvenir à des conclusions raisonnables sur lesquelles fonder son opinion. Pour obtenir ces éléments nécessaires, l'auditeur peut utiliser plusieurs techniques.

A. Procédures analytiques

Elles consistent à faire des comparaisons entre les données comptables de l'entité et des données antérieures ou prévisionnelles de la même entité ou d'une entité similaire afin de faire ressortir les variations significatives et les incohérences. Le point de départ est souvent la comparaison de la balance des comptes N–1 et N. Le calcul des ratios ou le suivi de leur évolution permet aussi de mieux cibler les risques d'erreurs dans les comptes. Enfin, la comparaison avec des données sectorielles permet aussi de déceler des anomalies.

B. Observation physique

C'est un contrôle direct, par le commissaire aux comptes, de l'existence d'un actif ou d'une procédure.
Pour s'assurer de l'existence d'un actif ayant une valeur significative, le CC va demander à constater lui-même son existence. Par exemple un montant important en caisse, de même, il peut assister à l'inventaire physique du stock.
L'observation peut aussi porter sur des procédures. Par exemple, le CC s'assure pendant l'inventaire qu'il n'y a pas de sorties (livraisons à des clients) ou d'entrées en stock (livraisons en provenance des ateliers ou des fournisseurs) ce qui rendrait le comptage difficile.

C. Confirmation directe

La confirmation directe ou procédure de circularisation consiste à obtenir directement des tiers, confirmation d'opérations effectuées avec l'entreprise. Le C.C sélectionne les tiers (clients, fournisseurs, banquiers…) auxquels l'entreprise enverra une demande de confirmation avec réponse directe au C.C. Elles sont ensuite rapprochées avec les comptes de l'entreprise.

3. Notions de contrôle par sondage

Il est impossible d'étudier toutes les pièces, il faut se limiter à des sondages. Le sondage peut être statistique ou non statistique lorsque la sélection porte par exemple sur les 20 opérations les plus importantes.

Il faut définir :

- La variable statistique
- La loi de probabilité (pour les variables discrètes : loi binomiale approximée par une loi de Poisson et loi normale pour les variables continues)
- Le seuil de signification, c'est-à-dire le niveau d'erreur maximum acceptable
- Etc.

Ce qu'il faut retenir

Responsabilités de comptable salarié

- responsabilité disciplinaire (en raison de son contrat de travail et donc du lien de subordination qui existe entre le salarié et son employeur) ;
- responsabilité civile de droit commun. (La victime doit apporter la preuve de la faute du salarié et de la relation de cause à effet entre la faute et le dommage subi) ;
- responsabilité fiscale, (car même en obéissant à son employeur pour dissimuler des revenus imposables, il est passible d'amende et d'emprisonnement, même s'il n'en n'a pas tiré profit lui-même) ;
- responsabilité pénale (s'il se retrouve complice de certains délits
- Mission générale du commissaire aux comptes est une mission d'audit.
- La mission du commissaire aux comptes est **légale.**
- La désignation d'un CAC dans les sociétés est obligatoire soit à la constitution soit en cours de vie sociale si elle dépasse deux des seuils suivants.
  - 4 000 000 € de bilan ;
  - 8 000 000 € de CAHT ;
  - 50 salariés.
- La mission de l'expert-comptable est **contractuelle.**
- Les cabinets d'expertise-comptable peuvent effectuer des actions de promotion présentant les missions proposées. En revanche, ces actions ne doivent pas porter atteinte à la dignité et à l'honneur de la profession, pas plus qu'aux règles du secret professionnel et à la loyauté envers les clients et les autres membres de la profession. Le contenu des actions de promotion **doit être exempt de tout élément comparatif.**
- Utilité de la lettre de mission
  - organiser la **relation entre les parties** et la mission le plus efficacement possible ;
  - **limiter les situations litigieuses** en précisant la répartition des tâches et les obligations de chaque partie ;
  - servir de **preuve en cas** de litige (recherche des responsabilités respectives ;
  - fixer les honoraires.
- Contrôle interne est l'ensemble des procédures mises en place par la direction afin de s'assurer de la fiabilité des enregistrements et des comptes annuels qui en découlent. Il doit permettre notamment :
  - le contrôle du travail comptable (exhaustivité, réalité, exactitude) ;
  - le contrôle du personnel de l'entreprise (respect du principe organisationnel de séparation des tâches) ;
  - de garantir la sauvegarde des actifs ;
  - la fiabilité de l'information financière ;
  - la conformité aux lois et règlements.

Cas Boumeftah

Dossier 1 Entreprise BOUMEFTAH

Mission

M. BOUMEFTAH sait que la nomination d'un commissaire aux comptes est obligatoire dans une société anonyme remplissant deux seuils sur 3. Il souhaiterait qu'un des actionnaires de sa société, qui est commissaire aux comptes, soit nommé comme commissaire aux comptes de la société. Pour réaliser cette mission vous devez :

1. Donnez les raisons pour lesquelles la société ne peut pas faire appel à un actionnaire pour exercer la mission de commissaire aux comptes.
2. Expliquez les recommandations d'ordre général prévues par le code de déontologie de l'Ordre des Experts-Comptables (OEC) afin que l'expert-comptable exerce sa profession avec compétence, conscience professionnelle et indépendance d'esprit.

Dossier 2 Cabinet TINES

Mission

M. TINES a un cabinet d'expertise-comptable et de commissariat aux comptes. Il s'agit d'un cabinet individuel, créé il y a une trentaine d'années et qui emploie maintenant dix salariés. Il tient une comptabilité de trésorerie. Il souhaite changer de structure juridique et de passer d'un exercice individuel de la profession à un exercice dans le cadre d'une SARL.

Parmi ses clients, il y a la SAS TOFFA. Pour réaliser cette mission vous devez :

1. Est-ce que la SAS TOFFA est obligée de recourir aux services d'un expert-comptable ? Justifiez.
2. Qualifiez la mission de l'expert-comptable et la mission du commissaire aux comptes de façon à mettre en évidence ce qui les distingue.
3. Indiquez l'utilité de la lettre de mission et citez quatre éléments de son contenu.
4. Citez quatre critères de l'éthique professionnelle des experts-comptables.
5. M. TINES, actuel expert-comptable, peut-il cumuler sa fonction avec celle de commissaire aux comptes au sein de la société TOFFA ? Justifiez.
6. Quelles seraient les obligations comptables de l'entreprise d'expertise-comptable de M. TINES après transformation en SARL ? Justifier votre réponse.

Finalement, l'entreprise BOUMEFTAH a fait appel au cabinet TINES. M. TINES le commissaire aux comptes a observé dans son rapport certaines faiblesses dans le contrôle interne de la société. Ces éléments n'ont pas remis en cause son opinion sur les comptes annuels. Les dirigeants ont demandé au commissaire aux comptes de proposer des solutions pour pallier les faiblesses de certaines procédures administratives, comme celles des ventes et des clients par exemple. Il a été rappelé à l'occasion qu'un système de contrôle interne efficace devait entraîner le respect de principes tels que la séparation des tâches, la supervision et la conservation des actifs.

Dans le cadre de révision du cycle d'exploitation « ventes et clients » une procédure de circularisation et de rapprochement de documents a été mise en place.

7. Préciser si la mission du commissaire aux comptes dans l'entreprise BOUMEFTAH est de nature légale ou contractuelle.
8. Le commissaire aux comptes peut-il proposer, comme le lui suggèrent les dirigeants de l'entreprise BOUMEFTAH, des solutions pour remédier aux faiblesses observées de certaines procédures, comme celles des ventes et des clients par exemple. Justifiez votre réponse.
9. Expliquez la notion de rapprochement de documents. Donnez des exemples.

Solution

Dossier 1 : entreprise BOUMEFTAH

1. **Donnez les raisons pour lesquelles la société ne peut pas faire appel à un actionnaire pour exercer la mission de commissaire aux comptes.**

   Le commissaire aux comptes doit être indépendant de la société qu'il contrôle.

   Le code de commerce (art L. 822-10 à L. 822-14) prévoit un certain nombre d'incompatibilités.

   D'une manière générale, le commissaire aux comptes doit éviter toute situation de conflits d'intérêts.

   Il ne peut prendre, recevoir ou conserver, directement ou indirectement, un intérêt auprès de la société dont il est chargé de certifier les comptes.

   Il est interdit au commissaire aux comptes de fournir à la société qu'il contrôle, tout conseil ou toute autre prestation de services qui n'entrent pas dans les diligences liées à sa mission.

2. **Expliquez les recommandations d'ordre général prévues par le code de déontologie de l'Ordre des Experts-Comptables (OEC) afin que l'expert-comptable exerce sa profession avec compétence, conscience professionnelle et indépendance d'esprit.**

   L'expert-comptable exerce son activité avec compétence, conscience professionnelle et indépendance d'esprit :

   - il complète et met à jour régulièrement sa culture professionnelle et ses connaissances générales ;
   - il prend soin d'examiner chaque cas afin de renforcer ses certitudes avant de faire une proposition à son client ;
   - il est libre de donner son avis, il doit être sincère et objectif. Il nuance les hypothèses et conclusions qu'il formule ;
   - il ne doit jamais se mettre dans une situation pouvant nuire à son libre arbitre ;
   - il ne doit jamais être en situation de conflit d'intérêts.

Dossier 2 : cabinet TINES

1. **Est-ce que la SAS. TOFFA est obligée de recourir aux services d'un expert-comptable.**

   Non, l'entreprise n'est pas obligée de recourir aux services d'un expert-comptable.

2. **Qualifiez la mission de l'expert-comptable et la mission du commissaire aux comptes de façon à mettre en évidence ce qui les distingue.**

   La mission de l'expert-comptable est **contractuelle.**

   La mission du commissaire aux comptes est **légale.**

3. **Indiquez l'utilité de la lettre de mission et citez quatre éléments de son contenu.**

   Son utilité :

   - organiser la relation entre les parties et la mission le plus efficacement possible ;
   - limiter les situations litigieuses en précisant la répartition des tâches et les obligations de chaque partie ;
   - servir de preuve en cas de litige (recherche des responsabilités respectives

   Son contenu :

   - la présentation des parties,
   - la qualification et description de la mission (objet du contrat),
   - les obligations et responsabilités de chaque partie,

- les délais d'exécution,
- les modalités d'exécution,
- les conditions financières (honoraires),
- la durée de la mission,
- le nom et le rôle du professionnel de l'expertise comptable responsable de la mission.
- le cas échéant, un tableau de répartition des tâches entre le client et le professionnel de l'expertise comptable, etc.

4. Citez quatre critères de l'éthique professionnelle des experts-comptables.

- Indépendance
- Compétence
- Intégrité
- Objectivité
- Confidentialité

5. M. TINES, actuel expert-comptable, peut-il cumuler sa fonction avec celle de commissaire aux comptes au sein de la société TOFFA ? Justifiez.

Non. Il s'agit d'une incompatibilité. M. TINES ne peut contrôler des comptes qu'il a établis, ce qui le placerait dans une situation d'autorévision.

6. Quelles seraient les obligations comptables de l'entreprise d'expertise-comptable de M. TINES après transformation en S.A.R.L ? Justifier votre réponse.

Une SARL est toujours **commerciale,** quel que soit son objet.

L'entreprise d'expertise-comptable serait alors une personne morale ayant la qualité de commerçant et devrait tenir une comptabilité **d'engagement** :

- enregistrer les mouvements affectant le patrimoine
- effectuer un inventaire physique au moins une fois par an
- établir des comptes annuels.

7. Précisez si la mission du commissaire dans l'entreprise BOUMEFTAH est de nature légale ou de nature contractuelle.

La société Boumeftah est une société anonyme. Le contrôle des comptes par un commissaire aux comptes est obligatoire dans les sociétés anonymes. La mission est donc légale.

8. Le commissaire aux comptes peut-il proposer, comme le lui suggèrent les dirigeants de l'entreprise BOUMEFTAH, des solutions pour remédier aux faiblesses observées de certaines procédures, comme celle des ventes et clients par exemple. Justifiez votre réponse.

Pour garantir son indépendance le commissaire aux comptes doit respecter le principe de non-immixtion dans la gestion de l'entreprise. Il pourra toutefois donner son avis sur les procédures en place et émettre des recommandations visant à améliorer le traitement de l'information.

9. Expliquez la notion de rapprochement des documents. Donnez des exemples.

Le rapprochement de documents consiste à confronter deux documents dans le but de s'assurer de leur concordance.

Dans le cadre de la procédure visée, on rapprochera :

- la facture émise du bon de livraison ;
- les déclarations de TVA et le chiffre d'affaires ;
- les balances et comptes clients ;
- les factures clients et les bons de sortie de stock.

Fiche 2

Normalisation et cadre conceptuel

Schéma de synthèse

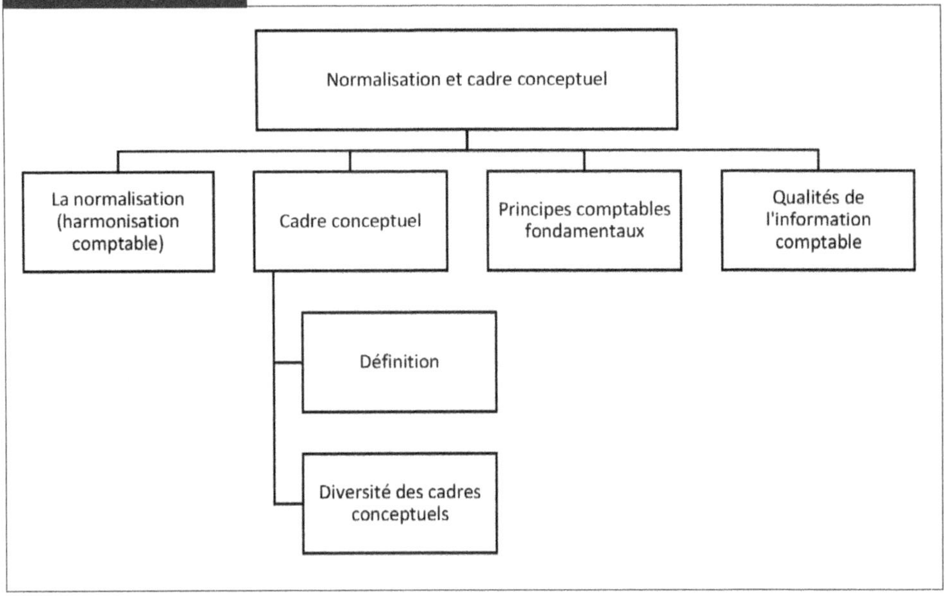

I. La normalisation (harmonisation comptable)

À quoi consiste la normalisation ?

La normalisation comptable est le processus de production de normes comptables.

- Répondre aux besoins de transparence et de compréhension des comptes
- Harmoniser les pratiques autour d'une règle commune respectée par chacun pour permettre la comparaison entre entreprises dans un cadre national ou international.

Quel est le principal acteur français ?

C'est l'autorité des normes comptables.

But : répondre aux nécessités de transparence et de lisibilité de l'information financière.

Sur le plan micro, elle renseigne le dirigeant et les autres parties prenantes de l'entreprise.

Sur le plan macro pour l'État et la bourse.

Avantages	Un meilleur contrôle de l'application des règles; Un contrôle plus facile des comptabilités par les commissaires aux comptes; Une lecture plus aisée des comptes annuels par les tiers: banques, investisseurs, représentants de personnel, etc.
Limites	La normalisation ne gomme pas tous les particularismes; De plus le droit comptable et le droit fiscal évoluent vers une autonomie croissante; De nombreux choix comptables permettent de lisser le résultat de l'entreprise «comptabilité créative».

Mais il faut prévoir de nombreux compléments pour tenir compte de divers secteurs d'activité. C'est le rôle des plans comptables professionnels.

Plusieurs organismes interviennent dans la normalisation :
- ONU (Organismes des Nations Unies)
- OCDE (Organisation des Coopérations et de Développement Économique)
- UE (Union Européenne)

En France :
1er niveau le Parlement
2e niveau le Gouvernement
3e niveau l'ANC (autorité des normes comptables) créée par l'ordonnance de 22 janvier 2009, elle remplace le CNC et le CRC.

Sa mission :
- donner un avis sur les dispositions d'ordre comptable ;
- proposer des mesures relatives à l'exploitation des comptes.
- Il y a aussi l'Autorité des marchés financiers (AMF), créée le 1/08/2003 et habituée à prendre des règlements homologués par arrêtés publiés au journal officiel.

Parallèlement aux travaux de normalisation menés par la puissance publique, les organisations cherchent à harmoniser leurs pratiques.
- CNCC (organisation nationale des commissaires aux comptes) dotée d'un code de déontologie, elle publie des normes d'exercice professionnel homologuées par le haut conseil du commissariat aux comptes H3C. Il donne son avis lorsque le garde des sceaux lui demande.
- OEC, il diffuse auprès de ses membres des recommandations et des avis. Il publie des normes relatives aux missions de l'expert-comptable ainsi que des textes sur le comportement professionnel.

Il y a des organisations internationales :
International Federation of Accountants (IFAC), est basée à New York.
IFAC, regroupe les organisations professionnelles d'experts-comptables et d'auditeurs de plus de 100 pays.
Elle publie des normes d'audit, des normes comptables, des formations professionnelles, éthiques.

International Accounting Standards Committee Foundation (IASC) basée à Londres est composée d'un conseil de surveillance et d'un comité exécutif (*Intenational Accounting Standards Board* IASB) qui publie des normes de comptabilités Financières : *International Financial Reporting Standards* IFRS et IAS (*International Auditing Standards*).
Fédération Européenne des experts-comptables (FEE). Son siège est à Bruxelles, elle joue le rôle consultatif auprès du conseil des comités et des organisations professionnelles nationales :
Les IFRS sont les normes internationales d'information comptable. Sont automatiques pour les comptes consolidés des sociétés cotées depuis 2005. Pour les comptes individuels, toutes les entreprises doivent continuer à utiliser le PCG.

Pour être applicables en Europe, les IFRS doivent avoir été approuvées à deux niveaux :
- un niveau politique, le CRC qui émit un avis sur les propositions de la commission européenne d'adopter une norme IFRS ;
- un niveau technique, l'EFRAG *(European Financial reporting Advisory Group)* vérifie que la norme peut être techniquement appliquée dans l'UE.

II. Cadre conceptuel

1. Définition

Un cadre conceptuel est une explication de la théorie ou du modèle comptable.

Il doit analyser :
- Les objectifs de la comptabilité
- Les caractéristiques qualitatives de la comptabilité : pertinence et fiabilité notamment.
- Le contenu des états financiers : actif, passif, produits et charges…
- Méthodes d'évaluation

2. Diversité des cadres conceptuels

Il y a deux cadres :
- Le cadre conceptuel de l'IASB, appelé « cadre de préparation et de présentation des états financiers » adopté en avril 1989. Il rappelle que les états financiers (comptes individuels et consolidés) ont pour objectif de fournir une information sur la situation financière, la performance et l'évolution dans la situation de l'entreprise.
- Le cadre conceptuel français, il n'existe pas de cadre conceptuel formalisé mais des principes généraux applicables en comptabilité présentés dans les articles L. 123-12 à L. 123-28 du code de commerce.

III. Principes comptables fondamentaux

L'article L. 123-14 du code de commerce « les comptes annuels doivent être **réguliers, sincères** et donner **une image fidèle** du patrimoine, de la situation financière et du résultat de l'entreprise. »

L'objectif suprême de la comptabilité financière est de fournir une image fidèle (l'image aussi objective que possible de la réalité de l'entreprise) du résultat de l'entreprise. La régularité et la sincérité sont les moyens d'obtenir l'image fidèle qui est la clé de voûte du modèle comptable actuel.

La régularité est la conformité aux règles et procédures en vigueur.

La sincérité, les informations comptables doivent donner à leurs utilisateurs une description adéquate, loyale, claire précise et complète des opérations.

Les comptabilités s'appuient sur un certain nombre de principes pour atteindre l'objectif. Les principes comptables sont.

Le concept d'entité	Il oblige de distinguer le patrimoine de l'entreprise de celui de ses propriétaires.
Le principe de continuité de l'exploitation	Le cadre conceptuel IASB § 23 : « Les états financiers sont normalement préparés selon l'hypothèse qu'une entreprise est en situation de continuité d'exploitation et poursuivra ses activités, etc. » Ce principe a été repris par l'article L. 123-20 du code de commerce
Le principe de séparation des exercices	Le découpage de l'activité en périodes comptables et la détermination d'un résultat de chaque période conduisent au principe de l'indépendance ou séparation des exercices.
Le principe de la permanence des méthodes	Il s'applique aux méthodes d'évaluation et aux méthodes de présentation des comptes.
Le principe d'utilisation des coûts historiques	Les actifs sont comptabilisés pour le montant payé. Les avantages sont l'objectivité et la stabilité
Le principe de prudence	Mis en valeur pour éviter le risque de transfert sur les périodes à venir « d'incertitudes présentes susceptibles de grever le patrimoine et les résultats de l'entreprise ».
Le principe de la juste valeur	La juste valeur s'oppose au coût historique et au principe de prudence. La juste valeur est le montant pour lequel un actif pourrait être échangé, ou un passif éteint, entre des parties bien informées, consentantes et agissant dans des conditions de concurrence normale (IAS 39 § 9, IAS 41, § 8).
Le principe d'importance relative ou significative	Les informations non significatives ne sont pas pertinentes. Il faudra donc définir le niveau du seuil de signification.
Le principe de non compensation	La compensation est expressément interdite par l'IASB, le code de commerce et le plan comptable.
Le principe d'intangibilité du bilan d'ouverture	L'article L. 123-19 du code de commerce : « le bilan d'ouverture d'un exercice doit correspondre au bilan de clôture de l'exercice précédent ».
Le principe de prééminence du fond sur la forme (ou de la réalité sur l'apparence : substance over form)	« Il est nécessaire que l'information soit comptabilisée et présentée en accord avec leur substance et la réalité économique et non seulement selon leur forme juridique ». l'IASB § 35.

IV. Qualités de l'information comptables

L'information comptable pour atteindre ces objectifs, doit réunir un certain nombre de qualités :

– Pertinence : l'information est pertinente dès lors qu'elle contribue à donner une image fidèle ;
– Comparabilité : le lecteur des comptes a besoin de comparer dans l'espace (grâce à la normalisation) et dans le temps (du fait de la permanence des méthodes) tout changement ;
– La fiabilité ;
– Clarté, rapidité et coût raisonnable (le coût de production ne doit pas excéder sa valeur d'usage).

Ce qu'il faut retenir

- **La normalisation doit**
  – Répondre aux besoins de transparence et de compréhension des comptes
  – Harmoniser les pratiques autour d'une règle commune respectée par chacun pour permettre la comparaison entre entreprises dans un cadre national ou international.
- Le principal acteur français est l'autorité des normes comptables.
- **Les avantages de la normalisation**
  – un meilleur contrôle de l'application des règles ;
  – un contrôle plus facile des comptabilités par les commissaires aux comptes ;
  – une lecture plus aisée des comptes annuels par les tiers : banques, investisseurs, représentants de personnel...
- **Les limites de la normalisation**
  – la normalisation ne gomme pas tous les particularismes ;
  – de plus le droit comptable et le droit fiscal évoluent vers une autonomie croissante ;
  – de nombreux choix comptables permettent de lisser le résultat de l'entreprise « comptabilité créative ».

Cas Norma

Dossier 1

Mission

Un membre de l'I.A.S.B. a conclu un article de la Revue Française de Comptabilité (n° 414, novembre 2008) en écrivant : « Seule une normalisation indépendante et internationale, non assujettie à une région particulière du monde, peut garder l'objectivité nécessaire ; l'organisme existe : je l'ai rencontré ». Pour réaliser cette mission vous devez :

1. Explicitez le sigle IASB.
2. Quel est le rôle de cet organisme ?
3. En quoi cet organisme répond-il aux critères de normalisation indépendante et internationale ?
4. Qu'appelle-t-on une norme IFRS ? Les normes IFRS sont-elles applicables en France ?
5. Présentez les organismes intervenant dans le processus d'adoption d'une norme IFRS en Europe (U.E.) en précisant leur rôle.
6. Les normes internationales IAS-IFRS offrent peu d'options comptables. Selon vous, quelle en est la raison ? En est-il de même dans le Plan comptable général (règlement CRC 99-03) ?

Dossier 2

Mission

Votre tuteur de stage vous sollicité pour apporter des informations sur la normalisation et le cadre conceptuel. Pour réaliser cette mission vous devez :

1. Donner le moyen pour tenir compte de divers secteurs d'activité ?
2. Rappelez l'origine et les missions de l'ANC
3. Citez deux organismes dont les écrits participent à la doctrine comptable française
4. Rappeler les référentiels comptables pour les sociétés commerciales françaises ?
5. Citez et définir les moyens pour atteindre une image fidèle
6. Quels sont les inconvénients du principe des coûts historiques ? Quel est le moyen pour y remédier ?
7. Rappelez le rôle du principe de prudence
8. Rappelez la définition et l'objectif de la juste valeur

Solution

Dossier 1

1. Explicitez le sigle IASB.

Le sigle IASB signifie *International Accounting Standards Board.*

2. Quel est le rôle de cet organisme ?

Il est chargé :

- d'élaborer les normes comptables [au sein de l'IASCF (*International Accounting Standards Committee Foundation)*].
- d'approuver les interprétations [proposées par l'IFRIC (*International Financial Reporting Interpretations Committee*)]

3. En quoi cet organisme répond-il aux critères de normalisation internationale et indépendante ?

La normalisation est internationale car l'IASB regroupe des préparateurs des états financiers, des auditeurs, des utilisateurs et des universitaires venus du monde entier.

La normalisation est indépendante car c'est un organisme privé qui n'est attaché à aucun intérêt particulier qu'il soit privé ou public.

L'IASB est censé représenter toute la communauté financière. La procédure de normalisation est basée sur la concertation entre tous et principalement avec les organisations nationales partenaires de l'IASB à travers le monde.

4. Qu'appelle-t-on normes IFRS. Les normes IFRS sont-elles applicables en France ?

Les normes IFRS (*International Financial Reporting Standard*) sont des normes comptables internationales publiées par l'IASB (*International Accounting Standard Board*).

Depuis le 1er janvier 2005, les sociétés cotées sur un marché réglementé de l'Union Européenne (UE) appliquent obligatoirement les normes IFRS pour leurs comptes consolidés.

Les sociétés non cotées peuvent, sur option, appliquer les IFRS pour leurs comptes consolidés.

5. Présentez les organismes intervenant dans le processus d'adoption d'une norme IFRS en Europe (UE) en précisant leur rôle.

L'application des normes IFRS n'est pas automatique ni directe et subit un filtrage, où interviennent deux organismes :

- L'EFRAG (*European Financial Reporting Advisory Group*) : il s'agit d'un organisme technique de droit privé composé de professionnels de la comptabilité, qui a pour rôle de donner un avis technique sur les normes et interprétations de l'IASB, avant leur adoption.
- L'ARC (*Accounting Regulatory Committee*) : il s'agit de l'organe politique du processus d'adoption. Il est composé des représentants des états membres et rend des avis sur l'adoption des normes et interprétations IFRS sur la base des avis techniques de l'EFRAG.

En français, comité de la réglementation comptable européen (CRCE).

6. Les normes internationales IAS-IFRS offrent peu d'options comptables. Selon vous, quelle en est la raison ? En est-il de même dans le plan comptable général (règlement 99-03) ?

La limitation des options comptables permet à toutes les entités d'utiliser les mêmes méthodes dès lors qu'elles répondent aux mêmes critères. Par exemple, une entreprise qui répond aux critères d'activation en matière de recherche et développement est obligée d'activer les frais correspondants.

Le règlement 99-03 autorise davantage d'options comptables dans les comptes individuels : choix entre plusieurs méthodes dont une peut être la méthode préférentielle (frais d'établissement, contrats à long terme, coûts de développement, etc.).

Dossier 2

1. Donner le moyen pour tenir compte de divers secteurs d'activité ?

Il faut prévoir de nombreux compléments pour tenir compte de divers secteurs d'activité. C'est le rôle des plans comptables professionnels.

2. Rappelez l'origine et les missions de l'ANC.

Origine

- L'Ordonnance n° 2009-79 du 22 janvier 2009 a créé l'Autorité des normes comptables en fusionnant les anciennes institutions de normalisation qu'étaient ;
- le Conseil national de la comptabilité et le Comité de la réglementation comptable.

Missions

- l'ANC est chargée d'édicter les prescriptions comptables et les normes de la comptabilité privée. Dans ce cadre, elle adopte les règlements comptables ;
- elle donne un avis sur tout projet de texte contenant des dispositions de nature comptable élaboré par les autorités nationales ;
- elle peut émettre des avis sur les projets de normes comptables internationales ;
- enfin, elle assure la coordination et la synthèse des travaux théoriques et méthodologiques.

3. Citez deux organismes dont les écrits participent à la doctrine comptable française.

L'ordre des experts-comptables (OEC)

La compagnie nationale des commissaires aux comptes (CNCC).

4. Rappeler les référentiels comptables pour les sociétés commerciales françaises ?

Le Plan Comptable Général (PCG) pour les comptes individuels

Les normes IAS/IFRS pour les comptes consolidés des sociétés cotées depuis 2005.

5. Citez et définir les moyens pour atteindre une image fidèle.

Une image fidèle est l'image aussi objective que possible de la réalité de l'entreprise.

La régularité est la conformité aux règles et procédures en vigueur ;

La sincérité est le fait que les informations comptables doivent donner à leurs utilisateurs une description adéquate, loyale, claire précise et complète des opérations.

Ce sont les moyens d'obtenir l'image fidèle qui est la clé de voûte du modèle comptable actuel.

6. Quels sont les inconvénients du principe des coûts historiques ? et quel est le moyen pour y remédier ?

Ils entraînent une sous-estimation systématique de la valeur des actifs. Les amortissements sont calculés sur des valeurs non actuelles.

Ils n'empêchent pas certaines manipulations comptables sur des actifs liquides.

Le mécanisme pour corriger ces inconvénients, c'est la réévaluation.

7. Rappelez le rôle de principe de prudence.

Il évite le risque de transfert sur les périodes à venir « d'incertitudes présentes susceptibles de grever le patrimoine et les résultats de l'entreprise ».

Il oblige à procéder, même en l'absence ou l'insuffisance de bénéfice, aux amortissements et provisions. Il interdit la comptabilisation des plus-values latentes.

8. Rappelez la définition et l'objectif de la juste valeur

La juste valeur est le montant pour lequel un actif pourrait être échangé, ou un passif éteint, entre des parties bien informées, consentantes et agissant dans des conditions de concurrence normale.

Les normalisateurs ont développé le concept de juste valeur (*fair value*) pour remédier aux insuffisances de principe de coût historique (réalisation des plus-values latentes) et du principe de prudence (comptabilisation des moins-values latentes et ignore les plus-values latentes, il y a une asymétrie d'information).

Étant déterminée par référence à des données externes (prix de marché ou technique de valorisation), la juste valeur est neutre c'est-à-dire non influencée par l'entreprise. La référence à la valeur de marché est cohérente avec une conception financière de l'entreprise.

Règles générales d’évaluation des actifs et des passifs

Fiche 3

Schéma de synthèse

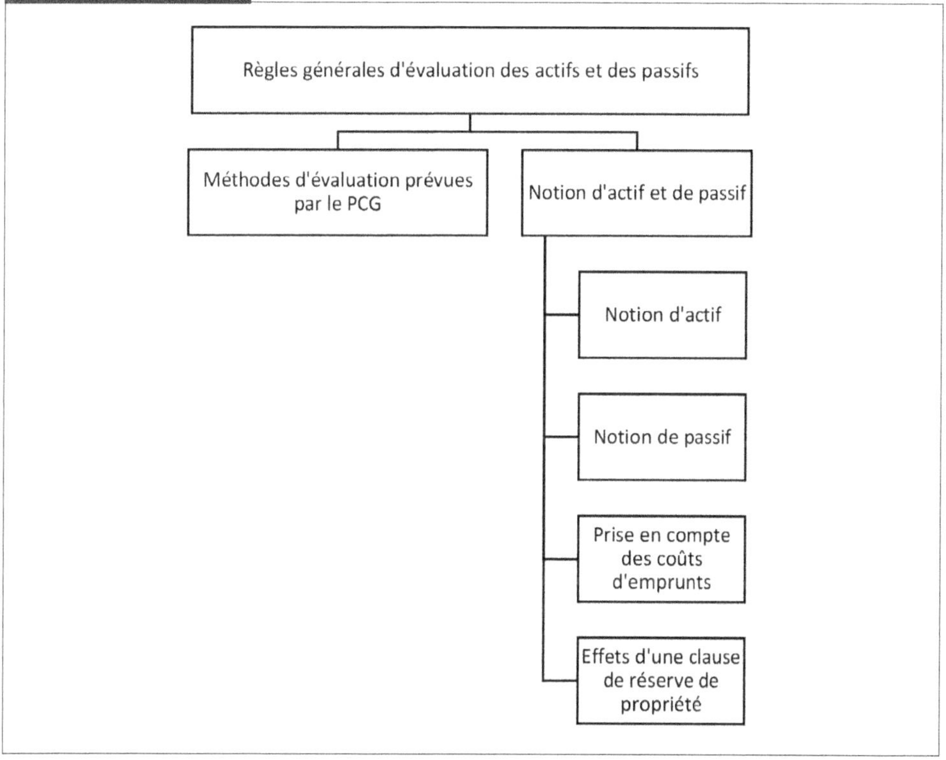

I. Méthodes d’évaluation prévues par le PCG

Les actifs acquis à titre onéreux sont comptabilisés à leur coût d’acquisition.
Les actifs produits par l’entité sont comptabilisés à leur coût de production.
Les actifs acquis à titre gratuit et les actifs acquis par voie d’échange sont comptabilisés à la valeur vénale

II. Notion d'actif et de passif

1. Notion d'actif

L'actif est défini par l'article 211-1 du PCG Comme un élément du patrimoine ayant une valeur économique positive, cette définition repose sur le respect de trois conditions :
– Être un élément identifiable du patrimoine
– Être contrôlé par l'entité
– Procurer des avantages économiques futurs

Cette approche rejoint l'approche IFRS, c'est une approche économique (l'actif est considéré comme un moyen de production) qui s'oppose à l'approche juridique (basée sur la propriété).
L'approche retenue par le PCG actuel est mixte, à la fois juridique (PCG 82, la notion du patrimoine) et économique (IFRS, nécessité de contrôle, nécessité d'avantages futurs : le potentiel qui a cet actif de contribuer directement ou indirectement à des flux nets de trésorerie au bénéfice de l'entité).

2. Notion de passif

Le passif est défini par l'article 211-2 du PCG Comme un élément du patrimoine ayant une valeur économique négative, cette définition repose sur le respect de quatre conditions :
– Il faut qu'il y ait une obligation de l'entité à l'égard des tiers ;
– Cette obligation doit exister à la date de clôture ;
– Cette obligation entraîne une sortie de ressources probable ou certaine ;
– Cette sortie doit être sans contrepartie équivalente attendue

Le PCG distingue les dettes, les provisions et les passifs éventuels.
Une dette est un passif certain dont l'échéance et le montant sont fixés de façon précise.
Une provision est un passif dont l'échéance ou le montant n'est pas fixé de façon précise.
Le passif éventuel est la dette éventuelle liée à la caution d'un emprunt par exemple.

3. Prise en compte des coûts d'emprunts

Les coûts d'emprunt pour financer l'acquisition ou la production d'un actif (immobilisation corporelle, incorporelle ou stock) sur une longue période, peuvent être intégrés dans le coût de l'actif (appelé par le PCG actif éligible). Lorsqu'ils réunissent les conditions suivantes :
– Se rapporter à un actif éligible c'est-à-dire un actif qui exige une longue période de préparation ou de construction avant de pouvoir être utilisé ou vendu ;

– Concerner la période de production de cet actif, jusqu'à la date d'acquisition ou de réception définitive ;
– Générer probablement des avantages économiques futurs
– Pouvoir être évalués de façon fiable.

Les coûts d'emprunt peuvent être comptabilisés en charges ou incorporés au coût de l'actif. La méthode choisie doit être explicitement mentionnée en annexe. L'option est globale et irrévocable.
Les coûts concernés sont les charges d'intérêts, l'amortissement des primes de remboursement et des frais d'émission (position fiscale : ne sont retenus que si l'entreprise a opté pour leur amortissement sur la durée de l'emprunt).

4. Effets d'une clause de réserve de propriété

Elle a pour objet de suspendre le transfert de propriété à l'acheteur jusqu'au moment de paiement de la totalité du prix. Tant que le prix n'est pas réglé, le bien vendu reste la propriété du vendeur.
L'article 313-3 du PCG : « les transactions assorties d'une clause de réserve de propriété sont comptabilisées à la date de la livraison du bien et non à celle du transfert de propriété ».
Les biens acquis avec clause de réserve de propriété doivent figurer sur une ligne distincte à l'actif du bilan.

Ce qu'il faut retenir

- Les actifs acquis à titre onéreux sont comptabilisés à leur coût d'acquisition.
- Les actifs produits par l'entité sont comptabilisés à leur coût de production.
- Les actifs acquis à titre gratuit et les actifs acquis par voie d'échange sont comptabilisés à la valeur vénale
- L'actif est défini par l'article 211-1 du PCG Comme un élément du patrimoine ayant une valeur économique positive
- Le passif est défini par l'article 211-2 du PCG Comme un élément du patrimoine ayant une valeur économique négative
- Une dette est un passif certain dont l'échéance et le montant sont fixés de façon précise.
- Une provision est un passif dont l'échéance ou le montant n'est pas fixé de façon précise.
- Le passif éventuel est la dette éventuelle liée à la caution d'un emprunt par exemple.

- Les coûts d'emprunt pour financer l'acquisition ou la production d'un actif éligible peuvent être intégrés dans le coût de l'actif sous certaines conditions. L'option est globale pour les immobilisations incorporelles et corporelles.
- Les transactions assorties d'une clause de réserve de propriété sont comptabilisées à la date de la livraison du bien et non à celle du transfert de propriété.
- La clause n'a aucune incidence sur les écritures comptables.

Cas Dima

Dossier 1 Crédit-bail et clause de réserve de propriété

Mission

Vous êtes stagiaire au sein de la société DIMA M. RÉMY vous confie ce dossier. Pour réaliser cette mission vous devez :

1. Expliquer si un véhicule de tourisme pris en crédit-bail remplirait les conditions d'activation prévues par le PCG
2. Citer et expliquer le principe des normes IFRS qui imposerait une comptabilisation du véhicule de tourisme pris en crédit-bail au bilan
3. Rappeler la définition d'une clause de réserve de propriété. Quel est son intérêt pour le vendeur ?
4. Quel est le traitement comptable prévu par le règlement 99-03 pour les biens acquis avec clause de réserve de propriété ? Indiquer les conséquences de cette clause sur le bilan de l'acheteur

Dossier 2 Coûts d'emprunt

Mission

La société DIMA a fait appel à la société AYARI pour procéder à l'installation de la machine. Cette installation a duré 6 mois du 1er avril au 1er octobre N (date de facturation et de mise en service). Elle comprend :

La structure : 215 000 €, Composant 1 : 105 250 €, Composant 2 : 102 500 €.

La société AYARI a accordé une remise globale de 27 750 € sur la machine (18 000 € pour la structure, 6 250 € pour le composant 1 et 3 500 € sur le composant 2).

L'emprunt qui finance en partie l'installation a été contacté le 1er avril N, son montant est 200 000 €. Son taux d'intérêt est de 5 % et il est remboursable par annuités constantes. Il sera réparti de la façon suivante :

60 % pour le financement de la structure, 20 % pour le financement du composant 1, 20 % pour le financement du composant 2.

Pour réaliser cette mission vous devez :

1. Rappeler les conditions d'incorporation des coûts liés aux emprunts dans le coût d'entrée d'un actif.
2. Calculer le coût d'acquisition de l'immobilisation sachant que la société a opté pour l'incorporation des coûts d'emprunts dans la valeur d'entrée.
3. Enregistrer l'acquisition.

Solution

Dossier 1 : crédit-bail et clause de réserve de propriété

1. Expliquer si un véhicule de tourisme pris en crédit-bail remplirait les conditions d'activation prévues par le PCG

En application de l'article 211-1 du PCG, le véhicule de tourisme pris en crédit-bail répond à la définition d'un actif. En effet, il est :

- Identifiable car le véhicule a une substance physique ;
- Contrôlé par l'entité car la société contrôle les avantages économiques qui pourraient être générés grâce à l'utilisation du véhicule. La société supporte aussi l'essentiel des risques et les coûts liés au véhicule comme son entretien. La notion de contrôle retenue ici ne repose donc pas sur des critères juridiques mais économiques.
- Générateur d'avantages économiques futurs car le véhicule contribue directement ou indirectement à générer des flux nets de trésorerie au bénéfice de la société.

En application de l'article 212-1 du PCG, pour être comptabilisé à l'actif, le véhicule pris en crédit-bail doit respecter deux conditions supplémentaires :

- La probabilité pour la société de bénéficier des avantages économiques futurs : cette condition est respectée puisqu'une fois le contrat de crédit-bail signé, le véhicule pourra être effectivement et exclusivement utilisé par la société.
- L'évaluation de son coût ou de sa valeur avec une fiabilité suffisante : cette condition est respectée puisque le contrat de crédit-bail mentionne la valeur d'origine du véhicule.

Le véhicule de tourisme respecte bien les conditions d'activation. Mais l'article 212-5 du PCG oblige le titulaire d'un contrat de crédit-bail à comptabiliser en charges les redevances.

2. Citer et expliquer le principe des normes IFRS qui imposerait une comptabilisation du véhicule de tourisme pris en crédit-bail au bilan

Le principe de **la prééminence de la réalité sur l'apparence** (*substance over form*) impose une comptabilisation des biens pris en crédit-bail au bilan. En effet, même si la société n'est pas propriétaire juridiquement du bien (forme ou apparence juridique), elle contrôle et bénéficie des avantages économiques attachés au véhicule de tourisme (réalité économique). De ce fait, le véhicule de tourisme en normes IFRS doit être comptabilisé au bilan de la société : la réalité économique de la transaction prédomine sur sa forme (ou apparence) juridique.

3. Rappeler la définition d'une clause de réserve de propriété. Quel est son intérêt pour le vendeur ?

Il s'agit d'une clause en vertu de laquelle le vendeur d'un bien en reste **propriétaire jusqu'au paiement** complet du prix. Elle constitue donc une protection mise en place par le vendeur, offrant une **garantie en** cas de non-paiement du bien.

4. Quel est le traitement comptable prévu par le règlement 99-03 pour les biens acquis avec clause de réserve de propriété ? Indiquer les conséquences de cette clause sur le bilan de l'acheteur.

Selon l'article 313-3 du PCG, les transactions assorties d'une clause de réserve de propriété (CRP) sont comptabilisées à la date de la livraison du bien et non à celle du transfert de propriété.

La CRP est donc sans conséquence sur la date d'inscription du bien à l'actif et sur la date de début d'amortissement, qui reste la date de mise en service.

En ce qui concerne la présentation du bilan, les actifs avec clause de réserve de propriété sont regroupés sur une ligne distincte portant la mention « dont… avec clause de réserve de propriété ». En cas d'impossibilité d'identifier les biens, **un renvoi au pied du bilan** indique le montant restant à payer sur ces biens.

Dossier 2 : coûts d'emprunt

1. **Rappeler les conditions d'incorporation des coûts liés aux emprunts dans le coût d'entrée d'un actif.**

Ces conditions sont fixées par l'article 321-5 du PCG :

Se rapporter à un actif éligible c'est-à-dire un actif qui exige une longue période de préparation ou de construction avant de pouvoir être utilisé ou vendu ;

Concerner la période de production de cet actif, jusqu'à la date d'acquisition ou de réception définitive ;

Générer probablement des avantages économiques futurs

Pouvoir être évalués de façon fiable.

2. **Calculer le coût d'acquisition de l'immobilisation sachant que la société a opté pour l'incorporation des coûts d'emprunts dans la valeur d'entrée.**

Éléments de coûts d'acquisition	Structure	Composant 1	Composant 2
Montant HT	315 000	105 250	102 500
Remise	(18 000)	(6 250)	(3 500)
Montant net HT	297 000	99 000	99 000
Charges d'intérêts	3 000	1 000	1 000
Coût d'acquisition HT	300 000	100 000	100 000

Charges d'intérêts d'emprunt à incorporer aux coûts d'acquisition : 200 000 × 5 % × 6/12 = 5 000, reparties en fonction du pourcentage de l'emprunt servant à financer les différentes parties de l'installation.

1- **Enregistrer l'acquisition**

01/10/N				
2154S		Matériel industriel-structure	300 000	
2154C1		Matériel industriel-composant 1	100 000	
2154C2		Matériel industriel-composant 2	100 000	
44562		TVA déductible sur immobilisations (297 000 + 99 000 + 99 000) × 20 %	99 000	
	404	Fournisseurs d'immobilisations		594 000
	796	Transfert de charges financières		5 000
		Acquisition de l'installation		

Fiche 4

Évaluation des immobilisations corporelles

Schéma de synthèse

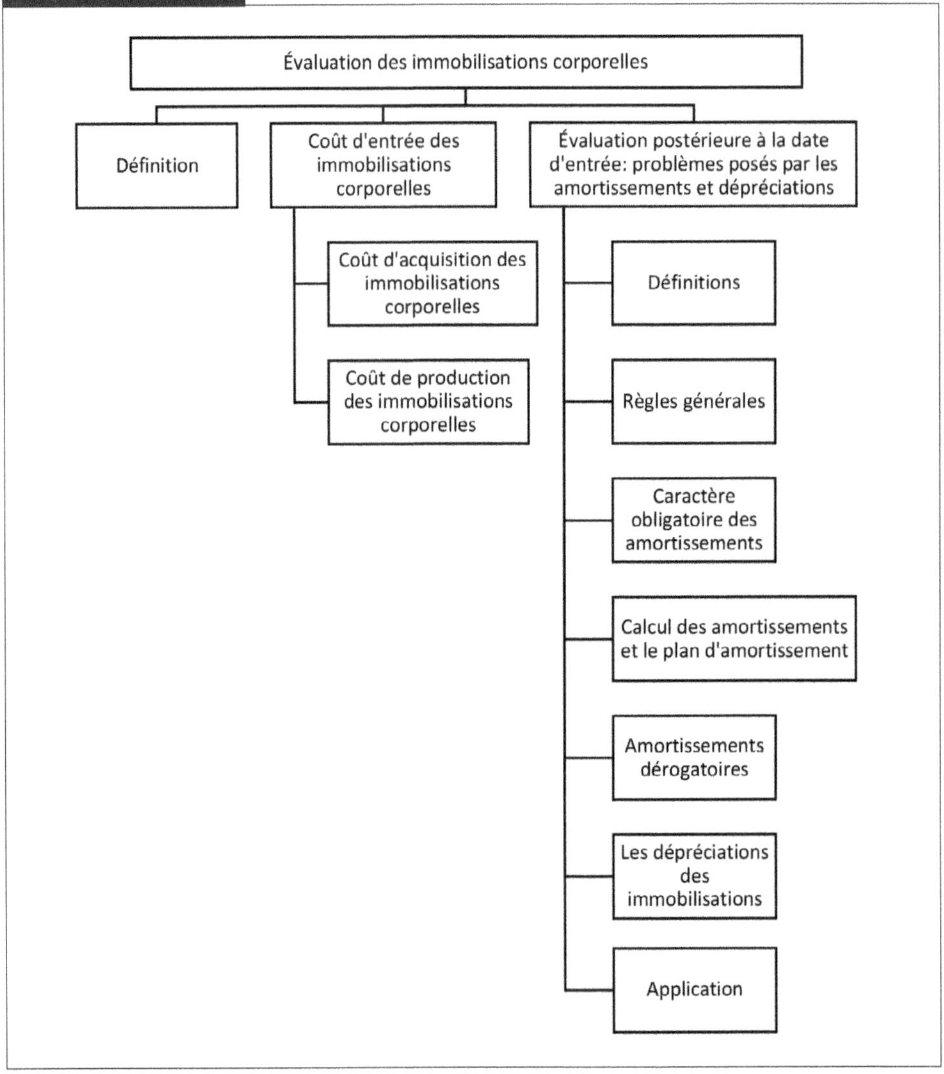

I. Définition

Une immobilisation corporelle est un actif physique détenu soit pour être utilisé dans la production soit être loué à des tiers.

II. Coût d'entrée des immobilisations corporelles

Une immobilisation corporelle peut être évaluée au coût d'acquisition ou au coût de production.

1. Coût d'acquisition des immobilisations corporelles

Le coût d'acquisition est constitué :

- de son prix d'achat, y compris les droits de douane et taxes non récupérées, après déduction des remises, rabais et escompte de règlement ;
- de tous les coûts directement attribuables pour mettre l'actif en place et en état de fonctionnement (frais de transport, frais d'installation et de montage, honoraire d'architecte). Les droits de mutation, honoraires ou commissions et frais d'actes, liés à l'acquisition, peuvent sur option, être rattachés au coût d'acquisition de l'immobilisation ou comptabilisés en charges.
- de l'estimation initiale des coûts de démantèlement, d'enlèvement et de restauration du site sur lequel elle est située. Ces coûts font l'objet d'un plan d'amortissement propre

Les coûts d'emprunts peuvent être rattachés au coût d'acquisition.

2. Coût de production des immobilisations corporelles

Le coût de production est égal au coût d'acquisition des matières consommées augmenté des autres coûts engagés. Il peut inclure une quote-part d'amortissement, la quote-part des charges liées à la sous-activité n'est pas incorporable. Les coûts d'emprunt peuvent être rattachés au coût de production. (Coût d'emprunt directement attribuable)

N.B.

Les amortissements dérogatoires et les charges administratives ne sont pas incorporables au coût de production.

III. Évaluation postérieure à la date d'entrée : problèmes posés par les amortissements et dépréciations

À toute date postérieure à la date d'entrée, l'immobilisation doit être évaluée en tenant compte de ses amortissements et dépréciations.

1. Définitions

Actif amortissable : Un actif amortissable est un actif dont l'utilisation par l'entité est déterminable c'est-à-dire limitée dans le temps pour des raisons physiques, techniques ou juridiques.
Montant amortissable : C'est la valeur d'entrée sous déduction de sa valeur résiduelle.
Valeur résiduelle : C'est le montant (net des coûts de sortie) qu'une entité obtiendrait de la cession de l'actif à la fin de son utilisation. Elle est prise en compte pour la détermination du montant amortissable que lorsqu'elle est à la fois significative et mesurable.
Mode d'amortissement : C'est la traduction au mieux de rythme de consommation des avantages économiques attendus de l'actif par l'entité.
Valeur brute : C'est la valeur d'entrée dans le patrimoine ou la valeur de réévaluation
Valeur nette comptable : C'est la valeur brute diminuée des amortissements cumulés et des dépréciations
Valeur vénale : Montant qui pourrait être obtenu, à la date de clôture, de la vente de l'actif lors d'une transaction conclue à des conditions normales de marché, net des coûts de sortie.
Valeur d'usage : Valeur des avantages économiques futurs attendus de l'actif et de sa sortie. Ces avantages correspondent en général à la somme des flux nets de trésorerie générés par l'utilisation de l'actif.
Valeur actuelle : C'est la valeur la plus élevée de la valeur vénale ou de la valeur d'usage
Dépréciation : C'est la constatation que la valeur actuelle d'un actif est devenue inférieure à sa valeur nette comptable

2. Règles générales

À la clôture de l'exercice, une dotation aux amortissements est comptabilisée conformément au plan d'amortissement pour chaque actif amortissable.
L'amortissement est la consommation des avantages économiques attendus de l'actif. Le rythme de cette consommation est déterminé sur des bases les plus pertinentes possibles.
Toute modification significative de l'utilisation prévue entraîne la révision prospective du plan d'amortissement.

De même, en cas de dotation ou de reprise de dépréciation, il convient de modifier de manière prospective la base amortissable.

3. Caractère obligatoire des amortissements

L'article L. 123-20 du code de commerce « même en cas d'absence ou d'insuffisance du bénéfice, il doit être procédé aux amortissements et provisions nécessaires ».
D'autre part, l'article 39 B du CGI stipule qu'à la clôture de chaque exercice, la somme des amortissements effectivement pratiqués depuis l'acquisition ou la création d'un élément donné ne peut être inférieure au montant cumulé des amortissements calculés suivant le mode linéaire et répartis sur la durée réelle d'utilisation.
L'amortissement ne peut être déduit s'il n'est pas comptabilisé. L'amortissement fiscal doit être constaté quelle que soit la situation de l'entreprise.

4. Calcul des amortissements et le plan d'amortissement

Sur le plan comptable, l'amortissement se calcule selon deux méthodes :
- la méthode de l'amortissement linéaire, étalement de la valeur amortissable sur la durée réelle d'utilisation ;
- la méthode de l'amortissement calculé en fonction des paramètres d'utilisation de l'immobilisation, Le rythme de la consommation est déterminé sur des bases les plus pertinentes possibles : une durée d'utilisation ou une consommation d'unités d'œuvre.

Si plusieurs critères s'appliquent, il convient de retenir l'utilisation la plus courte résultant de l'application de ces critères.

Sur le plan fiscal, l'amortissement se calcule selon deux méthodes :
- L'amortissement linéaire, étalement sur la durée de vie (durée d'usage) estimée ;
- L'amortissement dégressif, les annuités ne sont plus constantes mais dégressives. Il ne s'applique qu'à certaines catégories d'immobilisations : certains biens neufs d'une durée de vie supérieure ou égale à 3 ans.

Sont exclus :
- Les véhicules de tourisme et utilitaires d'une charge inférieure à 2 tonnes.
- Le mobilier
- Les bâtiments autres qu'industriels dont la durée de vie n'excède pas 15 ans, ou hôteliers.

L'annuité partielle est égale à la valeur d'origine multipliée par le taux dégressif multipliée par le *prorata temporis* (N/12 avec N : nombre de mois, le mois d'acquisition et non de mise en service compte en entier quelle que soit la date durant le mois).
Les autres annuités sont calculées sur la VNC.

Il est prévu par l'article 39A du GGI, le taux dégressif est égal au taux linéaire multiplié par un coefficient qui varie en fonction de la durée de vie du bien et de sa date d'acquisition.

Durée de vie / Date d'acquisition	3 ou 4 ans	5 ou 6 ans	Plus de 6 ans
Jusqu'au 31/12/00	1,5	2	2,5
Depuis le 01/01/01	1,25	1,75	2,25

Pour le plan d'amortissement, lorsque le taux linéaire sur la durée de vie restante devient supérieur au taux dégressif, on utilise le taux linéaire sur la durée restante et non plus le taux dégressif.

N.B.

On ne tient pas compte de la valeur résiduelle.

5. Amortissements dérogatoires

Le PCG distingue l'amortissement économique qui reflète la consommation des avantages économiques et l'amortissement dérogatoire qui représente la fraction de l'amortissement fiscal qui excède l'amortissement économique.
L'amortissement dérogatoire se calcule par différence entre l'amortissement fiscalement pratiqué et l'amortissement économiquement justifié (AEJ).
On n'enregistre jamais l'annuité d'amortissement fiscalement déductible.

Remarque : La révision du plan d'amortissement

L'article 322-4 du PCG permet la révision du plan en cours d'exécution lorsqu'on constate une modification significative des conditions d'utilisation (durée, rythme de consommation des AEA de l'actif). Cette modification peut porter sur les exercices futurs et les exercices antérieurs.
Pour les exercices antérieurs, la révision se constate par une dotation ou reprise exceptionnelle : 6871 ou 7871.
La révision des exercices futurs se constate par la modification du plan d'amortissement.

6. Les dépréciations des immobilisations

La dépréciation d'un actif est la constatation comptable que sa valeur actuelle est devenue inférieure à sa valeur nette comptable (PCG 322-1-4)
La dépréciation est déterminée à l'aide de tests de dépréciation qui peuvent prendre des formes diverses. Ces tests sont effectués s'il existe des indices de dépréciation.

La dépréciation est une charge calculée, elle est inscrite au débit d'un compte de charges : 6816 et la contrepartie c'est le compte de l'immobilisation avec un 9 en deuxième position.

A. Les indices de perte de valeur

Pour chaque actif, il faut considérer au minimum les indices suivants :

Indices internes :
- Obsolescence ;
- Changement de mode d'utilisation : des changements présents ou futurs dans le mode d'utilisation de l'actif ont un effet négatif sur l'utilisation de l'actif (restructuration, abandon d'activité, etc.) ;
- Performances inférieures aux prévisions : la performance attendue de l'actif sera moins bonne que celle qui était prévue.

Indices externes :
- Valeur de marché : elle a diminué de manière plus importante que du seul effet de l'utilisation normale ;
- Changements importants : des changements présents ou futurs dans l'environnement technique, économique ou juridique ont un effet négatif sur l'utilisation de l'actif ;
- Taux d'intérêt : il a augmenté durant l'exercice et cela diminue de façon significative la valeur actuelle.

Si, pour un actif, l'un des indices se vérifie, il faut alors procéder à un test de dépréciation. Le test sert à repérer si l'immobilisation est, ou non, surévaluée.

B. Le test de dépréciation

La valeur nette comptable doit être comparée à sa valeur actuelle. La valeur actuelle à retenir est la valeur vénale ou la valeur d'usage (la plus élevée des deux). Si la valeur actuelle devient inférieure à la valeur comptable, cette dernière doit faire l'objet d'un ajustement sous la forme de la comptabilisation d'une dépréciation.

Calcul de la perte de valeur
- si la valeur d'usage > à la valeur vénale, alors la valeur actuelle = valeur d'usage, il n'y a dépréciation que si VNC > Valeur d'usage. Dans ce cas, la perte de valeur = VNC – Valeur d'usage.
- si la valeur vénale > à la valeur d'usage, alors la valeur actuelle = valeur vénale, il n'y a dépréciation que si VNC > Valeur vénale. Dans ce cas, la perte de valeur = VNC – Valeur vénale.

La constatation ou la reprise de la dépréciation d'un actif amortissable modifie de manière prospective la base amortissable et donc le plan d'amortissement.

La valeur nette comptable qui sert de base amortissable est le prix d'acquisition net des amortissements et des dépréciations cumulés.
Le montant de la reprise des dépréciations est limité : la reprise ne doit pas être supérieure à la dépréciation cumulée (avant cette reprise). La reprise est limitée à la VNC initiale moins la nouvelle VNC.
La reprise ne doit pas porter la VNC à un niveau supérieur à la valeur brute moins les amortissements, qui aurait été déterminée en l'absence de toute comptabilisation d'une dépréciation.

7. Application

Madame ASMA vous charge de traiter les problèmes comptables liés à des nouveaux investissements. Pour réaliser cette mission, vous disposez des documents 1 et vous devez :

1. **Comptabiliser l'acquisition de l'imprimante 3D.**
2. **Présenter le plan d'amortissement de l'imprimante 3D pour les 2 premières années, sachant que la société AYARI souhaite bénéficier des dispositions fiscales.**
3. **Enregistrer les écritures d'inventaire relatives à cette imprimante 3D au 31/12/N.**

Document 1 – INFORMATIONS RELATIVES À L'ACQUISITION DE L'IMPRIMANTE 3D

Matériel acquis à crédit le 15/07/N, pour un montant TTC de 28 800 € (dont 4 800 € de TVA).
Date de mise en service : 01/08/N
Durée d'utilisation : 10 ans
Disposition fiscale : l'entreprise répondant aux conditions de la PME communautaire, ce bien bénéficie de l'amortissement exceptionnel sur 24 mois à partir de sa date de mise en service conformément à l'art. 39 AI du Code général des impôts.

Solution

1. Comptabiliser l'acquisition de l'imprimante 3D.

N° compte	15/07/N	Débit	Crédit
2154 * 44562	Matériel industriel TVA sur immobilisations	24 000,00 4 800,00	
404	Fournisseur		28 800,00
	Facture imprimante 3D		

* mettre également 2183 Matériel de bureau et Matériel informatique.

2. Présenter le plan d'amortissement de l'imprimante 3D pour les 2 premières années sachant que la société AYARI souhaite bénéficier des dispositions fiscales.

Imprimante 3D						
Exercice	**Amortissement fiscal**		**Amortissement économique**		**Amortissement dérogatoire**	
	Base	Amortissement	Base	Amortissement	Dotation	Reprise
N	24 000	24 000 × 5/24 = 5 000	24 000	24 000 × 1/10 × 5/12 = 1 000	4 000	
N+1	24 000	24 000 × 12/24 = 12 000	24 000	24 000/10 = 2 400	9 600	

3. Enregistrer les écritures d'inventaire relatives à cette imprimante 3D au 31/12/N

N° compte	31/12/N	Débit	Crédit
6811 28154 ou 28183	Dotations aux amortissements-immo. corporelles Amortissements du matériel industriel	1 000,00	 1 000,00
	Amortissement du matériel industriel		

N° compte	31/12/N	Débit	Crédit
68725 145	Dotations aux amortissements dérogatoires Amortissements dérogatoires	4 000,00	 4 000,00
	Amortissements dérogatoires		

Ce qu'il faut retenir

- Une immobilisation corporelle est un actif physique détenu soit pour être utilisé dans la production soit être loué à des tiers.
- Une immobilisation corporelle peut être évaluée au coût d'acquisition ou au coût de production.
- **Le mode d'amortissement** est la traduction au mieux de rythme de consommation des avantages économiques attendus de l'actif par l'entité.
- Il y a:
  - L'amortissement linéaire sur la durée propre, réelle d'utilisation. On tient compte de la valeur résiduelle si est significative et mesurable;
  - L'amortissement dégressif sur la durée d'usage, normale d'utilisation ou durée de vie normale. On ne tient pas compte de la valeur résiduelle Lorsque l'annuité devient inférieure à l'annuité de l'amortissement linéaire sur la période restant, il faut revenir à l'amortissement linéaire.
- Le PCG distingue l'amortissement économique qui reflète la consommation des avantages économiques et l'amortissement dérogatoire qui représente la fraction de l'amortissement fiscal qui excède l'amortissement économique.
- L'amortissement dérogatoire se calcule par différence entre l'amortissement fiscalement pratiqué et l'amortissement économiquement justifié (AEJ).
- **La dépréciation** d'un actif est la constatation comptable que sa valeur actuelle est devenue inférieure à sa valeur nette comptable (PCG 322-1-4).
- Un test de dépréciation consiste en la comparaison de la valeur actuelle d'un actif avec sa valeur comptable afin de déterminer éventuellement une dépréciation. Il suit la détection d'un indice de perte de valeur.
- Les indices peuvent être internes ou externes.
- Il y a dépréciation si la valeur actuelle (maximum entre la valeur d'usage et la valeur vénale) est inférieure à la valeur nette comptable après amortissement mais avant dépréciation.
- Le montant de la **reprise des dépréciations est limité**: la reprise ne doit pas être supérieure à la dépréciation cumulée (avant cette reprise). La reprise est limitée à la VNC initiale moins la nouvelle VNC.

Cas Ayari

Dossier 1 Coût de production des immobilisations corporelles

Mission

L'entreprise AYARI a opté pour l'immobilisation des coûts d'emprunt. Elle a construit pour elle-même un entrepôt. Coût des matières consommées 120 000 €, honoraires architecte 72 000 €, salaires et charges sociales 102 000 €.

Les coûts indirects pouvant être rattachés à la construction : quote-part d'amortissement 35 000 € liés à l'utilisation des équipements, quote-part d'amortissement dérogatoire 15 000 €, charges d'administration 10 000 €.

La construction a commencé le 1er juillet N et a été achevée et mise en service le 30/09/N+1. Sa durée d'utilisation est 20 ans. 60 % des coûts sont rattachés à l'exercice N.

Un emprunt de 200 000 € a été contacté au taux annuel de 6 %, le 15/05/N pour financer en partie la construction. Cet emprunt est remboursable fin décembre N+1. Pour réaliser cette mission, vous devez :

1. Calculez le coût de production de l'entrepôt à fin N.
2. Passez les écritures au 31/12/N.
3. Calculez le coût de production au 30/09/N+1 et passez les écritures de N+1.

Dossier 2 Dépréciation et changement de plan d'amortissement

Mission

Début N, acquisition d'un matériel 1 000 € et amorti linéairement sur 5 ans. À la clôture N+1, apparition d'un matériel concurrent plus performant. Ceci conduit à un test de dépréciation qui conclut à une valeur vénale brute de 450 € (coût de sortie 150 €), et à une valeur d'usage de 510 €. Pour réaliser cette mission, vous devez :

1. Calculez la dépréciation et passez les écritures au 31/12/N+1.
   La comptabilisation d'une dépréciation modifie de manière prospective la base amortissable de l'actif déprécié (PCG art. 322-5).
2. Construire le nouveau plan.
   À la clôture de l'exercice N+2, on constate que le marché est demandeur de nos produits et que la rentabilité du matériel est bien supérieure aux prévisions de l'année précédente. La valeur actuelle atteint 550 €.
3. Calculez la nouvelle dépréciation et passez l'écriture.

Solution

Dossier 1 : coût de production des immobilisations corporelles

1. **Calculez le coût de production de l'entrepôt à fin N**

Coût de production fin N

Total des coûts directs : 294 000

Total des coûts indirects : 60 000

Coût de production de l'entreprise fin N

Coûts directs : 294 000 × 60 % = 176 400

Coûts indirects

Amortissements liés à l'utilisation : 35 000 × 60 % = 21 000

Amortissements dérogatoires exclus

Charges administratives exclues

Coût de l'emprunt du 01/07/N au 31/12/N (200 000 × 6 % × 6 mois) = 6 000

Coût de production au 31/12/N est de 203 400

2. **Passez les écritures au 31/12/N**

31/12/N				
231		Immobilisations corporelles en cours	203400	
	722	Production immobilisée		2030

3. **Calculez le coût de production au 30/09/N+1 et passez les écritures de N+1**

Coûts directs : 294 000 × 40 % = 117 600

Coûts indirects

Amortissements liés à l'utilisation : 35 000 × 40 % = 14 000

Amortissements dérogatoires exclus, charges administratives exclues.

Coût de l'emprunt du 01/01/N+1 au 30/09/N+1

(200 000 × 6 % × 9 mois) = 9 000

Coût de production rattaché à l'exercice N+1 est de

203 400 + 140 600 = 344 000 €

30/09/N+1				
213		Constructions	344000	
	231	Immobilisations corporelles en cours		203400
	722	Production immobilisée		140600
31/12/N+1				
681		DAP exploitation	4300	
	2813	Amortissement construction (344000 × 5 % × 3/12)		4300

Dossier 2 : dépréciation et changement de plan d'amortissement

1. Calculez la dépréciation et passez les écritures au 31/12/N+1

Valeur vénale nette des coûts de sortie (450 – 150) = 300

Valeur d'usage = 510

Valeur actuelle = 510 (la plus grande des deux valeurs)

Calcul de la dépréciation à fin N+1

VNC (1 000 – 200 × 2) = 600

Valeur actuelle 510

Dépréciation 90

		31/12/N+1		
6816		DAP- financière	90	
	291	Dépréciation		90
6811		DAP- exploitation	200	
	28154	Amortissement matériel		200

2. Construire le nouveau plan

VNC à la fin N+1 : 1 000 – (200 + 200 + 90) = 510

Exercices	VNC à l'ouverture	DAP	VNC à la clôture
N+2	510	510/3 = 170	340
N+3	340	170	170
N+4	170	170	0

3. Calculez la nouvelle dépréciation et passez l'écriture

Dépréciation N+2

Valeur nette comptable 340

Valeur actuelle 550

Valeur brute moins amortissements, selon le plan initial (1 000 – 200 × 3) = 400

La valeur nette comptable ne peut pas être portée à 550. Elle est plafonnée à 400.

Si Valeur actuelle > VNC initiale alors la reprise est limitée à VNC initiale – la nouvelle VNC

		31/12/N+1		
291		Dépréciation	60	
	7816	Reprise (400 – 340)		60

Évaluation des immobilisations incorporelles

Schéma de synthèse

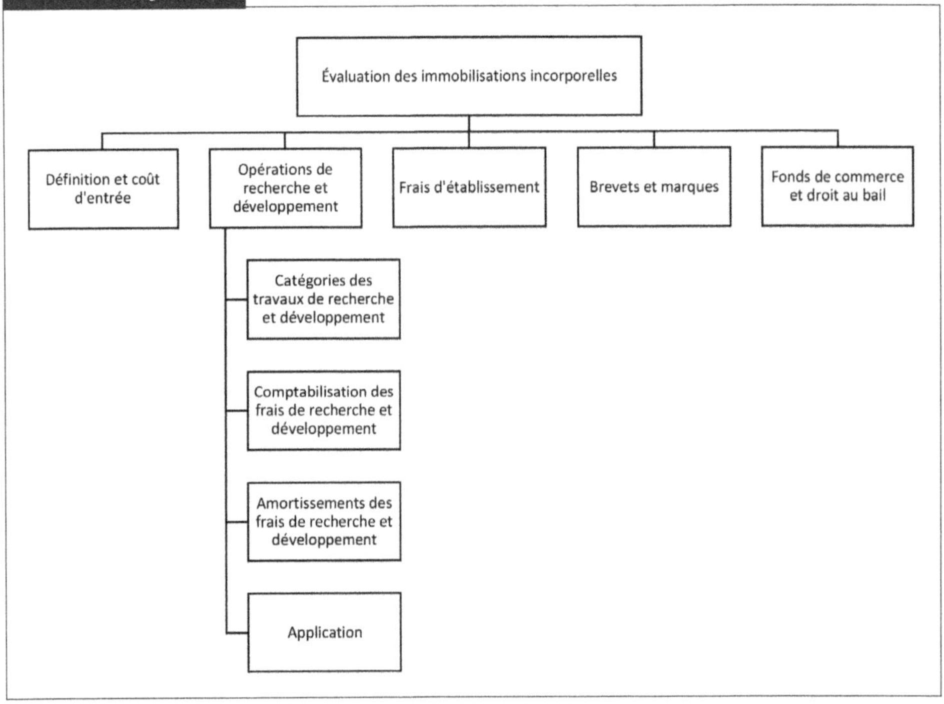

I. Définition et coût d'entrée

Une immobilisation incorporelle est un actif non monétaire sans substance physique. Le coût d'entrée se détermine de la même façon que le coût des immobilisations corporelles.

II. Opérations de recherche et développement

Certaines dépenses sont considérées comme des charges et d'autres sont de véritables investissements.

1. Catégories des travaux de recherche et développement

L'avis 2004-15 du 23 juin 2004 distingue deux phases :

A. Phase recherche

Il y a les travaux de recherche fondamentale par pure curiosité scientifique (recherche fondamentale pure) et pour apporter une contribution théorique à la résolution de problèmes techniques (recherche fondamentale orientée).
Il y a la recherche appliquée

B. Phase développement

C'est l'ensemble des travaux fondés sur des connaissances obtenues par la recherche ou l'expérience pratique.
Il faut distinguer les opérations avec contrepartie spécifique (réalisées dans le cadre d'une commande client, en charges) des opérations sans contrepartie spécifique (ces dépenses peuvent être immobilisées).

2. Comptabilisation des frais de recherche et développement

En règle générale, sont enregistrées dans les charges de l'exercice. Les coûts de développement peuvent être comptabilisés à l'actif s'ils se rapportent à des projets nettement individualisés, ayant de sérieuses chances de réussite technique et de rentabilité commerciale (ou de viabilité économique).
Les coûts de recherche sont toujours comptabilisés en charges.
Si une entreprise ne peut distinguer la phase de recherche de la phase de développement d'un projet, elle comptabilise en charges toutes les dépenses au titre de ce projet.
L'activation implique le respect d'un certain nombre de critères.
La comptabilisation des coûts de développement à l'actif est considérée comme la méthode de référence.

3. Amortissements des frais de recherche et développement

Selon l'article R. 123-187 du code de commerce, les frais de développement inscrits en immobilisations incorporelles doivent être amortis selon un plan et dans un délai maximum de cinq ans (comme les frais d'établissement).

En cas d'échec des projets, les frais de développement correspondants font immédiatement l'objet d'un amortissement exceptionnel.

4. Application

Madame ASMA vous charge de traiter les problèmes comptables liés à des nouveaux investissements. Pour réaliser cette mission, vous disposez de document 1 et vous devez :

1. **Définir une immobilisation incorporelle selon le PCG. La marque créée par la société AYARI figure-t-elle en tant qu'immobilisation incorporelle à l'actif du bilan ? Justifier votre réponse.**
2. **Quelle est la méthode de référence préconisée par le PCG concernant la comptabilisation des frais de recherche et de développement ? Présenter l'autre méthode de comptabilisation de ces frais.**
3. **La société AYARI doit-elle utiliser la même méthode de comptabilisation des frais de recherche et développement pour tous les projets ? Justifier votre réponse.**
4. **Comptabiliser les écritures nécessaires en N relatives au projet.**

Document 1– INFORMATIONS RELATIVES À LA MARQUE CRÉÉE ET AU PROCÉDÉ DE FABRICATION NUMBERONE

Marque créée

La société AYARI a créé sa propre marque et l'a déposée à l'Institut national de la propriété industrielle (INPI), dès N–2.

Les frais engagés et comptabilisés en charges durant l'exercice N pour la mise au point du procédé de fabrication sont les suivants :

– phase de recherche : 20 000 € ;

– phase de développement : 16 000 €.

Au 31/12/N, la phase de développement du projet n'est pas achevée.

La méthode comptable, relative aux frais de recherche et de développement retenue pour les projets développés par l'entreprise, est la méthode préférentielle. Les conditions de son application sont réunies pour le projet.

Solution

1. Définir une immobilisation incorporelle selon le PCG. La marque créée par la société AYARI figure-t-elle en tant qu'immobilisation incorporelle à l'actif du bilan ? Justifier votre réponse.

« Une immobilisation incorporelle est un actif non monétaire sans substance physique ». (PCG)

Les dépenses engagées pour créer en interne des marques ne sont pas comptabilisées en tant qu'immobilisations incorporelles car les coûts ne sont pas déterminables avec une fiabilité suffisante.

En effet, les dépenses engagées ne peuvent pas être distinguées du coût de développement de l'activité dans son ensemble.
La marque créée par la société AYARI ne peut être immobilisée.
2. Quelle est la méthode de référence préconisée par le PCG concernant la comptabilisation des frais de recherche et de développement ? Présenter l'autre méthode de comptabilisation de ces frais.
La comptabilisation des frais de développement à l'actif est considérée comme méthode de référence.
L'autre méthode consiste à maintenir les frais de développement en charges.
3. La société AYARI doit-elle utiliser la même méthode de comptabilisation des frais de recherche et développement pour tous les projets ? Justifier votre réponse.
L'entreprise doit utiliser la même méthode pour tous les projets, l'option pour la méthode est globale.
C'est l'application du principe de la permanence des méthodes.
4. Comptabiliser les écritures nécessaires en N relatives au projet.
Seule la phase de développement peut être activée. Coût activable : 16 000 €

N° compte	31/12/N	Débit	Crédit
232	Frais de recherche et développement/Immo incorporelle en cours	16 000,00	
721	Production immobilisée (immo. incorporelles) *Activation des frais de développement (suivant énoncé)*		16 000,00

III. Frais d'établissement

Les frais d'établissement sont amortis dans un délai maximal de 5 ans. En l'absence de précisions des textes, il est d'usage de pratiquer un amortissement constant par part égale. Il est admis que l'entreprise ait le choix entre une première annuité sans prorata ou avec prorata.
Les frais de constitution, de transformation, de premier établissement (prospection, publicité) engagés lors de la création d'une entreprise peuvent être inscrits à l'actif comme frais d'établissement.
Les inscriptions en charge constituent la méthode de référence.

IV. Brevets et marques

Le compte 205 enregistre les dépenses occasionnées pour procurer au bénéficiaire de ces droits l'avantage de la protection. Pour les brevets, si les coûts de développement ont permis l'obtention d'un brevet, on passera l'écriture suivante : le compte 205 à 203.

Les brevets sont normalement amortis sur la durée de protection (20 ans), ou sur la durée d'utilisation si elle est plus courte. Fiscalement si la durée est courte, l'amortissement comptable doit s'aligner : l'amortissement dérogatoire est interdit. Ils peuvent aussi être dépréciés.
Les marques ne sont pas amortissables mais peuvent faire l'objet d'une dépréciation.

V. Fonds de commerce et droit au bail

Seuls les fonds de commerce acquis par l'entité figurent au bilan d'une entreprise. Les éléments incorporels d'un fonds de commerce qui ne peuvent être dissociés sont enregistrés dans le compte 207. Si le droit au bail ne peut être dissocié, il sera comptabilisé en 207 et pas en 206.
Le fonds commercial est présumé avoir une durée d'utilisation non limitée. Il n'est donc pas amorti. Toutefois, lorsque sa durée est limitée, il fait l'objet d'un amortissement sur cette durée ou, si cette durée ne peut être déterminée de manière fiable, sur 10 ans. Les petites entreprises peuvent amortir tous leurs fonds commerciaux sur 10 ans ce qui les dispensent alors de faire systématiquement un test de dépréciation.
Le droit au bail (206) bénéficie d'une protection qui assure sa pérennité. Il ne peut pas faire l'objet d'un amortissement. Cependant, des modifications dans l'environnement peuvent justifier une dépréciation. Si la VNC est supérieure à sa valeur actuelle, une dépréciation devra être comptabilisée.

N.B.

Le décret du 25/05/2019 en application de la loi Pacte 2019-486 art. 47 définit les petites entreprises comme les entreprises ne dépassant pas 2 des 3 critères suivants :
- Total du bilan < 6 000 000 € ;
- CA < 12 000 000 € ;
- Nombre moyen de salariés < 50.

La divergence entre l'amortissement comptable et l'amortissement fiscal conduit à l'amortissement dérogatoire. Pour éviter les retraitements aux PME, le PCG art 214-3 contient une mesure de simplification. Il est possible de retenir la durée d'usage (durée normale d'utilisation) dans les comptes individuels pour déterminer le plan d'amortissement des immobilisations non décomposables. Le décret est applicable depuis le 31 mai 2019.

Ce qu'il faut retenir

- Une immobilisation incorporelle est un actif **non monétaire sans substance physique.**
- Les coûts de développement peuvent être comptabilisés à l'actif s'ils se rapportent à des projets nettement individualisés, ayant de sérieuses chances de réussite technique et de rentabilité commerciale (ou de viabilité économique).
- **Les coûts de recherche** sont toujours comptabilisés en **charges.**
- La comptabilisation des coûts de développement à l'actif est considérée comme la méthode de référence (PCG 313-3).
- L'autre méthode consiste à maintenir les frais de développement en charges.
- L'entreprise doit utiliser la même méthode pour tous les projets, l'option pour la méthode est globale.
- C'est l'application du principe de la permanence des méthodes.
- Les frais d'établissement sont amortis dans un délai maximal de 5 ans.
- Seule l'acquisition du fonds commercial est comptabilisée en immobilisation.
- Le fonds commercial et le droit au bail ne peuvent pas être amortis.
- Si la VNC est supérieure à sa valeur actuelle, une dépréciation devra être comptabilisée.
- Le fonds commercial peut être amorti sur 10 ans s'il s'agit d'une PME ou si sa durée est limitée.
- Pour les PME, il est possible de retenir la durée d'usage (durée normale d'utilisation) dans les comptes individuels pour déterminer le plan d'amortissement des immobilisations non décomposables (art 214-14 du PCG).

Cas Tines

Mission

L'entreprise TINES a lancé au début de l'année N un projet de développement d'un procédé de fabrication. L'entreprise applique la méthode préférentielle de comptabilisation des frais de recherche et développement à l'actif.

Au 30 juin N le projet est en état de fonctionner. La durée d'utilisation prévue est de 4 ans.

Les dépenses comptabilisées dans les comptes de charges sont les suivantes :

Frais de recherche : 100 000 €, frais de développement : 150 400 € (dont 20 000 d'amortissements dérogatoires).

Ce projet respecte les conditions d'inscription à l'actif depuis son origine.

La direction a décidé de le protéger par le dépôt d'un brevet. Le consultant qui a aidé l'entreprise dans ses démarches a envoyé sa facture d'un montant HT de 3 600 €. La facture a été reçue et payée par chèque bancaire le 20 juillet N.

Le 31 août N, le brevet est déposé auprès de l'INPI ; les frais de dépôt s'élèvent à 1 000 € (non soumis à TVA) et sont réglés le jour même par chèque bancaire.

Le brevet doit assurer une protection sur 20 ans du procédé de fabrication. Pour réaliser cette mission, vous devez :

1. Définir immobilisation incorporelle et actif. Quand est-ce qu'une immobilisation incorporelle est identifiable ?
2. Rappelez les conditions nécessaires pour que les coûts de développement d'un projet puissent être inscrits à l'actif.
3. Comptabilisez toutes les écritures liées à ce projet du 30 juin N au 31 décembre N (les écritures de comptabilisation en charges de l'ensemble des frais de recherche et développement ont été correctement enregistrées).

Solution

1. Définir immobilisation incorporelle et actif. Quand est-ce qu'une immobilisation incorporelle est identifiable ?

Une immobilisation incorporelle est un actif non monétaire sans substance physique.

Un actif est un élément identifiable du patrimoine ayant une valeur économique positive pour l'entité, c'est-à-dire un élément générant une ressource que l'entité contrôle du fait d'évènements passés et dont elle attend des avantages économiques futurs.

La notion du contrôle est essentielle puisque les avantages économiques futurs n'existent que si les risques et les avantages ont bien été transférés à l'entreprise.

Une immobilisation incorporelle est identifiable :

- si elle est séparable des activités de l'entité (elle peut être vendue, louée, transférée ou échangée de manière isolée) ;
- si elle résulte d'un droit légal ou contractuel (droit au bail).

2. Rappeler les conditions nécessaires pour que les coûts de développement d'un projet puissent être inscrits à l'actif

D'après l'article 311-3-2 du PCG

Les coûts de développement peuvent être comptabilisés à l'actif s'ils se rapportent à des **projets nettement individualisés**, ayant de **sérieuses chances de réussite technique et de rentabilité commerciale**.

3. Comptabiliser toutes les écritures liées à ce projet du 30/06/N au 31/12/N (les écritures de comptabilisation en charges de l'ensemble des frais de recherche et développement ont été correctement enregistrées)

D'après la méthode préférentielle, les frais de développement sont activés si les conditions détaillées à la réponse 1 sont réunies : inscription en compte 203.

Les frais de recherche sont inscrits obligatoirement en charges (100 000 €).

Les amortissements dérogatoires (20 000 €) ne sont pas des charges d'exploitation et sont exclus du montant inscrit en immobilisation :

150 400 – 20 000 = 130 400 €

		30/06/N		
203		Frais de recherche et développement	130 400	
	721	Production immobilisée		130 400
		Activation des frais de développement		
		20/07/N		
203		Frais de recherche et développement	3 600	
44562		TVA déductible sur immobilisations	720	
	512	Banque		4 320
		Règlement des frais pour consultant		
		31/08/N		
205		Concessions et droits similaires, brevets	1 000	
	512	Banque		1 000
		Paiement des frais de dépôt		
		31/08/N		
205		Concessions et droits similaires, brevets		
	203	Frais de recherche et développement	134 000	134 000
		Transfère des frais de développement en brevet		

Il convient de solder le compte 203 : 130 400 + 3 600 = 134 000.

		31/12/N		
681		DAP sur Immobilisations incorporelles	2250	
	2805	Amortissements des concessions et droits similaires (134 000 + 1 000) × 1/20 × 4/12 *Amortissement du brevet à compter de la date de dépôt*		2250

Évaluation des immobilisations : cas particuliers

Fiche 6

Schéma de synthèse

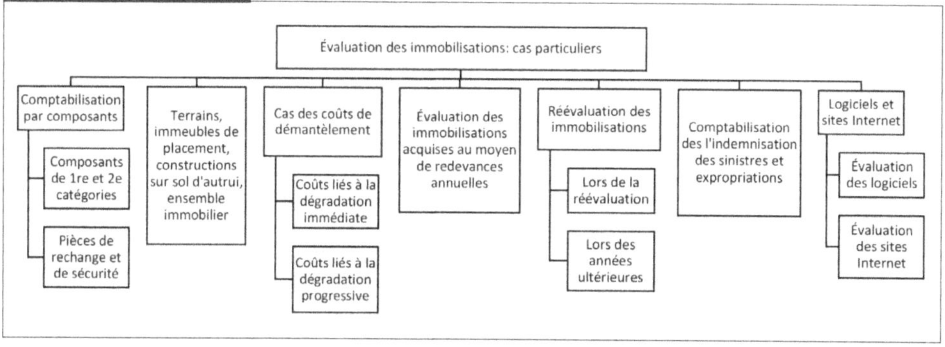

I. Comptabilisation par composants

Lorsque des éléments constitutifs d'un actif sont exploités de **façon indissociable**, un plan d'amortissement unique est retenu pour l'ensemble de ces éléments.

Les éléments composants une même immobilisation, mais de **durée de vie** ou de **mode d'amortissement différents**, doivent être **comptabilisés séparément** s'ils ont une valeur significative par rapport à l'ensemble de l'immobilisation (15 % de l'ensemble pour les biens meubles et 1 % pour les constructions)

Les éléments remplacés au cours de la vie de l'immobilisation sont des composants et le reste c'est la structure : c'est le composant principal qui ne fait pas l'objet d'un remplacement pendant sa durée d'utilisation.

Lorsque le coût de démantèlement, d'enlèvement et de restauration du site sont considérés comme faisant partie du coût d'acquisition ou de production, ce coût est considéré comme un composant.

1. Composants de 1re et 2e catégories

L'avis 2002-12 du CNC distingue deux catégories de composants :
- les éléments principaux des immobilisations, devant faire des remplacements à intervalles réguliers ;
- les dépenses de l'entretien faisant l'objet de programmes pluriannuels de grosses réparations ou de grandes révisions.

Les dépenses de gros entretien ou des grandes révisions programmées sur plusieurs années peuvent :
- soit être provisionnées (1572 : provisions pour gros entretien ou grandes révisions) ;
- soit inscrites à l'actif en tant que composant de 2e catégorie

Position fiscale :
Les provisions sont déductibles
Les composants 2e catégories **ne sont pas reconnus sur le plan fiscal** et ne peuvent faire l'objet d'un plan d'amortissement propre.
Les amortissements ne sont pas déductibles et doivent être réintégrés
En revanche, les dépenses d'entretien sont des charges déductibles.

2. Pièces de rechange et de sécurité

Les pièces principales acquises pour être utilisées en cas de panne ou de casse accidentelle, doivent être amorties dès l'acquisition de l'immobilisation à laquelle elles se rattachent et sur la même durée. Leur remplacement n'est pas planifié.
Les pièces dont l'utilisation est planifiée doivent être amorties à compter de la date de remplacement sur la durée résiduelle d'amortissement du composant.

II. Terrains, immeubles de placement, constructions sur sol d'autrui, ensemble immobilier

Les terrains ne sont pas amortissables, il existe une exception pour les terrains de gisement.
Sur le plan fiscal, **les immeubles de placement** sont amortis sur la durée d'utilisation et non sur la durée d'usage.
Constructions sur sol d'autrui (214) : D'après l'art. 39 D du CGI, l'amortissement déductible doit être effectué sur la période normale d'utilisation et non sur la durée de bail.
Il faut comptabiliser un amortissement comptable sur la durée de bail calculé à partir de la valeur brute déduction faite de l'indemnité de reprise du bail et réintégrer fiscalement la quote-part non déductible.

a. Les problèmes posés

- Qui va enregistrer la construction dans son actif ?
- Quel plan d'amortissement ?
- Que faut-il faire à l'expiration du bail ?

b. Les solutions

- Le locataire contrôle l'actif et obtient les avantages économiques futurs, il doit enregistrer la construction dans son bilan dans le compte 214.
- Il faut mettre en place un plan d'amortissement sur la durée du bail, il faut donc un amortissement dérogatoire.
- À l'expiration du bail, la construction doit être sortie du patrimoine du locataire et l'indemnité éventuelle constitue le prix. La construction sera enregistrée à l'actif du propriétaire du terrain au montant de l'indemnité ou à sa valeur vénale, si elle est reçue à titre gratuit. Elle sera amortie sur la durée réelle.

Exemple

La construction d'un bâtiment industriel est mise en service le 01/01/N, d'une valeur de 200 000 € et d'une durée d'utilisation estimée à 25 ans sur un terrain appartenant à une SCI. Le bail est de 18 ans et l'indemnité de reprise est fixée à 20 000 €

Travail à faire

- **1. Calculez la dotation aux amortissements de l'année N**
- **2. Calculez le montant de l'amortissement déductible. Quelle est l'incidence fiscale ?**
- **3. Passez l'écriture**

Solution

1. Calcul de la dotation

(200 000 – 20 000)/18 = 10 000 €

2. Amortissement déductible : 200 000/25 = 8 000 €.

Il faut réintégrer 10 000 – 8 000 = 2 000 €

3. Écriture

6811		DAP d'exploitation	10 000	
	2814	Amortissement sol d'autrui		10 000

Ensemble immobilier : le coût du terrain supporte le prix du terrain, les travaux de voirie, etc. Les frais liés à la démolition d'un bâtiment préexistant sont enregistrés dans le coût de la construction, sauf s'ils sont occasionnés pour rendre le terrain nu libre à la vente.

Les frais liés à l'acquisition de l'ensemble immobilier (droits d'enregistrement, honoraires du notaire, etc.) peuvent être rattachés :

- soit en charges déductibles immédiatement
- soit en immobilisations : la répartition entre les différents composants s'effectue proportionnellement aux coûts d'acquisition.

III. Cas des coûts de démantèlement

1. Coûts liés à la dégradation immédiate

Ces coûts (actif de démantèlement) s'ajoutent au coût d'acquisition de l'installation (actif de support). Ils sont inscrits dans les immobilisations corporelles. Il s'agit des coûts prévisibles obligatoires de démantèlement, d'enlèvement de restauration. L'obligation de remise en état doit exister dès l'acquisition ou la construction de l'installation.

En contrepartie de l'inscription de ces coûts à l'actif immobilisé, le compte 1581 : provisions pour remises en état est crédité au passif.

Exemple

Une entreprise achète le 1er janvier N, une usine pour le prix de 4 000 000 €. À la fin de sa période d'utilisation (10 ans), cette plate-forme devra obligatoirement être démantelée pour un coût prévisionnel de 1 000 000 €.

Travail à faire

➥ **Passez l'écriture d'acquisition en faisant abstraction de la TVA**

Solution

		01/01/N		
21541		Installation tech (actif support)	4000000	
21542		Installation tech (actif démantèlement)	1000000	
	512	Banque		4000000
	1581	Provision pour remise en état		1000000

2. Coûts liés à la dégradation progressive

À la clôture de chaque exercice, on dote une provision à hauteur des coûts liés à la dégradation progressive effective à cette date.

L'évaluation de la provision peut être révisée, en fonction des variations du montant estimé des dépenses de remise en état.

La variation du montant estimé a pour contrepartie la modification de la VNC de l'immobilisation concernée. On doit réviser le plan d'amortissement de manière prospective.

S'il y a augmentation de la provision, la VNC est majorée de même montant

S'il y a diminution, elle doit être imputée :
- D'abord directement sur la VNC de l'actif de démantèlement ;
- Pour le surplus éventuel, sur la VNC de l'actif du support par le biais d'une dépréciation ;
- Enfin, sur le résultat, pour le surplus qui pourrait subsister.

Exemple suite

Au 31/12/N+5

Hypothèse 1 : le coût de démantèlement est ré-estimé à 1 200 000 €

Hypothèse 2 : le coût de démantèlement est ré-estimé à 560 000 €

Travail à faire

➥ **Passez les écritures nécessaires**

Solution

Au 31/12/N+5, la VNC de l'actif de support et de l'actif de démantèlement sont 1 600 000 € et 400 000 €.

Dans la **1re hypothèse**, il y a une augmentation de la provision de 200 000 €

		31/12/N+5		
21542		Installation tech (actif démantèlement)	200 000	
	1581	Provision pour remise en état		200 000

La nouvelle base amortissable de l'actif de démantèlement est égale à 400 000 + 200 000 = 600 000. Elle sera amortie en 4 ans (N+6 à N+9).

2e hypothèse : Il y a une réduction de la provision de 440 000

		31/12/N+5		
1581		Provision pour remise en état	440 000	
	21542	Installation tech (actif démantèlement)		400 000
	781	RAP d'exploitation		40 000
681		DAP d'exploitation	40 000	
	291541	Dépréciation installation tech (actif support)		40 000

Ces écritures ne modifient pas le résultat de l'exercice N+5. Le résultat ne serait affecté que si la diminution de la provision excédait la somme des VNC des deux actifs, soit 2 000 000. L'actif de démantèlement est maintenant totalement amorti. La VNC de l'actif de support est ramenée à 1 600 000 – 40 000 = 1 560 000, ce qui constitue sa nouvelle base amortissable en 4 ans.

IV. Évaluation des immobilisations acquises contre versement de rentes viagères

Sur le plan juridique, cette opération s'analyse comme un contrat (transfert de propriété au profit de l'acquéreur à la signature du contrat) aléatoire (le paiement total dépend de la date de décès du crédirentier).
L'évaluation ne doit pas tenir compte du risque lié à la durée de vie (durée aléatoire) du crédirentier.

Deux solutions peuvent être retenues pour évaluer l'entrée :
- Prix stipulé dans l'acte ;
- À défaut, prix indiqué comme base de calcul des droits d'enregistrement ;
- Lorsqu'aucune indication de prix ne peut être dégagée du contrat, la valeur à retenir est la valeur vénale.

La valeur du bien peut être estimée, au moins sur un plan théorique, en actualisant les rentes à payer (en tenant compte de l'espérance de vie du crédirentier).
L'acquéreur peut régler le prix total par rentes périodiques (1685) ou en partie par un règlement au comptant appelé bouquet (512)

Si le compte 1685 Rentes viagères capitalisées n'est pas soldé et que le crédirentier vient de décéder, l'entreprise constatera un produit exceptionnel (778). Si le compte est soldé et que le crédirentier est toujours vivant, le paiement de la rente sera dans un compte de charge exceptionnelle (678).

Exemple 1

Une société a acquis le 1er janvier N contre une rente viagère de 12 000 € par an (payable en fin d'année) un ensemble mobilier (dont un terrain estimé à 40 000 €). Un bouquet (versement initial) de 60 000 € est remis au crédirentier le 1er janvier N. L'espérance de vie du crédirentier est estimée à 20 ans et taux d'actualisation de la rente est de 9 %.

Travail à faire

- **1– Si le contrat n'a pas fixé le prix, calculez une estimation**
- **2– Quelle est la valeur de la construction**
- **3– Passez l'écriture d'acquisition**

Solution

1– Calcul d'une estimation

60 000 + 12 000 × (1 – 1,09)–20/0,09 = 169 500 €

2– Valeur de la construction

Valeur de construction : 169 500 – 40 000 = 129 500

3– Écriture

		01/01/N		
211		Terrain	40000	
213		Construction	129500	
	512	Banque		60000
	1685	Rente viagère		109500

Si le compte 1685 Rentes viagères capitalisées n'est pas soldé et que le crédirentier vient de décéder, l'entreprise constatera un produit exceptionnel (778). Si le compte est soldé et que le crédirentier est toujours vivant, le paiement de la rente sera dans un compte de charge exceptionnelle (678).

Exemple 2

Une société a acquis un immeuble estimé à 320 000 € le 1er janvier N, contre un paiement immédiat de 80 000 € et une rente de 30 000 € payable le 31 décembre de chaque année pendant 8 ans.

Travail à faire

- **1– Passez l'écriture au 31/12/N si la rente est estimée sans intérêt**
- **2– Passez l'écriture au 31/12/N+6, si le crédirentier vient de décéder avant la 8e année**

Solution

1– Enregistrement de la rente

		31/12/N		
1685		Rente viagère	30000	
	512	Banque		30000

2– Les deux annuités que la société ne devra pas payer seront considérées comme des profits et le compte 1685 sera soldé.

		31/12/N+6		
1685		Rente viagère	60000	
	7788	Produits exceptionnels divers		60000

V. Évaluation des immobilisations acquises au moyen de redevances annuelles

Les immobilisations acquises au moyen de redevances annuelles (brevets, licences, fonds de commerce, concessions, etc.), sont à comptabiliser à l'actif (CNCC, bulletin n° 57, mars 1985) pour la valeur vénale du bien lors de la signature du contrat. Ce montant est considéré comme définitif et ne doit pas être remis en cause lors des paiements effectifs.

Cette valeur peut être estimée par la valeur actualisée des redevances probables qui seront versées au cours de la période prévue.
Le compte 404 est crédité d'un montant équivalent. Par la suite, les redevances versées sont imputées sur ce compte.
Si la valeur totale des redevances est inférieure ou supérieure à la valeur d'entrée comptabilisée, la différence doit être enregistrée en résultat exceptionnel.

VI. Réévaluation des immobilisations

Le coût d'entrée des immobilisations est le coût historique. Or du fait de l'inflation ce coût perd régulièrement de la valeur, et la valeur nette comptable s'éloigne de la valeur réelle. Afin de respecter la notion d'image fidèle, il conviendrait de procéder à leur réévaluation. Il s'agit d'une exception du coût historique.
Conformément à l'article 350-1 du PCG, les immobilisations peuvent être réévaluées à leur valeur actuelle. La différence entre la VNC et la valeur actuelle est l'écart de réévaluation qui doit être inscrit directement dans les capitaux propres (compte 1052 : écart de réévaluation libre), il ne peut être ni distribué ni utilisé pour compenser des pertes sauf s'il a été préalablement incorporé au capital (PCG 350-1). La réévaluation concerne les immobilisations corporelles et financières (art L. 123-18 C. Com.) les immobilisations incorporelles sont hors champ.

1. Lors de la réévaluation

C'est la VNC qui est réévaluée. En conséquence, il n'y a pas à réévaluer les amortissements pratiqués antérieurement sur le bien.
Si l'entreprise a pratiqué des amortissements dérogatoires sur le bien réévalué, le solde doit être reporté au résultat (CNCC, bulletin n° 61).
Cet écart doit être réintégré.

Exemple

> Machine acquise début N pour 20 000 €, amortissable sur 10 ans. À la fin N+6, le bien fait l'objet d'une réévaluation. La valeur actuelle est évaluée à 27 000 €.

Travail à faire

- **1- Calculez l'écart de réévaluation**
- **2- Passez l'écriture au 31/12/N+6**
- **3- Quelle est la conséquence fiscale**

Solution

1– Écart de réévaluation

À cette date, la VNC est de 6 000 €.

	Avant réévaluation	Avant réévaluation
Valeur brute	20000	41000
Amortissements	14000	14000
VNC	6000	27000

Écart de réévaluation : 27 000 – 6 000 = 21 000

2– Enregistrement au 31/12/N+6

		31/12/N+6		
2154		Matériels et outillages industriels	21000	
	1052	Écart de réévaluation libre		21000

3– Conséquence fiscale : il faut réintégrer dans l'état 2058 : 21 000 €

2. Lors des années ultérieures

Les amortissements sont calculés sur la nouvelle VNC. Si l'exercice est bénéficiaire, une fraction de l'écart est transférée à une réserve distribuable à concurrence du supplément d'amortissement relatif à la partie réévaluée de l'immobilisation (PCG 350-1).

Exemple suite

Passer les écritures au 31/12/N+7 (on considère que l'exercice est bénéficiaire).

Solution

Après réévaluation, la VNC est de 27 000 € alors que l'ancienne base amortissable était de 20 000 €. Il reste trois annuités à pratiquer selon le plan d'amortissement initialement prévu.

La dotation est de : 27 000/3 = 9 000

La part transférée dans les réserves est de : 9 000 – 2 000 = 7 000

		31/12/N+7		
681		DAP Matériels et outillages industriels	9000	
	28154	Amortissements matériels et outillages industriels		9000
1052		Écart de réévaluation libre	7000	
	1052	Autres réserves		7000

VII. Comptabilisation de l'indemnisation des sinistres et expropriations

Un sinistre est normalement couvert par une assurance. Il est comptabilisé en charge (charge décaissée ou provision), l'indemnité d'assurance doit être comptabilisée, dans le compte 79 transferts de charges.

Lorsqu'il s'agit d'une destruction totale ou d'un vol, la sortie est assimilée à une cession et l'indemnité reçue constitue le prix de cession.

En cas d'expropriation, l'opération est également enregistrée comme une cession d'immobilisation.

La fraction non encore amortie fait l'objet d'un amortissement exceptionnel afin d'amener la VNC à Zéro, au cours de l'exercice de survenance du sinistre.

L'indemnité doit être enregistrée dès la fixation de son montant et non de sa perception réelle.

Position fiscale : C'est le régime des plus ou moins-values avec certaines dispositions plus favorables.

La plus-value nette à C.T peut bénéficier d'un étalement. La durée d'étalement est égale à la durée moyenne des amortissements déjà pratiqués pondérée en fonction du prix d'acquisition. Cette durée, exprimée en années, est arrondie par excès et ne peut excéder 15 ans.

La fraction imposable annuellement est le montant de la PV/Durée d'étalement.

La première réintégration est pratiquée sur les résultats de l'exercice qui suit celui de la réalisation de la plus-value.

La plus-value nette à L.T (régime de l'I.R) bénéficie d'un différé de deux ans pour le paiement de l'impôt.

VIII. Logiciels et sites Internet

La loi du 3 juillet 85 étend aux logiciels la protection conférée aux droits d'auteur. C'est pourquoi certaines dépenses d'acquisition ou de création de logiciels sont inscrites en immobilisations incorporelles.

1. Évaluation des logiciels

L'évaluation et la comptabilisation des logiciels avaient fait l'objet d'un avis du CNC en avril 1987. Les dispositions de cet avis ont été repris par l'article 331-3 du PCG qui distingue les logiciels acquis, les logiciels créés destinés à un usage commercial et ceux destinés à un usage interne.

A. Les logiciels acquis

Les dissociés sont comptabilisés à leur coût d'acquisition dans le compte 205. Ils sont amortis à compter de leur date d'acquisition et non de celle de leur mise en service. Depuis le 1er janvier 2017, article 32 de la loi de finance, l'amortissement sur douze mois est supprimé.
Les indissociés sont comptabilisés dans le compte 2183

B. Les logiciels créés par l'entité

Logiciels créés pour être utilisés dans l'entité (**caractère interne**) : Ils sont inscrits dans le compte 205, si les conditions suivantes sont simultanément remplies : projet est considéré comme ayant de sérieuses chances de réussite technique ; l'entité manifeste sa volonté de produire le logiciel, indique la durée d'utilisation minimale et précise l'impact sur le compte de résultat ; l'entité doit mettre en œuvre des outils de gestion permettant d'individualiser chaque projet et d'en calculer distinctement le coût ; de rattacher les charges engagées aux différentes phases techniques ; d'évaluer à chaque étape les chances de réussite technique du projet.
Leur valeur d'entrée est le coût de production. Ils sont amortis à compter de leur date d'achèvement (PCG 331-3-1) sur la durée d'utilisation. Le coût de production des logiciels (autres que les logiciels standard) est déterminé selon des règles spécifiques. Il comprend seulement des coûts de développement.

Si la production est réalisée durant l'exercice : 205 à 721. Pas de TVA sur la livraison à soi-même de prestations de service.
Si la production est réalisée durant deux exercices, on comptabilise à l'inventaire du 1er exercice : 232 à 721
Les logiciels créés à usage commercial (**caractère commercial**) sont comptabilisés en immobilisations, à leur coût de production, si les conditions suivantes sont simultanément réunies :
- Le projet est considéré comme ayant de sérieuses chances de réussite technique et de rentabilité commerciale ;
- L'entité manifeste sa volonté de produire le logiciel et s'en servir durablement et identifie les ressources humaines et techniques qui seront mises en œuvre.

Lorsque les conditions sont réunies, les dépenses sont inscrites à la clôture de l'exercice : Au débit du compte 232 Immobilisations incorporelles en cours et au crédit du compte 72 Production immobilisée.
Tant que le logiciel n'est pas achevé, l'amoindrissement éventuel est constaté par une dépréciation : 2932.
En cas d'échec total, le compte 232 est soldé par le débit du compte 675
Lorsque le logiciel est achevé, son coût est viré au compte 205, ce n'est qu'à partir de ce moment qu'il commence à être amorti.

Cas spécifique :

- Pour répondre à la commande spécifique d'un seul client : au cours de l'exercice, les dépenses sont comptabilisées en charges. À la clôture de l'exercice, les travaux non encore facturés sont inscrits dans le compte 34 : en cours de production de services.
- Logiciels standard reproduits en série pour être vendus : au cours de l'exercice, les dépenses sont comptabilisées en charges. À la clôture de l'exercice, les logiciels non encore vendus sont inscrits dans le compte 355 : stocks de produits finis.

Position fiscale : Les dépenses de création de logiciel inscrites en charges sont fiscalement déductibles.

L'administration fiscale admet **la déduction immédiate** du coût des logiciels créés, même inachevés, même inscrits dans un compte d'immobilisations. La différence entre les dépenses de l'exercice N et l'amortissement comptable est enregistré en tant qu'amortissement dérogatoire.

2. Évaluation des sites Internet

Les sites Internet acquis clé en main sont assimilés à des logiciels.

Les sites créés par l'entreprise :

Sites Internet passifs sont de simples sites de présentation de l'entreprise à vocation publicitaire. Leurs dépenses de création sont comptabilisées en charges ;

Sites Internet actifs sont des sites interactifs de commerce électronique ou assimilés. Ils génèrent des avantages économiques futurs. La plupart de leurs coûts de création peuvent constituer une immobilisation incorporelle compte 205 sous certaines conditions.

Si les conditions suivantes sont réunies, la méthode de référence consiste à immobiliser les coûts de création (sinon, les coûts sont comptabilisés en tant que charges) :

- Le site a de sérieuses chances de réussite technique ;
- L'entreprise a l'intention d'achever le site et de l'utiliser ou de le vendre ;
- L'entreprise a la capacité d'utiliser ou de vendre le site ;
- Le site générera des avantages économiques futurs ;
- L'entreprise dispose des ressources (techniques, financières et autres) appropriées pour achever le développement et utiliser ou vendre le site ;
- L'entreprise a la capacité d'évaluer de façon fiable les dépenses attribuables au site au cours de son développement.

Position fiscale :

Les sites sont fiscalement assimilés aux logiciels. Seul le coût du nom de domaine n'est pas déductible.

Ce qu'il faut retenir

- Les dépenses de gros entretien ou des grandes révisions programmées sur plusieurs années peuvent :
  - soit être provisionnées (1572 : provisions pour gros entretien ou grandes révisions) ;
  - soit inscrites à l'actif en tant que composant de 2e catégorie
- En contrepartie de l'inscription des coûts de démantèlement à l'actif immobilisé, le compte 1581 – provisions pour remises en état est crédité au passif.
- **Lors de la réévaluation, c'est la VNC qui est réévaluée. En conséquence, il n'y a pas à réévaluer les amortissements pratiqués antérieurement sur le bien. L'écart de réévaluation est enregistré dans le compte 1052. Elle concerne que les immobilisations corporelles et financières.**
- Les logiciels acquis
- Les dissociés sont comptabilisés à leur coût d'acquisition dans le compte 205. Ils sont amortis à compter de leur date d'acquisition et non de celle de leur mise en service.
- Les indissociés sont comptabilisés dans le compte 2183
- Les logiciels créés par l'entité pour être utilisés dans l'entité (caractère interne)
- Ils sont inscrits dans le compte 205, si les conditions sont réalisées.
- Le coût de production des logiciels (autres que les logiciels standard) est déterminé selon des règles spécifiques. Il comprend seulement des coûts de développement.

Étape du développement		**Coûts liés inclus dans le coût de production**
Phase conceptuelle	1/ Étude préalable	non
	2/ Analyse fonctionnelle (conception générale)	non
	3/ Analyse organique (conception détaillée)	**oui**
Phase de production	4/ Programmation (codification)	**oui**
	5/ Tests et jeux d'essais	**oui**
Phase de mise à la disposition de l'utilisateur et phase de suivi	6/ Documentation technique (à usage interne ou externe)	**oui**
	7/ Formation de l'utilisateur	non
	8/ Suivi (maintenance)	non

- Les logiciels créés à usage commercial (caractère commercial) sont comptabilisés en immobilisations, à leur coût de production, si les conditions suivantes sont réunies.
- L'activation des logiciels est obligatoire lorsque les conditions sont réunies.
- L'activation des sites Internet est la méthode de référence.
- La déduction fiscale immédiate des logiciels créés peut être effectuée même si le logiciel n'est pas encore achevé.

- Site internet « passif » : site destiné à donner des informations sur l'entreprise (site de présentation). Traitement comptable : dépenses de conception enregistrées en charges.
- Site internet « actif » : site destiné à enregistrer des commandes clients et/ou à participer aux systèmes d'information ou commerciaux de l'entreprise (comptabilité, vente, etc.).
- Traitement comptable : dépenses de conception activables si option pour l'activation.

Cas Ag-Sef

Dossier 1 Composants 1re catégorie

Mission

Le 1er janvier N, la société AG-SEF a fait l'acquisition d'une machine-outil dont les caractéristiques sont les suivantes :

- prix d'achat : 100 000 € HT
- durée d'utilisation probable : 10 ans

Cependant, cette machine est équipée d'une pièce qui doit être changée tous les 5 ans. Sa valeur, incluse dans le prix total de la machine, est égal à 20 000 €.

Pour réaliser cette mission, vous devez :

1. Expliquer si Les éléments de cette immobilisation sont dissociables ? Quelles conséquences comptables doit-on en tirer ?
2. Présentez l'enregistrement comptable nécessaire le 1/1/N.
3. Présentez l'enregistrement comptable nécessaire le 31/12/N.
4. Présentez les enregistrements comptables nécessaires le 1/1/N+5 lors du changement de la pièce sachant qu'elle a été facturée au prix de 21 000 € HT.

Dossier 2 Coûts de démantèlement

Mission

L'entreprise AG-SEF pour s'agrandir, elle a acheté le 1er janvier N, une plate-forme pour le prix de 2 000 000 € comptant. À la fin de sa période d'utilisation (10 ans), cette plate-forme devra obligatoirement être démantelée pour un coût prévisionnel de 500 000 €. Pour réaliser cette mission, vous devez :

1. Définir les coûts de démantèlement.
2. Passez l'écriture d'acquisition en faisant abstraction de la TVA.
3. Quelles sont les conséquences de l'évaluation de la provision ?
   Au 31/12/N+5 :
   Hypothèse 1 : Le coût de démantèlement est ré-estimé à 600 000 €
   Hypothèse 2 : coût de démantèlement est ré-estimé à 150 000 €
4. Passez les écritures nécessaires.
5. Quelle est la position fiscale ?

Dossier 3 Sinistre

Mission

Début juillet N, la société est victime d'un sinistre, les immobilisations suivantes sont détruites :

- Une machine XT : valeur d'entrée 12 000 €, acquise le 01/01/N–7 est amortie sur 10 ans en linéaire ;
- Une machine MX : valeur d'entrée 40 000 €, acquise le 01/07/N–4 est amortie sur 8 ans en linéaire ;

La société a souscrit une police d'assurance qui lui garantit une indemnisation à la valeur de remplacement. En application de ce contrat, elle reçoit le 24/12/N une indemnité d'un montant de 65 000 €. La société est soumise à l'I.S. Pour réaliser cette mission, vous devez :

1. Passez toutes les écritures.
2. Expliquez les conséquences fiscales.

Solution

Dossier 1 : composants de 1re catégorie

1. Éléments dissociables de cette immobilisation : Conséquences comptables.

La machine et sa pièce sont donc dissociables puisque la pièce constitue un élément devant faire l'objet de remplacement à intervalles réguliers. Les deux éléments sont donc comptabilisés séparément dès l'origine et feront l'objet d'amortissement selon des modalités propres, soit sur 10 ans pour la machine elle-même et sur 5 ans pour la pièce.

2. Enregistrements comptables nécessaires le 1/1/N

		01/01/N		
21541		Matériels industriels (Machine)	80 000	
21542		Matériels industriels (pièce)	20 000	
44562		TVA déductible/immobilisations	20 000	
	404	Fournisseurs d'immobilisations		120 000

3. Enregistrements comptables nécessaires le 31/12/N

Les dotations aux amortissements respectives seront les suivantes :

- machine : 80 000 × 10 % = 8 000 €
- pièce : 20 000 × 20 % = 4 000 €

		31/12/N		
681		DAP immobilisations corporelles	12 000	
	281541	Amortissement matériel industriel (Machine)		8 000
	281542	Amortissement matériel industriel (pièce)		4 000

4. Enregistrements comptables nécessaires le 1/1/N+5 lors du changement de la pièce

À cette date, la pièce a été totalement amortie. Il convient de :

- sortir la pièce initiale de l'actif de cette entreprise
- comptabiliser l'acquisition de la pièce de remplacement

		01/01/N+5		
281542		Amortissement.de matériel industriel (Pièce)	20 000	
	21542	Matériels industriels (Pièce)		20 000
		Mise en rebut		
21542		Matériels industriels (pièce)	21 000	
44562		TVA déductible/immobilisations	4 200	
	404	Fournisseurs d'immobilisations		25 200
		Achat de la nouvelle pièce		

Dossier 2 : coûts de démantèlement

1. Définir le coût de démantèlement

Ce sont des coûts prévisibles obligatoires de démantèlement, d'enlèvement de restauration.

2. Les écritures d'acquisition

		01/01/N		
21541		Installation Tech. : actif de support	2 000 000	
21542		Installation Tech. : actif de démantèlement	500 000	
	512	Banque		2 000 000
	1581	Provisions pour remise en état		500 000

3. Quelles sont les conséquences de l'évaluation de la provision ?

L'évaluation de la provision peut être révisée, en fonction des variations du montant estimé des dépenses de remise en état.

La variation du montant estimé a pour contrepartie la modification de la VNC de l'immobilisation concernée. On doit réviser le plan d'amortissement de manière prospective.

S'il y a augmentation de la provision, la VNC est majorée de même montant.

S'il y a diminution, elle doit être imputée :

- D'abord directement sur la VNC de l'actif de démantèlement ;
- Pour le surplus éventuel, sur la VNC de l'actif du support par le biais d'une dépréciation ;
- Enfin, sur le résultat, pour le surplus qui pourrait subsister.

4. Passer les écritures nécessaires

Au 31/12/N+5, la VNC de l'actif de support et de l'actif de démantèlement sont 800 000 € et 200 000 €.

Dans la **1re hypothèse**, il y a une augmentation de la provision de 100 000 €

		31/12/N+5		
21542		Installation Tech. : actif de démantèlement	100 000	
	1581	Provision pour remise en état		100 000

La nouvelle base amortissable de l'actif de démantèlement est égale à

200 000 + 100 000 = 300 000. Elle sera amortie en 4 ans (N+6 à N+9).

2e hypothèse : Il y a une réduction de la provision de 350 000

		31/12/N+5		
1581		Provision pour remise en état	350 000	
	21542	Installation Tech. : actif de démantèlement		200 000
	781	RAP exploitation		150 000
681		DAP d'exploitation	150 000	
	291541	Dépréciation actif support		150 000

Ces écritures ne modifient pas le résultat de l'exercice N+5. Le résultat ne serait affecté que si la diminution de la provision excédait la somme des VNC des deux actifs, soit 1 000 000. L'actif de démantèlement est maintenant totalement amorti. La VNC de l'actif de support est ramenée à 800 000 – 150 000 = 650 000, ce qui constitue sa nouvelle base amortissable en 4 ans.

5. Quelle est la position fiscale

La provision pour remise en état n'est pas déductible. Comme en comptabilité la constitution de cette provision ne donne pas lieu au débit d'un compte de charges, aucun retraitement fiscal n'est nécessaire.

L'amortissement de l'actif de démantèlement est linéaire et réparti sur la durée d'utilisation de l'actif de support.

Lorsque la provision est réduite d'un montant supérieur à la VNC de l'actif de démantèlement, la reprise constitue un produit imposable.

Dossier 3 : sinistre

1. Passer toutes les écritures comptables

		24/12/N		
467		Autres comptes débiteurs ou créditeurs	65 000	
	775	PCEA		65 000
		31/12/N		
6811		DAP immobilisations corporelles	3 100	
	28154	Amortissements immobilisations corporelles (12 000 × 10 % × 1/2 + 40 000 × 12,5 % × 1/2)		3 100

Les amortissements exceptionnels doivent être constatés pour ramener la VNC à zéro.

Machine XT : 12 000 – (12 000 × 10 % × 7) + 600 = 3 000

Machine MX : 40 000 – (40 000 × 12,5 % × 3,5) + 2 500 = 20 000

		31/12/N		
6871		DAP-charges exceptionnelles	23 000	
	28154	Amortissements immobilisations corporelles		23 000
28154		Amortissements immobilisations corporelles	52 000	
	2154	Matériel industriel		52 000

2. Expliquer les conséquences fiscales

Le résultat comptable

Compte 775	65 000
Compte 6871	(23 000)
Soit un profit	42 000

Le résultat fiscal

Prix de cession	65 000
Valeur fiscale nette	(23 000)
Prix de revient	42 000
Amortissements déduits [(12 000 × 10 % × 7) + (40 000 × 12,5 % × 3,5) + 3 100] = 29 000	29 000
Profit	42 000

S'agissant d'une société soumise à l'IS, la totalité de la PV est réputé à CT et peut donc bénéficier de l'étalement.

Durée de l'étalement :

(12 000 × 7,5) + (40 000 × 4)/(12 000 + 40 000) = 4,807 arrondi à 5 ans.

Fraction imposable annuellement : 42 000/5 = 8 400

Il conviendra de réintégrer aux résultats des exercices N+1 à N+5 la somme de 8 400 €.

Aucune imposition n'étant due au titre de l'exercice N, il faut procéder à la déduction fiscale de la PVCT, soit 42 000 €.

La société a l'obligation comptable de constater, par une provision, le montant de l'impôt qu'elle devra payer au cours des exercices N+1 à N+5. À savoir : 42 000 × 331/3 % = 14 000 €

L'enregistrement comptable au 31/12/N est 6 875 à 155 pour 14 000 €.

Cette provision est fiscalement non déductible puisqu'elle est destinée à faire face à un impôt lui-même non déductible.

Fiche 7

Opérations de financement

Schéma de synthèse

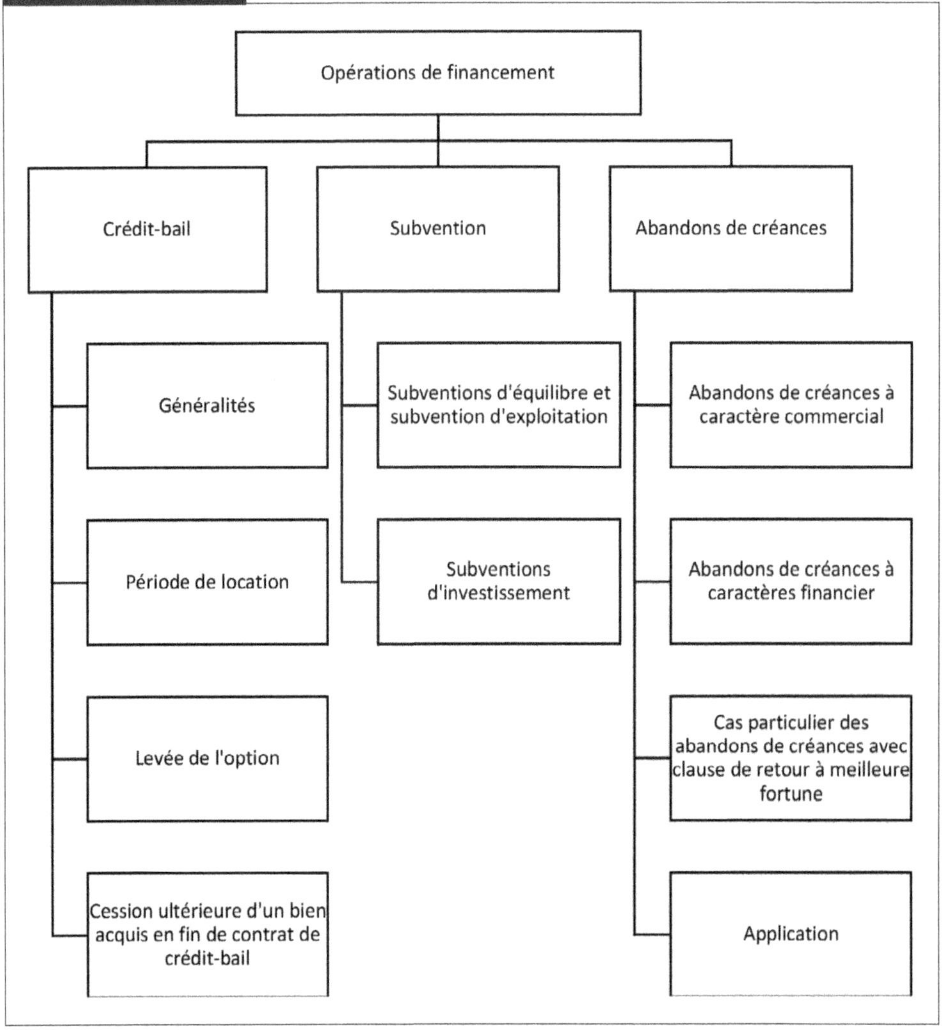

I. Crédit-bail

1. Généralités

Le crédit-bail est un contrat de location de biens mobiliers ou immobiliers. Le locataire a la faculté d'acquérir le bien au terme du contrat moyennant une somme déterminée à l'avance.
Les sommes versées pendant la durée du bail sont dénommées loyers ou redevances.

Sous l'angle juridique, le crédit-bail peut s'analyser comme étant à la fois :
- la location d'un bien (mobilier ou immobilier) moyennant une redevance ;
- la promesse de vente moyennant le paiement du prix convenu

Sous l'angle économique, le crédit-bail s'analyse comme l'un des moyens de financement.
À ces deux analyses correspondent deux positions possibles d'enregistrement comptable :
- Une position fondée sur l'aspect juridique : l'opération de crédit-bail n'est qu'une location assortie d'une promesse de vente, en conséquence, seules les redevances sont enregistrées.
  Le locataire n'est pas propriétaire du bien, le bien ne peut donc être inscrit dans son actif immobilisé.
- Une position fondée sur la nature économique : la norme IAS 17 définit la location financement (*finance lease*) par son effet de transférer au locataire l'essentiel des risques et avantages inhérents à la propriété d'un bien.

Selon l'IAS 17, un contrat de location-financement doit être comptabilisé dans le bilan de locataire-utilisateur comme un actif (une immobilisation) et un passif (un emprunt) dont les montants sont égaux au début du bail.

2. Période de location

Les redevances doivent être enregistrées en charges, comme pour tout contrat de location, au débit des comptes 612.
Le règlement CRC n° 2004-06 sur les actifs a exclu la possibilité de comptabiliser le crédit-bail à l'actif du bilan dans les comptes sociaux.
On utilise :
6122, crédit-bail mobilier
6125, crédit-bail immobilier

Les entreprises ne bénéficiant pas du régime de présentation simplifiée de l'annexe, doivent faire figurer dans leur annexe les informations suivantes :
- Valeur des biens pris en crédit-bail au moment de la signature ;

– Montants de redevances versées au cours de l'exercice et le cumul des redevances payées au cours des exercices précédents ;
– Les amortissements qui auraient été enregistrés si l'entreprise avait été propriétaire de ces biens, dotation de l'année et le cumul des exercices précédents ;
– Redevances restant à verser ventilées selon leur échéance :
  • À moins d'un an
  • D'un an à cinq ans,
  • À plus de cinq ans
– Prix d'achat résiduel

Cette information est obligatoire est sanctionnée pénalement par amande allant jusqu'à 1 500 € maximum, portée à 3 000 € en cas de récidive.

N.B.

Pour bénéficier de régime simplifié, l'entreprise ne doit pas dépasser à la clôture de l'exercice deux seuils sur trois :
CA = 8 000 000 €, Total bilan = 4 000 000 €, effectif = 50 salariés.

Dans ce cas l'entreprise doit publier dans l'annexe l'évaluation des redevances restant à payer et le prix d'achat résiduel en distinguant crédit-bail mobilier et crédit-bail immobilier.

3. Levée de l'option

A. crédit-bail mobilier

Lorsque le locataire lève l'option d'achat, le bien est porté à l'actif pour son coût d'acquisition. Par la suite le bien est amorti sur la durée probable d'utilisation.

B. crédit-bail immobilier

Il y a divergence sur le plan fiscal, le locataire acquéreur doit réintégrer dans son résultat fiscal, l'excédent de la valeur résiduelle (la valeur initiale du bien diminuée des amortissements que le locataire aurait pratiqués s'il avait été propriétaire) sur le prix de levée de l'option.
En contrepartie l'amortissement peut être pratiqué non pas sur le prix de l'option mais sur la valeur résiduelle.
Les conséquences de cette divergence sont :

Lors de la levée

- Les biens sont inscrits en comptabilité pour leur prix de cession (le prix global est d'abord affecté au terrain dans la limite de sa valeur d'origine, le prix de la construction est ensuite estimé par différence ou proportionnellement à la valeur fiscale dégagée)
- Il faut réintégrer au résultat fiscal la différence entre la valeur résiduelle et le prix de levée de l'option (diminué, le cas échéant, de la quote-part de loyers non déductible).

À la clôture des exercices suivants, l'entreprise doit constater pour la construction :

- Un amortissement comptable, calculé sur le prix de levée de l'option
- Un amortissement dérogatoire égal à la fraction réintégrée des loyers, amortie sur la durée d'utilisation. Ces amortissements dérogatoires doivent être repris en cas de cession du bien.

Remarque

Une recommandation du CNC envisage la constitution d'une provision pour impôt calculée sur la partie excédentaire des loyers déduits au moment de la comptabilisation des loyers. Cette provision est destinée à faire face à un impôt non déductible est bien évidemment elle-même non déductible fiscalement.

4. Cession ultérieure d'un bien acquis en fin de contrat de crédit-bail

La cession se comptabilise comme une cession normale, les amortissements dérogatoires doivent faire l'objet d'une reprise.

II. Subvention

Les subventions sont des aides financières accordées par l'État, les collectivités...
Le PCG distingue trois catégories de subvention :

1. Subventions d'équilibre et subventions d'exploitation

A. Définitions

Les subventions **d'équilibre** sont des aides qui permettent de compenser tout ou partie de la perte globale que l'entreprise aurait constatée si cette subvention ne lui avait pas été accordée.
Les subventions **d'exploitation** sont des aides qui permettent de compenser l'insuffisance de certains produits d'exploitation ou de faire face à certaines charges d'exploitation.

Elles comprennent notamment :
Les subventions de compensation tarifaire (exemple sommes versées à une entreprise de transport pour maintenir son activité).
Les primes à l'emploi.

B. Traitement comptable

La subvention d'équilibre est enregistrée dans le compte 7715 lorsqu'elle est reçue et dans le compte 6715 lorsqu'elle est accordée. On débite le 441.
La subvention d'exploitation est enregistrée dans le compte 74, elle peut être soumise à la TVA. Si elle constitue la contrepartie d'un service rendu ou si elle constitue un complément de prix.

N.B.

Certaines subventions sont remboursables au donateur en cas de succès. On utilise le compte 1674 (4417 à 1674). En cas d'échec la subvention devient définitivement acquise (1674 à 74).

2. Subventions d'investissement (d'équipement)

Ce sont des aides dont bénéficie l'entreprise en vue d'acquérir ou de créer une immobilisation (subvention d'équipement) ou de financer des activités à long terme.

A. Attribution et rapport de la subvention d'équipement aux résultats

Lors de son attribution, la subvention est considérée comme une ressource de financement. Elle est inscrite au crédit de compte 131 : subvention d'équipement. En principe, elle constitue un produit imposable de l'exercice. Le PCG prescrit de rapporter progressivement la subvention aux résultats en transformant la ressource externe en produit. À la fin du rapport de la subvention, il faut solder les comptes concernant cette subvention.

Les règles d'étalement

- Pour les immobilisations amortissables proportionnellement aux amortissements ;
- Pour les immobilisations non amortissables sur 10 ans.

La reprise de la subvention, ayant financé une immobilisation amortissable, s'effectue sur la même durée et au même rythme que l'amortissement de la valeur de l'immobilisation acquise ou créée au moyen de la subvention.

Position fiscale :
L'entreprise a le choix entre le rattachement immédiat de la subvention au résultat imposable et l'option pour l'échelonnement de ce rattachement.

Les subventions d'équipement ne sont pas soumises à la TVA.
Si l'immobilisation est décomposée, il est admis que l'imposition de la subvention soit répartie sur la durée moyenne pondérée des durées d'amortissement fiscales de la structure et des composants.

Exemple

Structure	95 000	10 ans	95 000 × 10 = 950 000
Composant 1	25 000	2 ans	25 000 × 2 = 50 000
Composant 2	40 000	5 ans	40 000 × 5 = 200 000
			1 200 000

L'imposition de la subvention est répartie sur 1 200 000/160 000 = 7,5 ans

B. Cession d'une immobilisation subventionnée

En cas d'une cession d'une immobilisation acquise à l'aide d'une subvention, la fraction de la subvention non encore inscrite au compte de résultat doit être rapportée au résultat.
S'il y a un amortissement dérogatoire, il faut le solder.

III. Abandons de créances

L'abandon de créance est rencontré dans les relations intergroupes, lors d'une procédure de conciliation ou une procédure collective de redressement ou de liquidation judiciaires. C'est une aide ou un avantage accordé par une entreprise à une autre. Juridiquement, il constitue une remise de dette qui libère le débiteur en entraînant l'extinction de la dette. Il constitue une charge déductible que si deux conditions sont remplies :
– L'abandon doit correspondre à un acte normal de gestion ;
– L'abandon ne doit pas avoir pour contrepartie une augmentation de l'actif.

La législation fiscale implique de distinguer les abandons à caractère commercial des abandons à caractère financier.

1. Abandons de créances à caractère commercial

Une entreprise accorde son aide pour maintenir en activité l'entreprise aidée afin d'assurer la poursuite de relations commerciales avantageuses.
L'abandon présente toujours un caractère exceptionnel. C'est une charge pour les sociétés qui le consent 6 715 subventions accordées ou 6 788 charges exceptionnelles diverses.

C'est un produit pour la société qui en bénéficie 7 715 subventions d'équilibre ou 7 788 produits exceptionnels divers.

Remarques

L'abandon est soumis à la TVA s'il est considéré comme la rémunération d'un service rendu ou comme un complément de prix.
S'il concerne une facture initiale de prestations de services, la TVA ne serait due qu'au moment de l'abandon (sauf option sur les débits).

2. Abandons de créances à caractère financier

Lorsque la créance abandonnée est de nature financière (prêt, avance) et que les motivations de l'abandon présentent un caractère strictement financier.

L'abandon de créance à caractère financier est déductible à concurrence :
- Du montant de la situation nette négative de la filiale bénéficiaire de l'abandon ;
- Et de la fraction de la situation nette positive après abandon qui est détenue par les associés ne participant pas à l'abandon.

La charge totale déductible est la situation nette négative plus la part fiscalement déductible. L'abandon de créance non déductible est la créance moins le total de la charge déductible.

Schéma d'écritures

Société qui consent l'abandon		Société qui bénéficie de l'abandon	
664		171	
261			7788
	267		

N.B.

Les abandons et les aides à caractère financier ne sont déductibles que si la société bénéficiaire se trouve sous une procédure de conciliation, de sauvegarde, redressement judiciaire ou liquidation.
Les abandons de créances à caractère financier ne sont possibles qu'au sein d'un groupe.

IV. Cas particulier des abandons de créances avec clause de retour à meilleure fortune

Si la clause est suspensive, seule une provision doit être constituée
Si la clause est résolutoire, l'abandon est assorti d'une clause de retour à meilleure fortune dans ce cas la société bénéficiaire dès que ses moyens redeviennent suffisants, elle est obligée de rembourser tout ou partie des sommes abandonnées en fonction des conditions indiquées dans la clause.
Au moment de l'abandon, l'enregistrement comptable n'est pas modifié. Par contre, l'entreprise doit mentionner l'existence de la clause dans ses **engagements hors bilan**.
Par la suite, si la clause de retour à meilleure fortune vient à jouer, le remboursement partiel ou total par l'entreprise débitrice devra être enregistré.

Le retour à meilleure fortune a pour conséquences, chez la société bénéficiaire de l'abandon le remboursement est une charge exceptionnelle ou financière et chez la société qui a consenti l'abandon, la récupération est un produit exceptionnel ou financier.

1. Application

La société DIKHAL détient 60 % dans la société KARBA qui est déficitaire depuis 3 ans. Elle connaît d'importantes difficultés financières. Compte tenu des difficultés de sa filiale, la société accepte de l'aider en renonçant à lui demander le remboursement de sa créance. Votre mission est d'analyser cet abandon de créance. Vous disposez de document 1 et vous devez :

1. **Rappeler les différents types d'abandons de créances.**
2. **Qualifier l'abandon de créance consenti par la société DIKHAL en justifiant la qualification retenue.**
3. **Calculer le montant de la reprise de dépréciation sur les titres KARBA au journal de la société DIKHAL.**
4. **<u>En faisant abstraction de toutes considérations fiscales</u>, enregistrer les écritures qui seront à comptabiliser à la date de l'abandon chez la société DIKHAL et chez la société KARBA.**
5. **Préciser et justifier le montant net des postes du bilan de la société DIKHAL ayant été modifiés suite à l'abandon de sa créance.**
6. **Qualifier la clause insérée par la société DIKHAL dans la convention d'abandon de créance. Rappeler la signification de cette clause et ses conséquences sur les comptes annuels des deux sociétés au 31 décembre N.**
7. **En supposant que la situation nette de la filiale soit de 160 000 € au 31 décembre N+1, expliquer l'incidence que cette évolution implique sur les comptes de la société KARBA.**

Document 1

INFORMATIONS SUR L'ABANDON DE CRÉANCE

Afin de soutenir sa filiale, la société DIKHAL a accordé un prêt d'un montant de 95 000 € à la société KARBA au cours de l'exercice N–1. Les intérêts courus, déjà comptabilisés à la date du 31 décembre N, se montent à 5 000 €.
Les deux sociétés n'entretiennent aucune relation commerciale.

a. Bilan simplifié en euros de la société DIKHAL au 31 décembre N

Actif	Montant	Passif	Montant
Actifs immobilisés divers	4 600 000	Capital	2 000 000
Titres de participation SBN (1)	0	Réserves	3 000 000
		Résultat	325 000
Créances rattachées à des participations (2)	100 000	Capitaux propres	5 325 000
Actifs circulants divers	1 800 000	Dettes diverses	1 175 000
Total	6 500 000	Total	6 500 000

(1) Les titres de participation KARBA, inscrits au coût d'acquisition de 300 000 €, ont fait l'objet d'une dépréciation à 100 % en raison de la situation nette négative de sa filiale KARBA.
(2) La société n'a pas doté de dépréciation sur le prêt accordé à sa filiale KARBA à la fin de l'exercice N du fait de sa décision d'abandonner sa créance.

b. Bilan simplifié en euros de la société KARBA au 31 décembre N

Actif	Montant	Passif	Montant
Actifs immobilisés divers	1 600 000	Capital	500 000
		Réserves	50 000
Actifs circulants	450 000	Report à nouveau	(480 000)
		Résultat	(120 000)
		Capitaux propres	(50 000)
		Dettes rattachées à des participations	100 000
		Dettes diverses	2 000 000
Total	2 050 000	Total	2 050 000

Le 31 décembre N, au vu du dernier bilan de sa filiale, la société DIKHAL décide de renoncer à demander le remboursement du prêt et des intérêts courus. Néanmoins, elle insère dans la convention d'abandon de créance une clause stipulant qu'au cas où la situation nette de la société KARBA dépasserait 150 000 €, sa créance redeviendrait exigible.

Solution

1. Rappeler les différents types d'abandons de créances.

On distingue deux types d'abandon de créances :

- l'abandon de créance à caractère commercial ;
- l'abandon à caractère financier.

2. Qualifier l'abandon de créance consenti par la société DIKHAL en justifiant la qualification retenue.

Il s'agit ici d'un abandon de créance à caractère financier. Parce que :

- la société DIKHAL détient une participation dans KARBA
- les sociétés n'ont pas de relations commerciales.

3. Calculer le montant de la reprise de dépréciation sur les titres KARBA au journal de la société DIKHAL.

La situation nette de la filiale KARBA est négative avant l'abandon et devient positive après l'abandon :

Éléments	Montant
Situation nette négative avant abandon	– 50 000
+ abandon de créance (prêt + intérêts courus)	+ 100 000
Situation nette positive après abandon	+ 50 000

Nouvelle valeur d'utilité : 60 % × 50 000 = 30 000 €

Montant de la reprise : 30 000 €

4. <u>En faisant abstraction de toutes considérations fiscales</u>, enregistrer les écritures qui seront à comptabiliser à la date de l'abandon chez la société DIKHAL et chez la société KARBA.

Chez la société DIKHAL

		31/12/N		
664		Pertes sur créances liées à des participations	100 000	
	267	Créances rattachées à des participations		100 000
		Abandon de créance sur la filiale KARBA		
2961		Dépréciation sur titres de participation	30 000	
	7866	RAP des éléments financiers		30 000
		Reprise sur dépréciation des titres KARBA		

On peut noter que, compte tenu de la reprise de la dépréciation sur titres, la charge nette imputée à l'exercice s'élève à : 100 000 – 30 000 = 70 000.

Chez la société KARBA

		31/12/N		
171		Dettes rattachées à des participations	100 000	
	7788	Produits exceptionnels divers		100 000
		Remise de dette de la société DIKHAL		

5. Préciser et justifier le montant net des postes du bilan de la société DIKHAL ayant été modifiés suite à l'abandon de sa créance.

Titres de participation = 30 000 → 300 000 – (300 000 – 30 000)

Créances rattachées à des participations = 0 → 100 000 – 100 000

Résultat = 255 000 → 325 000 – 100 000 + 30 000

6. Qualifier la clause insérée par la société DIKHAL dans la convention d'abandon de créance. Rappeler la signification de cette clause et ses conséquences sur les comptes annuels des deux sociétés au 31 décembre N.

Il s'agit d'une clause de retour à meilleure fortune. Cette clause permet à la société DIKHAL de remettre en cause l'abandon de créance si la société KARBA redresse sa santé financière à l'avenir.

Le 31 décembre N, au moment de l'abandon, l'enregistrement comptable n'est pas modifié.

Toutefois, si le montant est significatif, les sociétés doivent mentionner en annexe l'existence de cette clause dans leurs engagements hors bilan.

7. En supposant que la situation nette de la filiale soit de 160 000 € au 31 décembre N+1, expliquer l'incidence que cette évolution implique sur les comptes de la société KARBA.

La société KARBA devra rembourser les 100 000 €.

Incidence sur le compte de résultat : inscription d'une charge exceptionnelle de 100 000 €

Incidence sur le bilan : diminution de la situation nette de 100 000 €, augmentation des dettes rattachées à des participations pour le même montant.

Ce qu'il faut retenir

- Le crédit-bail est un contrat de location. Le locataire reste le propriétaire. Même si le bien répond aux conditions d'activation l'art 212-5 du PCG oblige le titulaire d'un contrat de crédit-bail à comptabiliser en charges les redevances.
- Si l'entreprise bénéficie de régime simplifie elle doit mettre en annexe l'évaluation des redevances restant à payer et le prix d'achat résiduel.
- Dans le modèle de l'annexe abrégée, seul le montant de l'engagement restant à la clôture de l'exercice doit figurer.
- Règles d'étalement de la subvention.

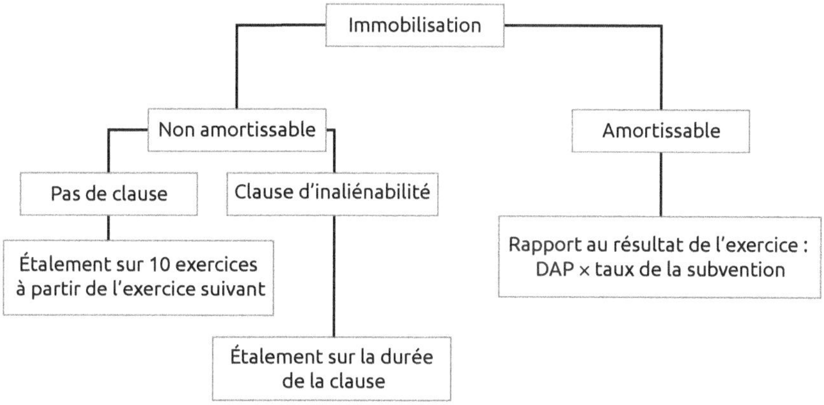

- L'abandon de créance peut être à caractère commercial ou à financier.
  - L'abandon doit correspondre à un acte normal de gestion ;
  - L'abandon ne doit pas avoir pour contrepartie une augmentation de l'actif.
- L'abandon de créance à caractère financier est déductible à concurrence :
  - Du montant de la situation nette négative de la filiale bénéficiaire de l'abandon ;
  - Et de la fraction de la situation nette positive après abandon qui est détenue par les associés ne participant pas à l'abandon.
- La charge totale déductible est la situation nette négative plus la part fiscalement déductible. L'abandon de créance non déductible est la créance moins le total de la charge déductible.
- L'abandon de créance à caractère financier n'est possible qu'au sein d'un groupe.
- La clause de retour à meilleure fortune permet à l'entreprise de remettre en cause l'abandon de créance en cas d'évolution favorable de la santé financière de la société. L'entreprise peut donc avoir à rembourser tout ou partie des sommes abandonnées en fonction des conditions indiquées dans la clause.

Cas Finance

Dossier 1 Crédit-bail

Mission 1

La société anonyme FINANCE a un chiffre d'affaires de 10 000 000 €, un effectif de 100 salariés et le total de son bilan est de 5 000 000 €. Elle a souscrit un contrat de crédit-bail le 1er juillet N avec la société leasing DCG concernant un ensemble immobilier se décomposant ainsi :

Terrain	250 000
Construction	700 000 (durée de vie 20 ans)

Le paiement d'une redevance annuelle de 60 000 € HT pendant 10 ans est prévu au contrat

Le prix de levée de l'option en fin de contrat est de 540 000 €. Pour réaliser cette mission, vous devez :

1. Enregistrez la première redevance. Ces redevances sont-elles déductibles fiscalement ?
2. Quelle est son obligation en matière de publication dans l'annexe ? Quelles sont les peines encourues ?
3. Enregistrez les écritures de la levée de l'option et au 31/12/N+10.
4. Calculez la réintégration à opérer ainsi que le prix de revient fiscal de l'ensemble immobilier.
5. Quel est le moyen pour étaler la charge d'impôt consécutive à la réintégration ? Enregistrez l'écriture correspondante.
6. Le 1er juillet N+14, soit 4 ans après la levée d'option, la société FINANCE a vendu l'ensemble pour à 1 400 000 € (dont terrain 400 000 €), enregistrez la cession (faites abstraction de la TVA et des droits d'enregistrement).
7. Calculez le résultat comptable et le résultat fiscal. Quelle est la nature de chacun ? Le traitement fiscal aurait-il été le même si la société FINANCE est soumise aux BIC ?

Mission 2

M. Charmeur vous confie le dossier relatif à ces deux véhicules de tourisme. Il vous communique l'ensemble des données relatives aux véhicules. Pour réaliser cette mission, vous devez :

1. Identifier le référentiel comptable que doit respecter la société pour l'établissement de ses comptes annuels et citer le normalisateur chargé de son élaboration.

2. Expliquer si le véhicule de tourisme pris en crédit-bail par la société remplirait les conditions d'activation prévues par le plan comptable général.
3. Exposer les informations comptables à faire figurer dans les comptes sociaux de la société, d'après le plan comptable général, pour le véhicule de tourisme pris en crédit-bail.
4. Citer et expliquer le principe des normes IFRS qui imposerait une comptabilisation du véhicule de tourisme pris en crédit-bail au bilan.

Dossier 2 Subvention

Mission

Le 15/02/N, l'entreprise se voit attribuer une subvention au taux de 25 % destinée à financer l'acquisition d'une machine à 120 000 € HT, cette machine a une durée d'utilisation et d'usage de 5 ans. Elle est admise au système dégressif.

La machine est acquise le 01/05/N, la subvention est effectivement encaissée le 20/05/N. Pour réaliser cette mission, vous devez :

1. Définir subvention d'équilibre, d'exploitation et d'investissement.
2. Établir le tableau d'amortissement avec la part de la subvention virée aux résultats.
3. Passez toutes les écritures du 15/02 au 31/12/N et le 31/12/N+4.
4. Quelle est la position fiscale en matière de subvention ?

Dossier 3 Abandon de créances

Mission

La société FINANCE détient 70 % du capital de DCG sa filiale. Elle a une créance de 100 000 € sur la société CG. La situation nette de CG est négative, soit –90 000 €.

Pour réaliser cette mission, vous devez :

1. Calculez la charge déductible.
2. Calculez l'abandon de créance non déductible.
3. Passez les écritures comptables chez FINANCE et DCG.

Solution

Dossier 1 : crédit-bail

1. Écriture de la redevance

		01/07/N		
6125		Redevances de crédit-bail immobilier	60 000	
44566		TVA déductible/ABS	12 000	
	512	Banque		72 000

Ces redevances sont normalement déductibles car le prix de levée de l'option est supérieur au coût d'acquisition du terrain par le bailleur.

2. Régime simplifié

La société FINANCE dépasse deux seuils sur trois à la clôture de l'exercice. Son CA > à 8 000 000 €, son effectif > à 50 salariés et son total de bilan > à 4 000 000 €, la société ne peut pas bénéficier de régime simplifié. Elle est obligée de publier dans l'annexe les informations suivantes :

- Valeur des biens pris en crédit-bail au moment de la signature ;
- Montants de redevances versées au cours de l'exercice et le cumul des redevances payées au cours des exercices précédents ;
- Les amortissements qui auraient été enregistrés si l'entreprise avait été propriétaire de ces biens, dotation de l'année et le cumul des exercices précédents ;
- Redevances restant à verser ventilées selon leur échéance :
  - À moins d'un an
  - D'un an à cinq ans,
  - À plus de cinq ans
- Prix d'achat résiduel

La société peut être sanctionnée pénalement par amande allant jusqu'à 1 500 € maximum, portée à 3 000 € en cas de récidive.

3. Écritures de la levée de l'option

Le prix global est affecté au terrain dans la limite de sa valeur d'origine	250 000
Terrain (valeur d'origine)	250 000
Le prix de la construction 540 000 – 250 000	290 000

		01/07/N+10		
211		Terrains	250 000	
213		Constructions	290 000	
	512	Banque		540 000
		31/12/N+10		
681		DAP d'exploitation	14 500	
	2813	Amortissements des constructions		14 500
68725		DAP charges exceptionnelles	3 000	
	145	Amortissements dérogatoires		3 000
		($60\,000 \times 1/10 \times 6/12 = 3\,000$)		

4. Réintégration fiscale

Le terrain	
Valeur d'origine	**250 000**
Prix de levée de l'option	**250 000**
Réintégration fiscale	**Néant**
La construction	
Valeur résiduelle (700 000 – (700 000 × 5 % × 10)	**350 000**
Prix de levée de l'option I (540 000 – 250 000)	**290 000**
Montant de la réintégration fiscale	6 **000**

5. Provision

L'entreprise peut constituer une provision au moment de la comptabilisation des loyers pour étaler la charge d'impôt.

		31/12/N		
6875		DAP d'exploitation	2 000	
	155	Provisions pour impôts (60 000 × 1/10 × $33^{1/3}$)		2 000

Cette provision sera reprise au moment de la cession définitive. La reprise est fiscalement non imposable.

6. Enregistrement de la cession

Dotation complémentaire

		31/12/N		
681		DAP d'exploitation	14 500	
	2813	Amortissements des constructions (290 000 × 1/10 × 6/12)		14 500
68725		DAP-charges exceptionnelles	3 000	
	145	Amortissements dérogatoires (60 000 × 1/10 × 6/12 = 3 000)		3 000

Cession : 290 000 × 1/10 × 4 = 116 000

675		VCEAC	424 000	
2813		Amortissements des constructions	116 000	
	211	Terrains		250 000
	213	Constructions		290 000
462		Créances sur cessions d'immobilisations	1 400 000	
	775	PEAC		1 400 000
145		Amortissements dérogatoires	24 000	
	78725	Reprises sur provisions réglementées (60 000 × 1/10 × 4 = 24 000) Reprises amortissements dérogatoires		2 400

7. Résultats

Résultat comptable compte 775 – compte 675 = 1 400 000 – 424 000 = 976 000

Résultat fiscal

Le terrain	
Prix de cession	**400 000**
Prix de revient fiscal	**– 250 000**
Plus-value à court terme (SA soumise à l'IS)	**150 000**
La construction	
Prix de cession (1 400 000 – 400 000)	**1 000 000**
Prix de revient fiscal (540 000 + 60 000 – 250 000)	**350 000**

Si la société est soumise au BIC

La PV sur le terrain 150 000 est de LT car la durée de détention est plus de 2 ans après la levée de l'option.

La plus-value pour la construction est à court terme à hauteur :

– des amortissements et à long terme au-delà.
– de la quote-part des redevances prises en compte pour la fixation du prix de vente
– diminuée de la réintégration au titre de la levée de l'option

À long terme pour le complément

Mission 2

1. Identifier le référentiel comptable que doit respecter la société pour l'établissement de ses comptes annuels et citer le normalisateur chargé de son élaboration

La société doit respecter le règlement 2014-03 relatif au Plan comptable général (PCG).

L'Autorité des Normes Comptables (ANC) est chargée de son élaboration.

2. Expliquer si le véhicule de tourisme pris en crédit-bail par la société remplirait les conditions d'activation prévues par le plan comptable général.

En application de l'article 211-1 du PCG, le véhicule de tourisme pris en crédit-bail répond à la définition d'un actif. En effet, il est :

– Identifiable car le véhicule a une substance physique ;
– Contrôlé par l'entité car la société contrôle les avantages économiques qui pourraient être générés grâce à l'utilisation du véhicule car les salariés de la société. Supporte aussi l'essentiel des risques et les coûts liés au véhicule comme son entretien. La notion de contrôle retenue ici ne repose donc pas sur des critères juridiques mais économiques.
– Générateur d'avantages économiques futurs car le véhicule contribue directement ou indirectement à générer des flux nets de trésorerie au bénéfice de la société. En effet, la société utilisera le véhicule pour ses activités.

En application de l'article 212-1 du PCG, pour être comptabilisé à l'actif, le véhicule pris en crédit-bail doit respecter deux conditions supplémentaires :

– La probabilité pour la société de bénéficier des avantages économiques futurs : cette condition est respectée puisqu'une fois le contrat de crédit-bail signé, le véhicule pourra être effectivement et exclusivement utilisé par les salariés de la société.
– L'évaluation de son coût ou de sa valeur avec une fiabilité suffisante : cette condition est respectée puisque le contrat de crédit-bail mentionne la valeur d'origine du véhicule.

Le véhicule de tourisme respecte bien les conditions d'activation.

3. **Exposer les informations comptables à faire figurer dans les comptes sociaux de la société, d'après le plan comptable général, pour le véhicule de tourisme pris en crédit-bail.**

Même si le véhicule pris en crédit-bail répond aux conditions d'activation, l'article 212-5 du PCG oblige le titulaire d'un contrat de crédit-bail à comptabiliser en charges les sommes dues (redevances ou loyers) au titre de la période de location.

En annexe des comptes, doivent figurer les informations relatives aux biens pris en crédit-bail suivantes :

- Valeur d'origine du bien ;
- Dotations aux amortissements (théoriques) :
- Cumul des années précédentes ;
- De l'année ;
- Redevances :
- Cumul des années précédentes ;
- De l'année ;
- À moins d'un an ;
- À plus d'un an mais moins de cinq ans ;
- À plus de cinq ans ;
- Prix de levée de l'option.

Dans le modèle de l'annexe simplifiée, doivent figurer :

- Évaluation des redevances restant à payer ;
- Prix d'achat résiduel.

Dans le modèle de l'annexe abrégée, seul le montant de l'engagement restant à la clôture de l'exercice doit figurer.

4. **Citer et expliquer le principe des normes IFRS qui imposerait une comptabilisation du véhicule de tourisme pris en crédit-bail au bilan.**

Le principe de la prééminence de la réalité sur l'apparence (*substance over form*) impose une comptabilisation des biens pris en crédit-bail au bilan. En effet, même si la société n'est pas propriétaire juridiquement du bien (forme ou apparence juridique), elle contrôle et bénéficie des avantages économiques attachés au véhicule de tourisme (réalité économique). De ce fait, le véhicule de tourisme en normes IFRS doit être comptabilisé au bilan de la société : la réalité économique de la transaction prédomine sur sa forme (ou apparence) juridique.

Dossier 2 : subvention

1. **Définitions**

Les subventions **d'équilibre** sont des aides qui permettent de compenser tout ou partie de la perte globale que l'entreprise aurait constatée si cette subvention ne lui avait pas été accordée.

Les subventions **d'exploitation** sont des aides qui permettent de compenser l'insuffisance de certains produits d'exploitation ou de faire face à certaines charges d'exploitation.

Les subventions **d'investissement** sont des aides dont bénéficie l'entreprise en vue d'acquérir ou de créer une immobilisation (subvention d'équipement) ou de financer des activités à long terme.

2. Tableau d'amortissement et de la subvention virée aux résultats

Années	Amortissement Fiscal	Amortissement économiquement justifié	Amortissement dérogatoire		Subvention virée aux résultats
			DAP	RAP	
N	28 000 (1)	16 000	12 000		7 000 (2)
N+1	32 200	24 000	8 200		8 050
N+2	20 930	24 000		3 070	5 232,5
N+3	19 435	24 000		4 565	4 858,75
N+4	19 435	24 000		4 565	4 858,75
N+5		8 000		8 000	
Totaux	120 000	120 000	20 200	20 200	30 000

(1) 120 000 × 35 % × 8/12

(2) 28 000 × 30 000/120 000

3. Passez toutes les écritures du 15/02 au 31/12/N et le 31/12/N+4

		15/02/N		
441		État-subvention à recevoir	30 000	
	131	Subvention d'équipement *Attribution de la subvention*		30 000
		01/05/N		
2154		Matériel industriel	120 000	
44562		TVA déductible sur immobilisation	24 000	
	404	Fournisseurs d'immobilisations *Acquisition de la machine*		144 000
		20/05/N		
512		Banque	30 000	
	441	État-subvention à recevoir *Encaissement de la subvention*		30 000
		31/12/N		
681		DAP- d'exploitation	16 000	
	28154	Amortissement machine (120 000 × 0,2 × 8/12)		16 000
68725		DAP – charges exceptionnelles	12 000	
	145	Amortissements dérogatoires		12 000

Écritures au 31/12/N+4

		31/12/N		
139		Sub d'investi. Inscrites au compte de résultat	7 000	
	777	Quote-part de sub.virée au résultat de l'exercice *La part de la subvention transformée en produit*		7 000
		31/12/N+4		
131		Subvention d'équipement	30 000	
	139	Sub d'investi. Inscrites au compte de résultat *Solde de la subvention*		30 000

4. **Position fiscale :**

L'entreprise a le choix entre le rattachement immédiat de la subvention au résultat imposable et l'option pour l'échelonnement de ce rattachement.

Si l'immobilisation est décomposée, il est admis que l'imposition de la subvention soit répartie sur la durée moyenne pondérée des durées d'amortissement fiscales de la structure et des composants.

Dossier 3 : abandon de créances

1. **La société FINANCE qui consent l'abandon**

La situation nette négative : 90 000, c'est une charge déductible

La situation après abandon : 100 000 – 90 000 = 10 000

Pourcentage de détention de capital par les autres associés : 30 %, soit la charge déductible correspondante : 10 000 × 30 % = 3 000

Total charge déductible : 90 000 + 3 000 = 93 000 €

2. **Abandon de créance non déductible : 100 000 – 93 000 = 7 000**
3. **Écritures**

664		Pertes sur créances liées à des participations	93 000	
261		Titres de participation	7 000	
	267	Créances liées à des participations		100 000

Chez la société DCG qui bénéficie de l'abandon

171		Dettes rattachées à des participations	100 000	
	7788	Produits exceptionnels divers		100 000

Fiche 8

Les titres

Schéma de synthèse

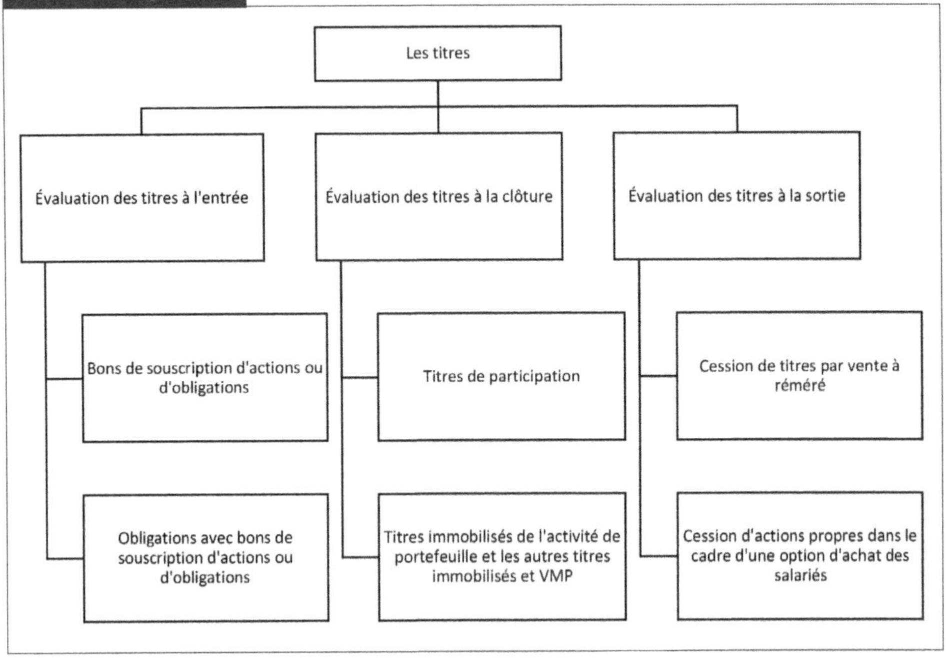

Le PCG distingue quatre catégories de titres :

– **Les titres de participation**, dont la possession est durable et estimée utile à l'activité de l'entreprise. Ces titres permettent d'exercer une influence sur la société émettrice et d'en assurer le contrôle. Lorsqu'il s'agit de contrôler ou exercer une influence, il faut utiliser le compte 26 ;
– **Les autres titres immobilisés**, autres que les titres de participation que l'entreprise à l'intention de conserver, pour percevoir des revenus et/ou réaliser des plus-values, c'est un placement de toute nature, on utilise le compte 27 ;
– **Les titres immobilisés de l'activité de portefeuille (TIAP)**, pour retirer à plus ou moins longue échéance une rentabilité suffisante et sans intervenir dans la gestion ;
– **Les valeurs mobilières de placement**, acquis en vue de réaliser un gain à court terme. C'est la classe 5.

I. Évaluation des titres à l'entrée

Les titres immobilisés sont évalués selon les règles générales d'évaluation applicables aux immobilisations.
Les frais d'acquisition sont donc inclus dans le coût d'acquisition des titres sauf si l'entreprise choisit de les inscrire en charges. Sur le plan fiscal, l'incorporation des frais est obligatoire pour les sociétés soumises à l'I.S. Ces frais sont amortis sur 5 ans avec un prorata la 1re et la dernière année. Les comptes 687 à 145 seront utilisés car les titres ne sont pas amortissables.
L'option est globale pour l'ensemble des titres (immobilisés et de placement).

1. Bons de souscription d'actions ou d'obligations (BSA et BSO)

Les bons de souscription sont souvent émis lors d'une augmentation de capital et parfois au cours d'une émission obligataire.
Lors de leur souscription, ou acquisition sont enregistrés dans le compte 5082 bons de souscription. Lorsqu'ils sont utilisés, ils viennent augmenter le coût d'entrée sinon, ils sont des charges financières.
Les BSA et BSO confèrent le droit d'acquérir respectivement des actions, des obligations à un prix fixe.

2. Obligations avec bons de souscription d'actions ou d'obligations (OBSA ou OBSO)

OBSA sont composées d'obligations accompagnées d'un bon de souscription d'actions qui donne le droit de souscrire à une augmentation de capital, dans les conditions et à une ou plusieurs dates fixées d'avance.
OBSO sont composées d'obligations à lesquelles est rattaché un ou plusieurs BSO permettant à leur détenteur de souscrire à une ou plusieurs émissions d'obligations dans des conditions et à une ou plusieurs dates fixées d'avance.
Le prix d'émission BSO détaché = prix d'émission BSO attaché – premier cours du BSO

II. Évaluation des titres à la clôture

À l'inventaire, l'entité procède au recensement et à l'évaluation. La valeur actuelle s'apprécie différemment selon la catégorie comptable à laquelle appartiennent les titres.

1. Titres de participation

A. Détermination de la valeur d'inventaire

Les titres de participation, cotés ou non, sont évalués à leur **valeur d'utilité (ou d'usage)** : ce que l'entité accepterait de décaisser pour obtenir cette participation. C'est la valeur d'usage qui est fonction de l'utilité que la participation présente pour l'entreprise.

Dans l'estimation de la valeur d'utilité rentrent :

La rentabilité actuelle et les perspectives de rentabilité, les capitaux propres, les perspectives de gains, la conjoncture économique, le cours de bourse pour les sociétés cotées ainsi que les motifs qui ont poussé à l'acquisition des titres.

B. Détermination de la valeur au bilan

À l'inventaire, il convient de comparer élément par élément la valeur à l'entrée dans le patrimoine et la valeur à l'inventaire.

Les plus-values potentielles ne sont pas comptabilisées par contre les moins-values potentielles sont obligatoirement enregistrées par le biais d'une dépréciation (principe de prudence). La dépréciation est à reprendre lorsqu'elle devient sans objet.

C. Méthodes de détermination de la valeur comptable

Le droit fiscal et le droit comptable autorisent l'utilisation soit de la méthode du premier entré premier sorti (PEPS), soit la méthode du coût moyen pondéré (CUMP), depuis 4/04/2004 la méthode du CUMP ne doit pas être retenue lorsqu'elle aboutit à une MVCT plus élevée que celle issue de la méthode PEPS.

Le principe de permanence des méthodes doit être respecté.

Les frais d'acquisition inclus dans le prix de revient des titres de participation détenus par une société soumise à l'I.S. sont amortis sur cinq ans à compter de la date d'acquisition. Cet amortissement est exclusivement fiscal, il donne lieu à la comptabilisation d'un amortissement dérogatoire. 687 à 145

Remarque : Régime particulier des titres

Si les titres sont détenus moins de 2 ans, ils n'entrent pas dans le cadre des plus et moins- values, mais ils sont considérés comme des bénéfices ou pertes ordinaires.

Si les titres sont détenus depuis 2 ans ou plus, ou moins de 2 ans à condition qu'ils soient cédés en même temps que des titres de même nature acquis depuis plus de 2 ans, c'est le régime des plus ou moins-value.

La plus ou moins-value résultant de la cession des titres acquis depuis moins de 2 ans est qualifiée à court terme et les titres acquis depuis 2 ans ou plus c'est le long terme.

2. Titres immobilisés de l'activité de portefeuille (TIAP) et les autres titres immobilisés et VMP

Les TIAP sont évalués à leur **valeur de marché** : coût de revient, cours de bourse, valeur de rendement.
Les autres c'est le cours du dernier mois pour les titres côtés et la valeur probable de négociation pour les non côtés.

A. Détermination de la valeur d'inventaire des VMP

À la clôture de chaque exercice la valeur actuelle des VMP est considérée comme égale :
- pour **les titres cotés,** au **cours moyen du dernier mois**
- pour les titres **non cotés,** elle est estimée à la **valeur probable de négociation** : prix stipulé lors de transaction, valeur mathématique de rendement, etc.

N.B.

Les parts de FCP et SICAV c'est la valeur liquidative à la clôture.
Les certificats d'investissement ne représentant que les droits pécuniaires sur les dividendes, les réserves, le boni de liquidation, à l'exclusion du droit de vote.

En conclusion ne peuvent être assimilés à des actions. Ils sont classés :
- Autres immobilisations financières, si l'entreprise a l'intention de les garder ;
- VMP, si l'entreprise a l'intention de les négocier à CT.

B. Détermination des dépréciations du portefeuille en droit comptable

À l'arrêté des comptes, une comparaison est effectuée élément par élément (chaque ligne de portefeuille est un élément) entre la valeur à l'entrée dans le patrimoine et la valeur d'inventaire (cours moyen).
En principe, aucune compensation ne doit être effectuée entre plus-values et moins-values potentielles.
Les plus-values potentielles ne sont pas comptabilisées par contre les moins-values potentielles sont obligatoirement enregistrées par le biais d'une dépréciation (principe de prudence).

C. Exception en cas de baisse anormale et momentanée : PCG, art. 332-7 et 332-9

PCG 332-7 « Par exception à la règle d'évaluation élément par élément, en cas de baisse anormale et momentanée des titres cotés (autres que les titres de participation et les TIAP), l'entité n'est pas obligée de constituer une dépréciation, à la date de clôture de l'exercice, à concurrence des plus-values latentes constatées sur d'autres titres ».

III. Évaluation des titres à la sortie

Lors de la cession, le coût d'entrée de la fraction cédée est estimé soit au CUMP soit au PEPS.

Position fiscale :

Les titres de placement doivent obligatoirement être valorisés selon la méthode PEPS ; Pour les titres de participation, la législation fiscale laisse un libre choix à l'entreprise entre PEPS ou CUMP.

Les frais sur ventes doivent être comptabilisés dans le compte 6271 frais sur titres. Sur le plan fiscal, on retient le prix net (déduction faite des frais). Il y a donc divergence entre la solution comptable et fiscale.

Pour la cession des VMP, on utilise le compte 767 : produits nets sur cessions de VMP ou 667 Charges nettes sur cessions de VMP.

1. Cession de titres par vente à réméré (avec faculté de rachat depuis le 12/05/2009)

« La faculté de rachat est un pacte par lequel le vendeur se réserve, dans le contrat, le droit de reprendre la chose vendue moyennant la restitution à l'acheteur du prix principal et le remboursement des frais de ventes » (code civil, art. 1659). Tant que le vendeur n'exerce pas ce droit, c'est l'acheteur qui est propriétaire. C'est une vente sur laquelle pèse une menace de résolution.

A. Lors de la cession à réméré

La cession est enregistrée comme une cession normale : les titres sont sortis de l'actif et la plus ou moins-value de cession est enregistrée dans les comptes de charges et/ou produits appropriés (PCG 371-1).

B. Lors de l'exercice du réméré

Le vendeur résilie la vente, il récupère la propriété des titres après éventuel versement d'une indemnité à l'acheteur.

Il faut contre passer les écritures qui résultent de la cession (PCG 371-1-III). Les titres reprennent place dans le portefeuille comme s'ils n'en étaient jamais sortis, à savoir :

Avec leur valeur d'entrée historique et avec leur date d'entrée initiale.

Les plus ou moins-values constatées lors de la cession sont annulées. L'éventuelle provision est reprise.

L'éventuelle indemnité versée constitue une charge financière.

C. Faux réméré

Si la résolution de la vente est envisagée avec certitude, il faut en tenir compte lors de l'établissement des comptes annuels en anticipant le retour des titres chez le vendeur :
Neutralisation des plus ou moins-values de cession (on utilise le compte 478)
La constatation d'une dépréciation, en cas de baisse des cours. Les titres n'étant plus enregistrés à cette date dans un compte d'actif, la baisse du cours doit être constatée par une provision pour risque et non d'une dépréciation ;
La constatation des intérêts courus sur ces titres, en tant que « produits à recevoir » ;
Constatation de la fraction courue de l'éventuelle indemnité de réméré, en tant que « charges à payer ».

2. Cession d'actions propres dans le cadre d'une option d'achat des salariés

Une société peut racheter ses propres actions pour offrir à ses salariés une option d'achat d'actions (stock-option).
L'option sera exercée à une date fixée et à un prix inférieur au prix de rachat de l'action par la société.

A. Droit comptable français

La société conserve en portefeuille ses actions en attendant la date de levée de l'option. Elles sont inscrites pour leur prix de rachat au débit du compte 502 Actions propres. La valeur d'inventaire ne peut être supérieure au prix d'exercice de l'option.

B. Normes internationales

La norme IFRS 2 « paiement en actions » prescrit de comptabiliser en charges la juste valeur des actions ou des options ou de souscription d'actions remises aux salariés en complément de salaire. Il faut créditer les capitaux propres.
Cet enregistrement doit être effectué à la date d'attribution des options. Il est définitif même si le salarié n'exerce pas l'option.

C. À la cession

La différence entre le prix auquel la société a racheté ses propres actions et le prix d'exercice de l'option doit être enregistrée dans un compte de charges.

Ce qu'il faut retenir

- **Les règles de valorisation à la clôture de l'exercice pour le portefeuille titres.**
- Les titres de participation, cotés ou non, sont évalués à leur valeur d'utilité (ou d'usage) ;
- Les TIAP sont évalués à leur valeur de marché : coût de revient, cours de bourse, valeur de rendement.
- Les autres titres immobilisés et les VMP :
  - les titres cotés : cours moyen du dernier mois
  - les titres non cotés : la valeur probable de négociation.
- **L'exception en cas de baisse anormale et momentanée : PCG, articles 332-7 et 332-9.**
- PCG 332-7 « Par exception à la règle d'évaluation élément par élément, en cas de baisse anormale et momentanée des titres cotés (autres que les titres de participation et les TIAP), l'entité n'est pas obligée de constituer une dépréciation, à la date de clôture de l'exercice, à concurrence des plus-values latentes constatées sur d'autres titres ».
- Lors de la cession, le coût d'entrée de la fraction cédée est estimé soit au CUMP soit au PEPS.
- Position fiscale : les titres de placement doivent obligatoirement être valorisés selon la méthode PEPS ;
- Pour les titres de participation, la législation fiscale laisse un libre choix à l'entreprise entre PEPS ou CUMP.
- Pour la cession des VMP, on utilise le compte 767 : produits nets sur cessions de VMP ou 667 Charges nettes sur cessions de VMP.
- **Cession de titres par vente à réméré ou avec faculté de rachat**
- Le vendeur se réserve, dans le contrat, le droit de reprendre la chose vendue moyennant la restitution à l'acheteur du prix principal et le remboursement des frais de ventes ».
- Lors de la cession à réméré
- La cession est enregistrée comme une cession normale : les titres sont sortis de l'actif et la plus ou moins-value de cession est enregistrée dans les comptes de charges et/ou produits appropriés (PCG 371-1).
- Lors de l'exercice du réméré
- Le vendeur résilie la vente, il récupère la propriété des titres après éventuel versement d'une indemnité à l'acheteur.
- L'éventuelle indemnité versée constitue une charge financière.
- Faux réméré s : si la résolution de la vente est envisagée avec certitude.

Cas Spéculation

Dossier 1 Bons de souscription d'actions

Mission

Le 11/03/N, la société DCG émet 1 000 BSA au prix unitaire de 20 €. Ces bons permettront de souscrire le 01/02/N+1 à une augmentation de capital aux conditions suivantes :

Un bon de souscription donne le droit de souscrire à une action nouvelle de valeur nominale 100 € et de prix d'émission de 180 €.

Le 11/03/N, la société CG souscrit 200 BSA et la société DUT souscrit 100 BSA

Le 01/02/N+1, la société CG utilise ses bons et la société DUT abandonne ses droits. Pour réaliser cette mission, vous devez :

1. Passer les écritures chez CG et chez DUT.

Dossier 2 Vente à réméré

Mission

La société DCG a cédé le 1er juin pour 360 € à M. LY 1 000 titres de la société CG, ces titres avaient été acquis 300 € l'un, le 1er avril N–3 et comptabilisés en VMP.

La cession est accompagnée d'une clause de réméré, pouvant s'exercer jusqu'au 1er février N+1, et donnant lieu à un versement d'une indemnité de 30 000 € en dédommageant pour l'autre partie. Il y a de fortes chances pour que ce droit soit exercé par la société DCG.

La valeur de l'action CG est estimée à 290 € pour le mois de décembre N. Pour réaliser cette mission, vous devez :

1. Passez les écritures de la vente chez la société DCG-vendeur à réméré.
2. Passez les écritures à la clôture de l'exercice, la société DCG envisage d'exercer son droit à réméré.

Dossier 3 Rachat propres actions

Mission

La société DCG rachète, en novembre N, 1 000 de ses propres actions au prix unitaire de 800 €. Celles-ci seront offertes aux salariés en décembre N+1 au prix de 720 €. À l'inventaire, le cours de l'action est de 780 €.

En décembre N+1, les salariés lèvent leurs 1 000 options d'achat. À cette date, l'action est cotée 850 €. Pour réaliser cette mission, vous devez :

1. Passer toutes les écritures.

Solution

Dossier 1 : bons de souscription d'actions

1. **Passer les écritures chez CG et chez DUT**

Chez CG

		11/03/N		
5082		Bons de souscription	4 000	
	512	Banque (200 × 20)		4 000
		01/02/N+1		
5031		Titres cotés (200 × 180) + 4 000	40 000	
	512	Banque		36 000
	5082	Bons de souscription		4 000

Chez DUT

		11/03/N		
5082		Bons de souscription	2 000	
	512	Banque (100 × 20)		2 000
		01/02/N+1		
668		Autres charges financières	2 000	
	5082	Banque (100 × 20)		2 000

Dossier 2 : vente à réméré

1. **Passez les écritures de la vente chez la société DCG-vendeur à réméré**

		01/06/N		
512		Banque	360 000	
	503	VMP-Actions		300 000
	767	Produits nets sur cession de VMP		60 000

2. **Passez les écritures à la clôture de l'exercice, la société DCG envisage d'exercer son droit à réméré.**

Neutralisation de la plus-value de cession

		31/12/N		
796		Transfert de produits financiers	60 000	
	478	Écart sur titres-Passif		60 000

Constatation de la baisse du cours

		31/12/N		
6865		DAP-charges financières	10 000	
	1518	Autres provisions pour risques 1 000 × (300 – 290)		10 000

Enregistrement de la fraction d'indemnité courue

		31/12/N		
668		Autres charges financières	26 250	
	4686	Charges à payer (30 000 × 7/8 = 26 250)		26 250

Dossier 3 : rachat propres actions

1. Passer toutes les écritures

		Novembre N		
502		Actions propres	800 000	
	512	Banque		800 000

À la clôture, la valeur de l'inventaire est limitée à 720 €

		31/12/N		
686		DAP Financières	80 000	
	590	Dépréciation des titres VMP (800 – 720) × 1 000		80 000
		Décembre N+1		
512		Banque (1 000 × 720)	720 000	
6783		Malis provenant de rachat par l'entreprise	80 000	
	502	Actions propres		800 000
		31/12/N+1		
590		Dépréciation des titres VMP	80 000	
	786	RAP financières		80 000

Fiche 9

Actifs et passifs en monnaies étrangères

Schéma de synthèse

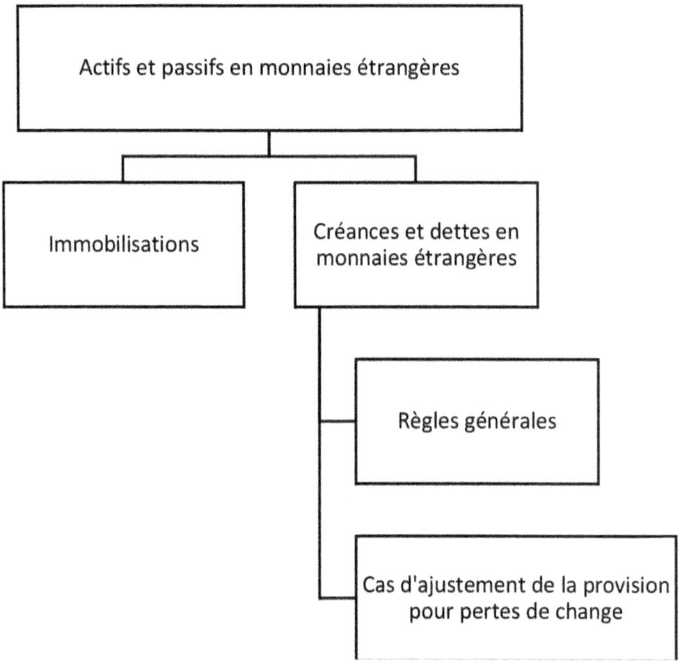

I. Immobilisations

Le coût d'entrée estimé en monnaie étrangère est converti en monnaie nationale au cours du jour de l'opération.

Le taux de conversion utilisé est le taux de change à la date d'entrée ou, le cas échéant, celui de la couverture si celle-ci a été prise avant l'opération.

Les frais engagés pour mettre en place les couvertures sont également intégrés au coût d'acquisition.

C'est seulement au moment où les immobilisations sortent de l'actif que le bénéfice (ou la perte) résultant des fluctuations est définitivement dégagé et porté aux comptes de charges ou de produits financiers concernés. (c'est au moment de règlement qu'il faut constater le gain ou la perte de change).

II. Créances et dettes en monnaies étrangères

Les créances et les dettes en monnaies étrangères sont converties en monnaie nationale sur la base du cours de change au jour du contrat.

1. Règles générales

À l'inventaire, s'il y a une perte latente ou un gain latent il faut l'enregistrer.
Le 01/01, contre passation des différences de conversion
Au moment de règlement, les pertes ou gains étant certains, on utilise les comptes 666 : pertes de change ou 766 : gains de change pour les opérations financières et pour les autres les comptes 656 et 756.
Position fiscale
Les gains latents sont des produits imposables
Les pertes latentes sont des charges déductibles
Il faut réintégrer les gains latents comptabilisés dans le compte 477 et déduire la perte latente comptabilisée dans le compte 476.
La provision pour pertes de change est non déductible, il faut la réintégrer.

2. Cas d'ajustement de la provision pour pertes de change

Le PCG 342-6 a prévu cinq cas pour lesquels la constitution d'une provision d'un montant égal à la perte latente ne permet d'obtenir une image fidèle. L'entité peut procéder à des ajustements du montant de la provision.

A. Ajustements obligatoires

a. Couverture de change

Si l'entreprise ne souhaite pas s'exposer, elle peut effectuer des achats ou des ventes à terme en devises afin de fixer définitivement le prix de ces opérations.
Lorsque l'opération traitée en devise est assortie par l'entité d'une opération systématique destinée à couvrir les conséquences de la fluctuation du change, appelée couverture de change, la provision n'est constituée qu'à concurrence du risque non couvert (PCG 342-6-I).

Il y a deux situations :

- **La couverture de change ne fixe pas le cours de la devise à l'échéance**

La couverture est réalisée sans connaître, à l'avance, le cours lors de dénouement des opérations. L'opération commerciale (achat/vente) et la couverture sont comptabilisées séparément, au cours de change du jour.

À la clôture, on applique les principes du PCG :
– Constater les écarts de conversion ;
– Constitution d'une provision à concurrence du risque non couvert.

- **La couverture de change fixe le cours de la devise à l'échéance**

La couverture permet de connaître dès la conclusion des contrats le montant exact du cours de la devise à l'échéance, transforment, en pratique, ces opérations en monnaies étrangères en opérations en euros.
Selon la CNC (document n° 67), il convient :
– Considérer le montant en euros est définitif ;
– D'enregistrer les pertes et gains en tant que charges et produits ;
– De n'enregistrer aucun écart de conversion pour la partie couverte

À la date de la couverture, on considère le cours de couverture comme fixant définitivement en euros le montant de la dette (ou de créance). Il peut en résulter la constatation d'un gain ou d'une perte.
À la clôture de l'exercice, le montant de la dette étant considéré comme définitif, il n'y a pas d'écart de conversion à enregistrer.
Lors du paiement, l'entreprise n'aura pas à enregistrer de perte de change, puisque la somme déboursée pour le paiement à terme est égale au montant de la dette fournisseur.

b. Emprunt affecté à l'acquisition d'immobilisation

Lorsqu'un emprunt en monnaie étrangère, est affecté à l'acquisition d'une immobilisation située dans le pays émettant la monnaie étrangère, il n'est pas, en principe, constitué de provision globale pour la perte latente attachée à l'emprunt affecté (PCG 342-6-II). On enregistre l'écriture 476 à 164
À l'échéance, l'augmentation de la dette se traduira par une perte de change, constatée en comptabilité. Par contre, l'éventuelle réestimation n'est pas traduite en comptabilité.
Il est conseillé d'étaler dans le temps la constatation comptable de perte en constituant progressivement une provision pour perte de change.
L'étalement sera sur **la durée la plus courte** (durée de l'emprunt et durée d'utilisation de l'immobilisation). Le montant de la provision est déterminé par application à la perte latente du rapport existant entre la durée écoulée et la durée la plus courte.

B. Ajustements optionnels

Il existe trois possibilités pour lesquelles les entreprises ont le choix entre enregistrer une provision pour perte de change du montant de la perte latente calculée ou limiter le montant de la provision.

a. Position globale de change

Lorsque, pour des opérations dont les termes sont suffisamment voisins, les pertes et gains latents peuvent être considérés comme concourant à une position globale de change, le montant de dotation peut être limité à l'excédent des pertes sur les gains (PCG 342-6-III).
Cet ajustement repose sur la compensation entre perte et gains latents afin de ne doter la provision que pour le montant des pertes latentes excédant celui des gains. Cette limitation prévue par le PCG repose sur la notion de position globale de change.

Pour la CNC, la position globale de change :
- doit s'apprécier monnaie par monnaie ;
- doit prendre en compte toutes les opérations en monnaies étrangères (engagement hors bilan, commandes effectuées et non facturées, etc.)

Enregistrement des différences de conversion et de la provision.

b. Emprunt en monnaie étrangère obtenu à des conditions plus avantageuses qu'un emprunt en monnaie nationale

Selon le PCG 342-6-IV « lorsque les charges financières liées à un emprunt en monnaie étrangère sont inférieures à ce qu'elles auraient été si l'emprunt avait été contracté en monnaie nationale, le montant de la dotation annuelle au compte de provision peut être limité à la différence entre ces charges calculées et les charges réellement supportées ».
Charges d'intérêt emprunt en $: 10 630 €
Charges d'intérêt emprunt en € : 12 700 €
La provision sera limitée à : 12 700 – 10 630 = 2 070 € à comptabiliser 686 à 1515
Il s'agit d'une entreprise française ayant emprunté en une monnaie dont le taux d'intérêt est inférieur à celui qui est pratiqué sur le marché de la zone euro.
L'intérêt est l'entreprise espère que le coût total de l'emprunt en monnaies étrangères (intérêts et risque de change) sera inférieur au coût de même emprunt en €.
Mais **le risque** est que cette possibilité peut apparaître dangereuse si le change au cours des années est défavorable à l'entreprise.

c. Opérations affectant plusieurs exercices

Lorsque des pertes latentes sont attachées à une opération affectant plusieurs exercices, l'entreprise peut procéder à l'étalement de ces pertes (PCG 342-6-5).

L'étalement de la provision soit sur la durée totale de l'opération (durée écoulée sur durée totale) soit sur la base des intérêts courus (intérêts courus sur total des intérêts). Le choix doit résulter d'une analyse économique de l'opération.
Cette option ne doit être utilisée que si elle permet de donner une image fidèle de meilleure qualité que celle obtenue par application des principes généraux.
Enregistrement de l'écart de conversion et de la provision étalée.

Ce qu'il faut retenir

- Le taux de conversion est le taux change à la date d'entrée.
- Le tableau d'amortissement d'emprunt doit être toujours fait en devises.

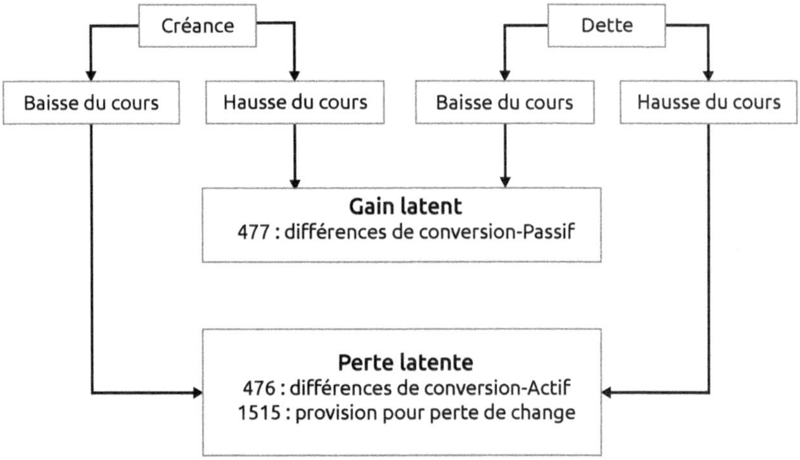

- Les options comptables offertes par le plan comptable général (règlement 99-03) en matière de perte de change ?
- Selon l'article 342-6 du règlement 99-03, il existe trois possibilités pour lesquelles les entreprises ont le choix entre enregistrer une provision pour perte de change du montant de la perte latente calculée ou limiter le montant de la provision. Ce sont les cas de :
  - La position globale de change
  - L'emprunt en devises à des conditions plus avantageuses qu'en monnaie nationale,
  - Une opération affectant plusieurs exercices.

Cas Devise

Dossier 1 Achats

Mission

Le 02/11, l'entreprise CG a commandé au fournisseur Croate Dragic des marchandises pour 74 600 Kunas.

Le 15/11, elle reçoit la marchandise

Le 22/12, elle reçoit la facture pour un montant de 74 600 Kunas HT

Le 28/02, règlement de la facture.

Document 1 : La conversion euro/kuna est la suivante :

Date	Cours
02/11	7,48
15/11	7,46
15/12	7,45
22/12	7,44
31/12	7,47
28/02	7,45

Pour réaliser cette mission à l'aide de document 1, vous devez :

1. Passez toutes les écritures.

Dossier 2 Emprunt en monnaie étrangère

Mission

La société CG a contracté un emprunt auprès d'une banque suédoise de 200 000 SEK au taux de 3 % le 1er mars N–1. Il est amortissable par amortissement constant sur 2 ans. Le 1er remboursement en mars N.

Document 1 : Le cours de la couronne suédoise en euro :

Date	Cours
01/03/N–1	0,105
31/12/N–1	0,106
01/03/N	0,108
31/12/N	0,109

Pour réaliser cette mission à l'aide de document 1, vous devez :

1. Déterminer quel(s) principe(s) comptable(s) peut (peuvent) être remis en cause par l'utilisation de ces options ? Pourquoi ?
2. Passez l'écriture de la souscription de l'emprunt.
3. Passez les écritures au 31/12/N–1.

4. Quelles sont les incidences fiscales.
5. Passez toutes les écritures de l'année N.

Dossier 3 Emprunt en devises obtenu à des conditions plus avantageuses qu'un emprunt en monnaie nationale

Mission

Le 02/01/N, la société CG obtient un emprunt de 1 000 000 forints remboursable in fine à un taux très avantageux de 1 % auprès d'une banque hongroise alors que le taux en France est de 3,5 %.

Le taux de change au moment de l'emprunt est de 100 HUF = 0,32 €. Le cours de forint progresse pour atteindre 100 HUF = 0,35 €, le 31/12/N. Pour réaliser cette mission, vous devez :

1. Calculez la charge d'intérêt de fin d'exercice selon les deux monnaies.
2. Citez les cas pour lesquels l'ajustement de la provision pour perte de change est optionnel.
3. Calculer la provision et passez les écritures au 31/12/N.

Solution

Dossier 1 : achats

Il s'agit d'une opération à l'intérieur de l'Union européenne entre deux assujettis. Il s'agit d'une acquisition intracommunautaire, c'est une opération imposable en matière de TVA.

La TVA est exigible le 15 du mois suivant celui de la livraison, sauf si la facture est délivrée avant cette date, dans ce cas la TVA est exigible à la date de la facture.

L'opération du 02/11 est une simple commande, il n'y a ni marchandise ni facture. Par conséquent, il n'a pas d'écriture comptable.

L'opération du 15/11, il y a la marchandise mais pas la facture, en matière de TVA, il y a le fait générateur mais pas l'exigibilité. Il faut passer par un compte d'attente et après, il faut régulariser la TVA. Dans notre cas le 15/12 parce que la date est la facture est postérieure à cette date (22/12).

		15/11		
607		Achats marchandises	10 000	
44586		TVA sur facture non parvenue	2 000	
	408	Fournisseur facture non parvenue (74 600/7,46 = 10 000)		10 000
	44528	TVA due intracommunautaire (FNP)		2 000
		15/12		
445662		TVA déductible intracommunautaire	2 002,68	
	4452	TVA due intracommunautaire (74 600/7,45) × 20 %		2 002,68
44528		TVA due intracommunautaire (FNP)	2 000	
	44586	TVA sur facture non parvenue		2 000
		22/12		
607		Achats de marchandises	10 026, 88	
	4012	Fournisseurs Dragic (74 600/7,44) *Réception de la facture*		10 026,88
408		Fournisseurs, factures non parvenues	10 000	
	607	Achats de marchandises *Annulation de l'écriture du 15/11*		10 000
		31/12/N		
401		Fournisseurs	40,27	
	477	Différence de conversion-Passif (10 026,88 – 74 600/7,47)		40,27
		01/01/N+1		
477		Différence de conversion-Passif	40,27	
	401	Fournisseurs		40,27
		28/02/N+1		
4012		Fournisseurs Dragic	10 026,88	
	512	Banque		10 013,42
	756	Gains de change (74 600/7,45)		13,46

Dossier 2 : emprunt en monnaie étrangère

1. **Déterminer quel(s) principe(s) comptable(s) peut (peuvent) être remis en cause par l'utilisation de ces options ? Pourquoi ?**

Les principes comptables pouvant être remis en cause par l'utilisation de ces options sont principalement :

- le principe de prudence, car souvent certaines de ces options consistent à limiter les charges et en particulier le montant des provisions.
- Le principe de permanence des méthodes : méthode à conserver pour les exercices futurs

N.B.

Le tableau d'amortissement de l'emprunt doit être établi en devise et non en €.

2. **Les écritures de la souscription et au 31/12/N–1**

		01/03/N–1		
512		Banque (200 000 × 0,105)	21 000	
	164	Emprunts		21 000
		31/12/N–1		
476		Différence de conversion-Actif	200	
	164	Emprunts		200
6865		DAP-charges financières	200	
	1515	Provisions pour pertes de change		200
661		Charges d'intérêts	530	
	1688	Intérêts courus (200 000 × 0,106 × 3 % × 10/12)		530

3. **Incidences fiscales**

Les pertes latentes sont déductibles. Comme elles sont enregistrées au compte 476, il convient à procéder à un retraitement fiscal :

200 € à déduire au résultat fiscal sur l'état 2058A

La provision pour pertes de change n'est pas déductible fiscalement

200 € à réintégrer au résultat fiscal sur l'état 2058A

4. **Les écritures de l'année N**

Au début de l'année, il faut contre-passer les écritures de régularisation de fin N–1 : 164 à 476 pour 200 € et 1688 à 661 pour 530 €.

Le 01/03/N, l'annuité est réglée.

L'annuité est égale à 100 000 SKK + (200 000 × 3 %) soit 106 000 SKK. Le taux de conversion est 1 SKK = 0,108 €, l'annuité est de 11 448 €, elle se décompose en 10 800 € de remboursement et 648 € d'intérêts. La dette figurant au bilan est de (200 000 × 0,105 = 21 000). Le remboursement de la première annuité génère une perte de 300 (10 800 – 21 000/2).

		01/03/N		
164		Emprunts (100 000 × 0,105)	10 500	
661		Charges d'intérêts (200 000 × 0,108 × 3 %)	648	
666		Pertes de change	300	
	512	Banque		11 448

À la clôture N, il faut procéder aux évaluations de la dette non encore remboursée :

Reste dû : 200 000 – 100 000 = 100 000 SKK

Les variations de change sont évaluées à : 100 000 × (0,109 – 0,105) = 400 € perte latente

Régularisation de la provision pour pertes de change

Provision fin N	400
Provision fin N–1	200
Dotation complémentaire	200

Les intérêts courus au 31/12/N

100 000 × 3 % × 10/12 = 2 500 SKK soit en euros : 2 500 × 0,109 = 272,5 €

		31/12/N		
476		Différence de conversion-Actif	400	
	164	Emprunts		400
6865		DAP-charges financières	200	
	1515	Provisions pour pertes de change		200
661		Charges d'intérêts	272,5	
	1688	Intérêts courus (100 000 × 3 % × 10/12 × 0,109)		272,5

Dossier 3 : emprunt en devises obtenu à des conditions plus avantageuses qu'un emprunt en monnaie nationale

1. Charge d'intérêt

Emprunt souscrit en forints

Montant de l'emprunt : 1 000 000 × 0,32 = 320 000 €

Charge d'intérêt : 1 000 000 × 0,35 × 1 % = 3 500 €

Emprunt souscrit en euros

Montant de l'emprunt : 320 000 €

Charge d'intérêt : 320 000 × 3,5 = 11 200 €

2. Les cas pour lesquels l'ajustement de la provision pour perte de change est optionnel sont :

- Position globale de change ;
- Emprunt en monnaie étrangère obtenu à des conditions plus avantageuses qu'un emprunt en monnaie nationale ;
- Opérations affectant plusieurs exercices.

3. Calcul de la provision et écritures

La société a la possibilité de limiter la provision à constituer à la différence entre la charge d'intérêt calculée en euros et la charge réellement supportée.

La provision qui aurait dû être de 1 000 000 × (0,35 – 0,32) = 30 000 €, sera limitée à 11 200 – 3 500 = 7 700 €.

31/12/N				
476		Différence de conversion-Actif	30 000	
	164	Emprunts		30 000
6865		DAP-charges financières	7700	
	1515	Provisions pour pertes de change		7700
661		Charges d'intérêts	3500	
	1688	Intérêts courus (100 000 × 3 % × 10/12 × 0,109)		3500

Stocks et en cours

Fiche 10

Schéma de synthèse

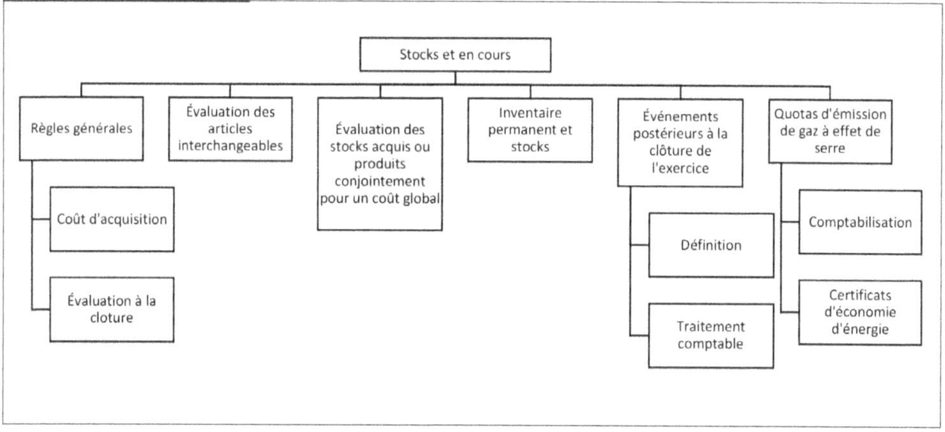

Un stock est un actif détenu pour être vendu ou en cours de production ou destiné à être consommé dans le processus de production.

I. Règles générales

1. Coût d'acquisition

Le coût des stocks doit comprendre tous les coûts d'acquisition, de transformation et autres coûts encourus pour amener le stock à l'endroit et dans l'état où ils se trouvent.
Les pertes et gaspillage sont exclus des coûts.
Les coûts d'emprunt peuvent être inclus dans le coût des stocks lorsqu'il s'agit d'un stock « éligible » (un actif est dit éligible lorsqu'il exige une longue période de préparation ou de construction avant son acquisition).
Le coût de stockage, administratif et frais de commercialisation sont exclus.

2. Évaluation à la clôture

À la date de clôture les stocks et en cours sont évalués à la valeur brute ou à la valeur actuelle.

La valeur brute est la valeur d'entrée. La valeur actuelle est la plus élevée de sa valeur vénale ou de sa valeur d'usage.
Lorsque la valeur actuelle est devenue inférieure à la valeur brute, il y a lieu de constater une dépréciation.
On compare la valeur d'entrée (VE) de chaque article à sa valeur actuelle (VA).
Si VA > = VE, aucune écriture.
Si VA < VE, il y a une dépréciation d'une valeur de VE – VA, On débite le compte 681 et on crédite 39 (1, matières premières, 5, produits finis, 7, marchandises)
Il faut constater les dépréciations sur le stock final et annuler celles sur le stock initial.
D'après le principe de séparation des exercices : seules les charges engagées pour obtenir les produits de l'exercice sont rattachées au résultat de l'exercice.
Coût des biens vendus ou consommés = Achats + SI – SF
À l'inventaire, les stocks et les en-cours sont évalués unité par unité ou catégorie par catégorie.

II. Évaluation des articles interchangeables

Pour ces articles dont le coût unitaire ne peut être identifié, le coût est considéré comme égal au total formé par :
- Le coût de stocks à l'arrêté du précédent exercice, considéré comme un coût d'entrée dans les comptes de l'exercice ;
- Le coût d'entrée des achats et des productions de l'exercice

Ce total est réparti entre les articles consommés dans l'exercice et les articles existant en stocks soit avec la méthode PEPS soit le CUMP.
Une entité doit utiliser la même méthode pour tous les stocks ayant une nature et un usage similaire.

III. Évaluation des stocks acquis ou produits conjointement pour un coût global

Le coût d'entrée est ventilé à proportion de la valeur attribuable à chacun d'entre eux. À défaut de pouvoir attribuer une valeur individualisée à chacun d'eux, le coût est évalué par référence à un prix de marché, ou forfaitairement. Le coût des autres biens est déterminé par différence entre le coût global et le coût déjà attribué.

IV. Inventaire permanent et stocks

L'inventaire des stocks a pour objectif :
- Déterminer les dépréciations éventuelles en comparant la valeur d'entrée et la valeur d'inventaire des biens stockés.
- Comptabiliser les variations des stocks

L'inventaire physique consiste à établir la liste complète des éléments des stocks. Pour chaque élément on indique la référence et la quantité.
Le soin apporté à l'inventaire des stocks est essentiel pour assurer la fiabilité du résultat annuel.
Pour les stocks initiaux de marchandises et d'approvisionnement, on débite le compte 603 et on crédite un compte de stocks 31, 32 et 37.
Pour les produits et en cours, on débite 713 et on crédite un compte de stocks 35. Pour le stock final, c'est l'inverse.
À l'inventaire, on annule le stock initial et on crédite le stock final.
Un déstockage augmente les charges et diminue les produits, le résultat diminue et par la même l'impôt. Pratique des soldes à l'inventaire afin de déstocker au maximum.

Remarque

On peut utiliser le compte 38 stocks en voie d'acheminement, mis en dépôt ou en consignation. Dès réception ventilation dans les comptes de stock correspondant à leur nature.
Obligation légale de périodicité d'un inventaire physique : tout commerçant doit contrôler, au moins une fois tous les 12 mois l'existence et la valeur des éléments du patrimoine de l'entreprise.
Il y a deux modes d'inventaire : inventaire permanent et inventaire intermittent
Caractéristiques de deux modes d'inventaires applicables en comptabilité financière :
- Inventaire permanent permet de suivre la valeur du stock durant tout l'exercice à chaque entrée et chaque sortie, le stock est mouvementé en valeur.
- Inventaire intermittent c'est la méthode dans laquelle la valeur du stock n'est comptabilisée qu'à la clôture de l'exercice.

V. Évènements postérieurs à la clôture de l'exercice

1. Définition

Un évènement postérieur à la clôture de l'exercice est **un évènement qui intervient au cours d'un exercice comptable** et qui est **connu** entre **la date de clôture de l'exercice comptable et la date d'établissement des comptes annuels.**

L'art 313-5 du PCG indique qu'« il doit être tenu compte des risques et des pertes intervenus au cours de l'exercice ou d'un exercice antérieur, même s'ils sont connus entre la date de clôture de l'exercice et celle de l'établissement des comptes ».
Seuls doivent être étudiés **les risques** et **les pertes**, c'est-à-dire des évènements susceptibles de générer **une diminution du résultat comptable**.

2. Traitement comptable

Il dépend de l'analyse faite en termes de lien de causalité direct et prépondérant entre la situation existante à la clôture et l'évènement survenu entre la date de clôture de l'exercice et celle de l'établissement des comptes.

Il faut distinguer deux situations différentes :
- L'évènement postérieur a un lien direct et prépondérant avec l'exercice clos : lorsque l'évènement a pris naissance au cours de l'exercice, il faut le rattacher et le rapporter au compte de résultat de ce dernier. S'il est mesurable il faut le comptabiliser sinon, il faut insérer une information dans l'annexe. Il peut s'agir d'un jugement définitif intervenu avant la clôture de l'exercice.
- L'évènement postérieur n'ayant pas un lien direct et prépondérant avec l'exercice clos : s'il survient entre la date de clôture de l'exercice et la date d'établissement des comptes annuels, il ne peut être rattaché à l'exercice clos. Il n'y aura pas d'enregistrement comptable. Il peut s'agir, par exemple, une fusion ou d'un sinistre survenu après la date de clôture de l'exercice.

Si la continuité d'exploitation est remise en cause, dans ce cas une information doit être donnée dans l'annexe ;
Si la continuité d'exploitation n'est pas remise en cause mais l'importance est significative, une mention doit être faite dans l'annexe.

VI. Quotas d'émission de gaz à effet de serre

Ce sont des unités de compte représentatives de l'émission de l'équivalent d'une tonne de dioxyde de carbone (art. L. 229-7 du code de l'environnement).
L'union Européenne a instauré en 2005 un système d'échange de quotas d'émission de gaz à effet de serre, fonctionnant en plusieurs phases. Nous sommes dans la phase 3 qui couvre 2013-2020. Cette phase a été transposée en France dans le code l'environnement par l'ordonnance n° 2012-827 du 28 juin 2012.
Ces dispositifs ont pour effet de créer pour les entreprises, des droits et des obligations dont il faut donner une représentation comptable.

1. Comptabilisation

L'État attribue chaque année aux industriels des quotas d'émission de gaz à effet de serre, c'est-à-dire des **droits d'émission d'une certaine quantité de gaz.**
En fin d'année, l'industriel restitue à l'État le nombre de quotas correspondant à la quantité de gaz qu'il a émise au cours de l'année.
Les certificats répondent à la définition de l'immobilisation incorporelle :
– actifs non monétaires sans substance physique ;
– séparables des activités de l'entité ;
– représentant un droit attribué par l'État.
même s'ils ne procurent pas directement des avantages économiques futurs, ils sont nécessaires pour les autres actifs (le droit à polluer permet à une machine de fabriquer des produits en émettant des gaz).

Comme leur durée d'utilisation est indéterminée, les quotas ne sont pas amortissables. Le coût des quotas est directement lié aux activités de production, ils sont comptabilisés en stocks. Ils sont détenus soit pour se conformer à une obligation légale (modèle économique production) soit pour être cédés et réaliser une plus-value (modèle économique négoce). L'acquisition et la vente de quotas suivent les mêmes règles qu'un stock des matières premières. Pour l'achat de quotas on utilise les comptes 6016 ou 602 et pour les ventes le compte 701.
À l'inventaire, la valorisation est faite en CUMP ou PEPS, une dépréciation peut être constatée.
À la fin de l'année civile, les quotas correspondant aux gaz qui ont été émis doivent être restitués à l'État.
Si les émissions < aux quotas d'émission, il s'agit d'un actif. L'entreprise comptabilise un stock de matière première. Si c'est le contraire, l'entreprise doit acheter des quotas pour les restituer à l'État dans un délai d'un mois. Cette obligation est un passif. Il faut utiliser le compte 449 : quotas d'émission à acquérir. En cas de non-respect de cette obligation, l'entreprise s'expose à une amende de 100 € par quota non restitué (art. L 229-18 du code de l'environnement).
Dans le modèle économique de négoce, les plus ou moins-values sont inscrits en résultat d'exploitation.

Informations dans l'annexe
Pour les stocks :
– Méthode d'évaluation ;
– Valeur des différents stocks ;
– Méthodes utilisées pour les calculs des dépréciations.

Pour les quotas (PCG art. 831-2) :
– Modèle retenu ;
– Estimation des émissions réalisées ;

– Dans la partie engagements reçus, les quotas alloués par l'État mais restant à recevoir ;
– Les hypothèses pour l'estimation des quotas d'émission à acquérir.

2. Certificats d'économie d'énergie (Avis n° 2006-D du comité d'urgence)

Les entreprises qui vendent aux consommateurs finals de l'électricité, gaz, chaleur, froid et fioul domestique Sont contraintes à réaliser des investissements contribuant aux économies d'énergie ou à inciter leurs clients à réaliser de tels investissements. En contrepartie, elles obtiennent des certificats d'économie d'énergie. Elles peuvent aussi acheter auprès d'autres entreprises. À défaut d'obtenir ou d'acquérir suffisamment de certificats, elles paieront une pénalité financière.

Ce qu'il faut retenir

- À la date de clôture les stocks et en cours sont évalués à la valeur brute ou à la valeur actuelle.
- La valeur brute est la valeur d'entrée. La valeur actuelle est la plus élevée de sa valeur vénale ou de sa valeur d'usage.
- Lorsque la valeur actuelle est devenue inférieure à la valeur brute, il y a lieu de constater une dépréciation.
- Il faut constater le stock final et la dépréciation sur le stock final et reprendre le stock initial et la dépréciation sur stock initial.
- Il y a deux modes d'inventaires applicables en comptabilité financière :
  – Inventaire permanent permet de suivre la valeur du stock durant tout l'exercice à chaque entrée et chaque sortie, le stock est mouvementé en valeur.
  – Inventaire intermittent c'est la méthode dans laquelle la valeur du stock n'est comptabilisée qu'à la clôture de l'exercice.
- Événement postérieur à l'exercice
- On appelle « évènements postérieurs à la clôture de l'exercice » des faits intervenants entre la date de clôture de l'exercice et la date d'arrêté des comptes par les organes dirigeants légalement responsables.
- On distingue :
  – Les événements ayant un lien direct et prépondérant avec une situation existante à la clôture de l'exercice précédent
  – Les événements n'ayant aucun lien direct et prépondérant avec l'exercice précédent.

- Le traitement comptable dépend de l'analyse faite en termes de lien de causalité direct et prépondérant entre la situation existant à la clôture et l'événement survenu entre la date de clôture et la date d'établissement des comptes.
- Les quotas peuvent être détenus soit pour se conformer aux obligations légales (c'est le modèle économique production) soit pour être cédés et réaliser des plus-values (modèle économique négoce).

Cas Stockmana

Dossier 1 Stocks

Mission

L'entreprise CG avait en stock au 01/01.

20 articles A évalués au coût unitaire moyen pondéré de 10,5 €

100 articles B évalués au coût unitaire moyen pondéré de 30 €

Le premier trimestre, elle a reçu les livraisons suivantes :

Janvier :

30 articles A facturés 12 € l'unité, transport en sus 280 €

50 articles B facturés 48 € l'unité, transport en sus 580 €

En février :

40 articles B facturés 52 € l'unité, transport en sus 530 €

En mars :

60 articles A facturés 15 € l'unité, transport en sus 680 €

10 articles B facturés 60 € l'unité, transport en sus 150 €

Les frais accessoires d'achat autres que le transport sont estimés à 5 % du prix d'achat hors transport. Pour réaliser cette mission, vous devez :

1. Calculez le coût d'achat unitaire moyen pondéré des articles A et B à la fin du trimestre.
2. Durant ce trimestre, la société a vendu 50 articles A et 110 articles B, calculez les stocks au 31 mars.
3. Enregistrez les écritures de régularisation.

Dossier 2 Quotas

Mission

L'entreprise DCG utilise les quotas pour se conformer aux obligations légales.

Document 1 : fiche des quotas

Période	Émissions	Achats au comptant		Ventes		Cours fin de période
		Qté	PU	Qtité	PU	
T1	1800	2000	20			24
T2	3700	3400	24	200	30	36

La valorisation est faite à l'aide de la méthode PEPS. Pour réaliser cette mission à l'aide de document 1, vous devez :

1. Passez les écritures pour chaque période.

2. Supposons que l'entreprise a reçu, pour l'année N, 10 000 quotas. Le coût d'acquisition unitaire d'un quota est estimé à 30 € au 31/12/N. Passez les écritures au 31/12/N si l'entreprise hypothèse 1 : a consommé 9 000 quotas et hypothèse 2 : elle a consommé 10 500 quotas.

Dossier 3 Évènements postérieurs à l'exercice

Mission

Début mars N+1, à l'occasion de la prochaine réunion du conseil d'administration, les dirigeants de la société sont préoccupés par des évènements importants survenus depuis le dernier exercice clos le 31 décembre N.

Votre mission est de finaliser l'établissement des comptes annuels, pour réaliser cette mission, à l'aide de document 1, vous devez :

1. Rappeler ce qu'on appelle « évènements postérieurs à la clôture de l'exercice ».
2. Indiquer, en justifiant votre réponse, de quelle façon les évènements décrits dans le document 1 devront être traités dans les comptes annuels de l'exercice clos le 31 décembre N de la société. Comptabiliser la ou les écriture(s) nécessaire(s).

Document 1 – RENSEIGNEMENTS SUR LES ÉVÉNEMENTS POSTÉRIEURS À LA CLÔTURE DES COMPTES

1–Un salarié de la société a été licencié début décembre N pour faute lourde. Début février N+1, le salarié a intenté un procès devant le conseil des prud'hommes pour licenciement abusif et réclame des dommages et intérêts pour réparer son préjudice professionnel, matériel et moral de 20 000 €. Les avocats de la société pensent que le salarié a de grandes chances d'obtenir gain de cause. Ils estiment toutefois que le montant des dommages et intérêts réclamé est exagéré et ne devrait pas dépasser 10 000 €.

2–Une grève a débuté courant janvier N+1 par des salariés pour obtenir des augmentations de salaires. La direction de la société a refusé tout compromis mais après elle a été contrainte de faire des concessions. Les salariés grévistes ont voté la reprise du travail. La direction estime que la grève, d'une durée brève, ne met pas en péril la pérennité de la société. Toutefois, la perte consécutive à la grève est importante et se chiffre à 260 000 €.

Solution

Dossier 1 : stocks

1. Calcul des coûts unitaires

– Coût unitaire moyen pondéré de l'article A

	Quantité	Prix unitaire	Frais accessoires	Transport	Total
	30	12	0,60	280	658
	60	15	0,75	680	1625
Total	90				2283

[(20 × 10,5) + 2 283]/(20 + 90) = 22,66

– Coût unitaire moyen pondéré de l'article B

	Quantité	Prix unitaire	Frais accessoires	Transport	Total
	50	48	2,40	580	3100
	40	52	2,60	530	2714
	10	60	3	150	780
Total	100				6594

[(100 × 30) + 6 594]/(100 + 100) = 47,97

2. Stocks au 31 mars

Quantité restante de A : 110 – 50 = 60

Valorisation du stock de A = Quantité × CUMP = 60 × 22,66 = 1 359,60

Quantité restante de B : 200 – 110 = 90

Valorisation du stock de B = Quantité × CUMP = 90 × 47,97 = 4 317,30

3. Les écritures de régularisation

		31/12		
603		Variation des stocks	3210	
	371	Stock article A		210
	372	Stock article B *Annulation stock initial*		3000
371		Stock article A	1359,6	
372		Stock article B	4317,3	
	603	Variation des stocks *Création stock final*		5676,9

Dossier 2 : quotas

1. **Passez les écritures pour chaque période.**

T1				
601		Achats stockés-Matières et fournitures	40000	
	512	Banque		40000
		Achats de quotas (2000 × 20)		

Inventaire fin de trimestre, émissions = 1 800 ; quotas = 2 000 soit un excédent de 200 quotas à enregistrer dans le compte de stock.

T1				
321		Stocks-matières et fournitures	4000	
	6031	Variation stocks de matières et fournitures		4000
		Stock de quotas (200 × 20)		

T2				
601		Achats stockés-Matières et fournitures	81600	
	512	Banque		81600
		Achats de quotas (3400 × 24)		
512		Banque	6000	
	701	Ventes des matières premières		6000
		Vente de quotas (200 × 30)		

Inventaire fin de trimestre, émissions cumulées = 5 500 ; quotas = 5 200 soit un déficit de 300 quotas à enregistrer dans le compte de stock.

T2				
6031		Variation stocks de matières et fournitures	4000	
	321	Stocks-matières et fournitures Le stock T1 a été entièrement consommé (200 × 20)		4000
601		Achats stockés-Matières et fournitures	10800	
	449	Quotas d'émission à acquérir		10800
		Dette liée au déficit (300 × 36 = 10800)		

2. **Supposons que l'entreprise a reçu, pour l'année N, 10000 quotas. Le coût d'acquisition unitaire d'un quota est estimé à 30 € au 31/12/N. Passez les écritures au 31/12/N si l'entreprise hypothèse 1 : a consommé 9000 quotas et hypothèse 2 : elle a consommé 10500 quotas. Commentez.**

Hypothèse 1 : consommation 9 000

L'entreprise n'a rien à comptabiliser puisque les quotas restant en stock correspondent à des quotas alloués, ils ont donc une valeur nulle.

Hypothèse 2 : consommation 10 500

T1				
601		Achats stockés-Matières et fournitures	15000	
	449	Quotas d'émission à acquérir		15000
		Dette liée au déficit (500 × 30 = 15000)		

L'entreprise dispose d'un mois pour acheter les quotas manquants et les restituer à l'État. En cas de non-respect, l'entreprise s'expose à une amende de 100 € par quota non restitué.

Dossier 3 : évènements postérieurs à l'exercice

1. Rappeler ce qu'on appelle « évènements postérieurs à la clôture de l'exercice ».

On appelle « évènements postérieurs à la clôture de l'exercice » des faits intervenants entre la date de clôture de l'exercice et la date d'arrêté des comptes par les organes dirigeants légalement responsables.

On distingue :

- Les événements ayant un lien direct et prépondérant avec une situation existante à la clôture de l'exercice précédent ;
- Les événements n'ayant aucun lien direct et prépondérant avec l'exercice précédent.

2. Indiquer, en justifiant votre réponse, de quelle façon les évènements décrits dans le document 1 devront être traités dans les comptes annuels de l'exercice clos le 31 décembre N de la société. Comptabiliser la ou les écriture(s) nécessaire(s).

- Évènement 1 : **licenciement d'un salarié**

Procès d'un salarié pour licenciement abusif contre la société

Un salarié a été licencié en décembre N. Il intente une action devant le conseil des prud'hommes pour licenciement abusif en février N+1.

Les événements ayant un lien direct et prépondérant avec une situation existante à la clôture de l'exercice modifient les comptes de l'exercice.

Le procès intenté par le salarié devant le conseil des prud'hommes constitue un évènement connu après la clôture, mais pour lequel il existe **un lien de causalité direct et prépondérant avec une situation existante à la date de clôture (le licenciement du salarié date de décembre N**).

Les comptes annuels doivent donc être ajustés. En conséquence, il convient de constituer une provision pour litiges à hauteur de 10 000 €. En outre, une information doit être donnée en annexe si l'évènement a une incidence significative.

31/12/N			
687 1511	Dotations aux provisions Provision pour litige *Dommages et intérêts estimés sur litige avec salarié*	10 000	 10 000

- Évènement 2 : grève des salariés

La grève est intervenue en janvier N+1 après la clôture de l'exercice N. La grève ne met pas en péril la pérennité de la société mais la perte consécutive de 260 000 € est jugée importante.

Les évènements sans lien de causalité direct et prépondérant avec une situation existante à la date de clôture ne modifient pas les comptes. Toutefois, si les événements ont une incidence financière significative ils sont à mentionner dans l'annexe même en l'absence de remise en cause de la continuité de l'exploitation.

En l'occurrence, la grève n'a pas de lien direct et prépondérant avec l'exercice clos. Par conséquent les comptes annuels ne sont pas ajustés. Toutefois, même si la continuité d'exploitation n'est pas remise en cause, l'incidence financière est significative et l'événement doit être mentionner dans l'annexe des comptes de la société.

Participation et épargne salariale

Fiche 11

Schéma de synthèse

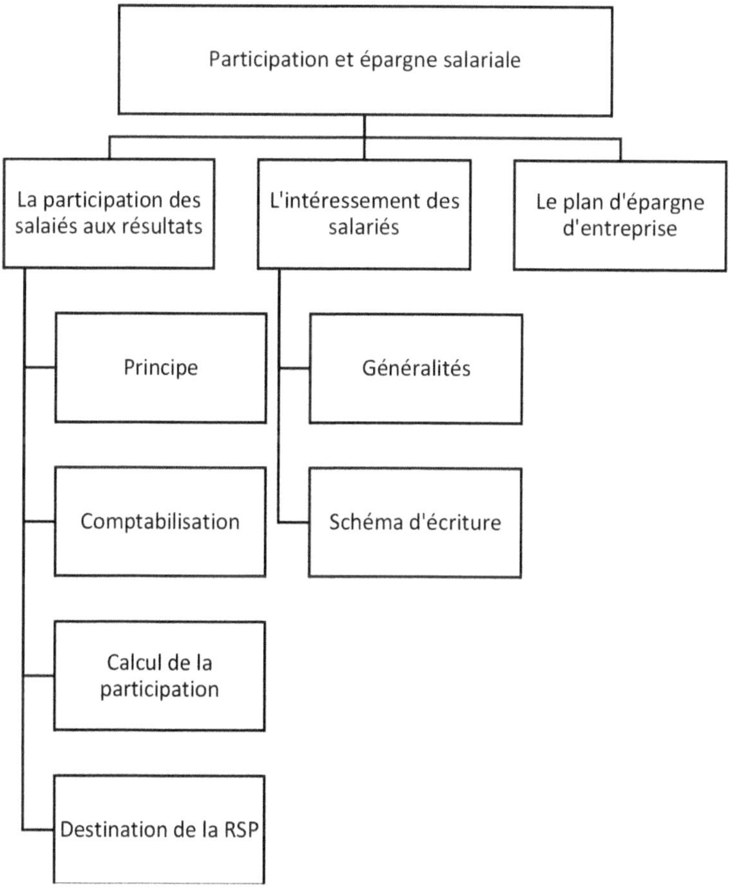

La participation et l'intéressement présentent des points communs :

– Faire profiter les salariés d'une partie de la richesse qu'ils ont contribué à créer
– Favoriser un effort d'épargne
– Sont accompagnés d'avantages fiscaux et sociaux.

I. La participation des salariés aux résultats

1. Principe

Créée en 1967, elle est obligatoire pour toutes les entreprises de 50 salariés au moins : c'est le régime obligatoire. Elle est déductible avec un décalage d'un an. Pour N, réintégration de la participation de N et déduction de celle de N–1. Elle n'est pas soumise aux cotisations patronales, elle est partagée proportionnellement aux rémunérations (de façon uniforme, proportionnellement à la durée de présence, selon plusieurs critères). Pour le salarié elle n'est pas soumise à I.R. si elle est bloquée pendant 5 ans sinon l'exonération est réduite de moitié. Elle est exonérée aussi de cotisations sociales sauf la CSG 9,2 % et RDS 0,5 % de la somme mise en réserve.
Les produits de la participation sont imposables à la CSG, RDS et prélèvement social à 20 % (compte 6451 cotisations à l'URSSAF).
La loi de financement de la sécurité sociale pour 2019, applicable depuis le 1er janvier 2019, a supprimé le forfait social pour les entreprises moins de 50 salariés.

Remarque

L'entreprise peut adhérer à la participation de manière facultative. Les accords dérogatoires n'ouvrent droit aux avantages fiscaux et sociaux que si la réserve de participation n'excède pas :

- La moitié du bénéfice net comptable ;

Ou l'un des trois plafonds suivants :

- bénéfice net comptable – 5 % de capital,
- bénéfice net fiscale – 5 % de capital,
- moitié du bénéfice net fiscale (c'est le même que celui utilisé pour le calcul de la participation).

L'accord doit préciser le plafond retenu.
En fin d'exercice, elle est certaine quant à sa nature et son existence, mais incertaine quant à son montant il faut donc constater une charge à payer.
La participation bien que versée en N+1, est assise sur le résultat de N. La charge doit être imputée à l'exercice N.

2. Comptabilisation

31/12/N		
691 4284	Participation des salariés aux résultats de l'entreprise Personnel, dettes provisionnées pour participation des salariés *Participation des salariés exercice N*	Brut

Il y a aussi le forfait social. Sur le plan Comptable, c'est une charge de l'exercice au cours duquel les rémunérations sur lesquelles il est dû sont comptabilisées. Sur le plan fiscal, il est déductible du même exercice.

	31/12/N	
6451 4386	Cotisations à l'URSSAF –Forfait social Organismes sociaux : Autres charges à payer *Forfait social*	20 % Brut

Après approbation des comptes, la dette devient certaine

	Courant N+1	
4284 4246	Personnel-dettes provisionnées pour participation des salariés Participation des salariés – Réserve spéciale *Constitution de la réserve*	
4246 4386 431	Participation des salariés – Réserve spéciale Organismes sociaux : Autres charges à payer Sécurité sociale	
4246 1662	Participation des salariés – Réserve spéciale Fonds de participation *Emploi de la réserve*	

N.B.

Le précompte de la CSG et de la CRDS est effectué au moment de la répartition de la participation.
On s'aperçoit que ces écritures concernant la participation de N–1 ne modifient en rien le compte de résultat de N.

3. Calcul de la participation

La formule légale : p = ½ (B – 5 % C) × S/VA
B : bénéfice fiscal soumis au taux de droit commun, au taux réduit de 15 % réservé aux PME, c'est le résultat fiscal – l'impôt (de droit commun et au taux réduit), la contribution additionnelle sociale de l'IS ne vient pas en diminution.
C : capitaux propres figurant au bilan : capital sous déduction de la partie non appelée + primes liées au capital + réserves (légales, spéciales de réévaluation régime 1959, réglementées + RAN + écart de réévaluation libre + provisions ayant supportées l'impôt (perte de change, pour retraite, pour impôt, de propre assureur, etc.) à l'exception de celle dotées au cours de l'exercice.
Sont exclus : le résultat de l'exercice, les subventions d'investissement et les amortissements dérogatoires, les provisions pour risque justifiés, les provisions spéciales de réévaluation (régime 1976) et les provisions déductibles.
S : salaires et traitements, c'est l'ensemble des sommes payées aux salariés par l'entreprise pour leur montant brut

VA : Résultat courant avant impôt + ITVA + charges de personnel (salaires + charges sociales) + DAP amortissement, dépréciation et provision courantes + charges financières

4. Destination de la RSP

- Création d'un fonds dans l'entreprise : on débite 4 246 : participation des salariés : comptes courants et on crédite 1 662 fonds de participation des salariés ;

À la fin d'indisponibilité, on débite 1 662 et on crédite 4 248 : participation des salariés comptes courants et au moment de versement on débite 4 248 et on crédite 512.

- L'entreprise attribue des actions par incorporation de la réserve au capital, on débite 4 246 et on crédite 101 et 1 041 : prime d'émission ;
- Versement à des organismes de placement, on débite 4 246 et on crédite 5 ;
- Absence d'accord sur l'emploi, on débite 4 246 et on crédite 166 : participation des salariés comptes bloqués.

Remarque

La loi dite « Macron », pour la croissance et l'activité, adoptée le 10 juillet 2015, a harmonisé les dates limites de versement de la participation et de l'intéressement. Désormais, la participation et l'intéressement doivent être versés ou attribués au plus tard le dernier jour du 5e mois suivant la clôture de l'exercice. **C'est également à partir de cette date que sont calculés les intérêts quand les sommes sont versées à un fonds de participation (1er jour du 6e mois).**

Exemple

Mission

Pour l'année N–1, le calcul de la réserve spéciale de participation effectué conformément à la formule de droit commun définie par l'article L. 3324-1 du code du travail s'élève à 10 000 €. Pour réaliser cette mission, à l'aide de document 1, vous devez :

1. **Justifier l'enregistrement d'une écriture d'inventaire relative à la réserve spéciale de participation à la clôture de l'exercice N–1.**
2. **Comptabiliser l'opération relative à la réserve spéciale de participation pour l'exercice N–1.**

Les comptes de l'exercice N–1 sont approuvés le 15 avril N. Aucun salarié n'a expressément demandé à percevoir la participation. Le 10 mai N, la réserve spéciale de participation est placée selon les conditions prévues dans l'accord.

3. **Comptabiliser les opérations relatives à la réserve spéciale de participation pour l'exercice N.**

Document 1 – Extrait du contrat de participation

Article 2 : Caractéristiques de la participation

Les sommes réparties au titre de la participation sont exonérées de cotisations de sécurité sociale. En revanche, elles sont soumises à la contribution sociale généralisée (CSG) et à la contribution au remboursement de la dette sociale (CRDS).
Depuis l'adoption du projet de loi de financement de la Sécurité sociale, le forfait social n'est plus applicable aux entreprises de moins de 50 salariés.
La participation est soumise à l'impôt sur le revenu (IR) sauf si les bénéficiaires souhaitent affecter ces sommes à un plan d'épargne ou à un compte courant bloqué. [...]

Article 5 : Affectation au PEE

Le bénéficiaire peut décider de l'affectation de tout ou partie de ses droits (qui sont alors indisponibles pendant 5 ans) à des comptes ouverts au nom des bénéficiaires en application d'un plan d'épargne salariale (PEE).

Solution

1– **Justifier l'enregistrement d'une écriture d'inventaire relative à la réserve spéciale de participation à la clôture de l'exercice N–1.**

Deux justifications possibles

En application du principe d'indépendance des exercices, la charge de participation doit être enregistrée à la clôture de l'exercice N–1 puisque la charge doit être rattachée à l'exercice au titre duquel les droits des salariés sont nés même si les comptes n'ont pas encore été approuvés et que la charge sera versée en N.
En application de la définition d'un passif externe : « Un passif est un élément du patrimoine ayant une valeur économique négative pour l'entité, c'est-à-dire une obligation de l'entité à l'égard d'un tiers dont il est probable ou certain qu'elle provoquera une sortie des ressources au bénéfice de ce tiers, sans contrepartie au moins équivalente attendue de celui-ci. » (article 321-1 du PCG), l'entreprise doit comptabiliser un passif (charge à payer) car :

- L'obligation existe à la clôture (obligation légale car les salariés ont travaillé effectivement au cours de l'année N–1) ;
- Envers un tiers (les salariés) ;
- Entraînant une sortie de ressources (le versement de la participation)
- Sans contrepartie au moins équivalente (puisque les salariés ont déjà fourni le travail pour l'exercice N–1).

Il s'agit d'une charge à payer puisqu'il existe une incertitude faible quant au montant.

2– Comptabiliser l'opération relative à la réserve spéciale de participation pour l'exercice N–1.

		31/12/N–1		
691		Participation des salariés aux résultats	10 000	
	4284	Personnel – Dettes provisionnées pour participation des salariés aux résultats		10 000
		Participation N–1		

3– Comptabiliser les opérations relatives à la réserve spéciale de participation pour l'exercice N.

		15/04/N		
4284		Personnel – Dettes provisionnées pour participation des salariés aux résultats	10 000	
	4246	Participation des salariés – Réserve spéciale		9 030
	431	Sécurité sociale (9,7 % × 10 000)		
		Approbation de la Participation N–1		970
		10/05/N		
4246		Participation des salariés – Réserve spéciale	9 030	
	4247	Personnel – Plan d'épargne		9 030
		Affectation de la participation N–1		

II. L'intéressement des salariés

1. Généralités

Il est facultatif, il permet d'associer les salariés aux résultats ou à l'accroissement de la productivité de leur entreprise. L'intéressement est mis en place soit par accord entre l'employeur et les institutions représentatives du personnel déposé à la direction départementale du travail. Il doit préciser :

– La période pour laquelle il est conclu ;
– Les établissements concernés ;
– Les modalités d'intéressement retenues ;
– Les modalités de calcul et les critères de répartition de ses produits ;
– Les dates de versement.

Soit à l'initiative de l'employeur après éventuellement consultation du comité d'entreprise ou des délégués du personnel.

La formule de son calcul est librement fixée. Il est lié aux performances de l'entreprise. La période de calcul ne peut être inférieure à 3 mois et le montant global est limité à 20 % des salaires bruts versés en N aux bénéficiaires de l'intéressement. Les sommes versées sont bloquées pendant 5 ans.

Les salariés peuvent décider de compléter par un versement volontaire (dans la limite de ¼ de la rémunération annuelle).
Les entreprises peuvent également alimenter le fonds par un abondement (dans la limite de 8 % du montant annuel du plafond de la sécurité sociale).
Le forfait social, la loi Pacte l'a supprimé pour les entreprises moins de 250 salariés.
L'intéressement est une charge fiscalement déductible du résultat de l'exercice au titre duquel il est attribué, même si le versement aux salariés intervient au cours de l'exercice qui suit. Il n'y a pas de retraitement extra-comptable à opérer.
Pour les salariés, les sommes sont soumises uniquement à la CSG et RDS et à l'I.R dans la rubrique traitement et salaire.

2. Schéma d'écritures

Constatation de la charge d'intéressement afférente à l'exercice N et du forfait social 20 %. Il est supprimé pour les sociétés moins de 250 salariés.

		31/12/N		
6414 (692)		Indemnités et avantages divers Autres charges de personnel		
	4286	Personnel-Autres charges à payer		
6451		Cotisation à l'URSSAF- Forfait social		
	4386	Organismes sociaux : Autres charges à payer		

À la probation des comptes par l'AGO au cours de N+1

		Courant N+1		
4286		Personnel-Autres charges à payer		
	421	Personnel- Rémunérations dues		
	431	Sécurité sociale- CSG (9,2 %) & CRDS (0,5 %)		

Au moment de l'affectation des fonds :
Si le salarié perçoit l'intéressement, on débite le 421 et on crédite le 512
Si le salarié l'affecte au plan d'épargne d'entreprise, on débite le 421 et on crédite le 4247 : personnel – plan d'épargne.

III. Le plan d'épargne d'entreprise

Le plan d'épargne d'entreprise (PEE) est un système facultatif d'épargne collective ouvrant la possibilité aux salariés d'une entreprise de participer, avec l'aide de celle-ci, à la constitution d'un portefeuille de valeurs mobilières.

Il est alimenté :
– par l'affectation des sommes attribuées au titre de la participation ou de l'intéressement ;
– par des versements libres du salarié ;

– par un « abondement » de l’entreprise : aide versée par l’entreprise proportionnelle aux versements des salariés.

Les fonds doivent être affectés à l’acquisition de titres de SICAV ou à l’acquisition de titres de l’entreprise elle-même.
Pour les salariés, les sommes versées par l’entreprise, comme les revenus du PEE (intérêts, dividendes, etc.), ne sont pas imposables à l’impôt sur le revenu mais imposables à la CSG, RDS et au prélèvement social.
En contrepartie, les sommes restent bloquées 5 ans minimum.
Ce dispositif encourage l’épargne et l’actionnariat des salariés dans leur propre entreprise. Pour enregistrer l’abondement, on débite 647 autres charges sociales et on crédite 4247 : personnel, PEE et 431 et au moment de l’utilisation du PEE, on débite 4247 et on crédite 512.

Ce qu'il faut retenir

- La participation est obligatoire pour toutes les entreprises de 50 salariés au moins : c'est le régime obligatoire.
- La formule légale : p = ½ (B – 5 % C) × S/VA
- Elle est déductible avec un décalage d'un an. Pour N, réintégration de la participation de N et déduction de celle de N–1.
- Elle n'est pas soumise aux cotisations patronales.
- Pour le salarié elle n'est pas soumise à IR si elle est bloquée pendant 5 ans sinon l'exonération est réduite de moitié.
- Elle est exonérée aussi de cotisations sociales sauf la CSG 9,2 % et RDS 0,5 % de la somme mise en réserve.
- Les produits de la participation sont imposables à la CSG, RDS et prélèvement social à 20 % sous conditions.
- Pas de forfait social pour la participatif facultative.
- L'intéressement et le plan épargne entreprise sont facultatifs.
- Aucun abondement ne peut être versé sur un PEE au titre des sommes provenant de la participation
- Forfait social à compter du 1er janvier 2019

Effectif	Participation	Intéressement	Abondement employeur au PPE
< 50	Exonérée	Exonéré	Exonéré
Entre 50 et 249	20 %	Exonéré	20 %
> 250	20 %	20 %	20 %

Cas Épargne

Dossier 1 Participation

Mission

La société ÉPARGNE emploie 60 salariés. Le 15 janvier N−4, elle a signé un accord de participation pour doter la réserve de participation un montant minimal prévu par la loi. Le résultat fiscal de l'année N est un bénéfice de 36 000 €. Le taux d'IS est 28 %. Vous disposez d'un extrait du bilan et du compte de résultat au 31/12/N document 1.

Les comptes sont approuvés le 30 avril N+1. La participation est affectée à un fonds de participation le 10/05/N+1. Pour réaliser cette mission, vous devez :

1. Justifier si la société est soumise à la participation des salariés ?
2. Justifier l'enregistrement à l'inventaire de la réserve spéciale de participation à la clôture de l'exercice.
3. Calculez la réserve de la participation.
4. À quelles conditions les accords dérogatoires donnent lieu à des avantages fiscaux et sociaux.
5. Enregistrez les écritures au 31/12/N et courant N+1.

Document 1 : Extrait du bilan et du compte de résultat

Capitaux propres	
– Capital social	300 000
– Réserves	20 000
– Résultat de l'exercice (bénéfice)	30 000
– Subventions d'investissement	40 000
– Amortissements dérogatoires	10 000
Total	400 000
Ventes de marchandises	820 000
Impôts taxes et versements assimilés	30 000
Salaires et traitements	600 000
Dotations aux amortissements, dépréciations et provisions d'exploitation	20 000
Autres charges	20 000
Charges d'intérêts	10 000
Différences négatives de change	5 000
Résultat courant avant impôts	35 000

Dossier 2 Intéressement

Mission

La société a conclu avec ses salariés un accord qui prévoit :

- un intéressement de l'exercice N = 8 % du résultat d'exploitation
- ce montant ne peut excéder 20 % des salaires bruts versés en N.

- L'intéressement est attribué aux salariés comptant au moins 2 mois d'ancienneté.

Le 5 mars N+1, les comptes sont approuvés. Ce montant est versé aux salariés le 30 mars N+1 sur leur compte bancaire et non sur un PEE.

Vous disposez des informations suivantes :
Le résultat d'exploitation de N = 250 000 €
Salaires bruts de l'année N = 120 000 € (dont 40 000 € concernant des salariés dont l'ancienneté est inférieure à 2 mois). Pour réaliser cette mission, vous devez :

1. Expliquez si la société est obligée de mettre en place l'intéressement ? Justifiez votre réponse.
2. Calculez le montant de l'intéressement.
3. Enregistrez les écritures au cours des exercices N et N+1.

Solution

Dossier 1 : participation

1. **La société est soumise** à la participation parce que son effectif est de 60 salariés, largement supérieur au minimum légal qui est de 50 salariés.
2. **Justification de l'écriture à l'inventaire**

   Il y a deux justifications possibles :

   – En application du principe d'indépendance des exercices, la charge de la participation doit enregistrée à la clôture puisque la charge doit être rattachée à l'exercice au titre duquel les droits des salariés sont nés même si les comptes n'ont pas encore été approuvés et que la charge sera versée l'année suivante.

   – En application de la définition d'un passif externe. L'entreprise doit comptabiliser un passif (charge à payer : l existe une incertitude faible quant au montant) car :

   - L'obligation existe à la clôture
   - Envers un tiers (les salariés)
   - Entraînant une sortie de ressources (versement de la participation)
   - Sans contrepartie au moins équivalente (les salariés ont déjà fourni le travail)

3. **Les accords dérogatoires donnent lieu à des avantages fiscaux et sociaux que si la réserve de participation n'excède pas :**

   – La moitié du bénéfice net comptable ;

   – Ou l'un des trois plafonds suivants :

   – bénéfice net comptable – 5 % de capital,

   – bénéfice net fiscale – 5 % de capital,

   – moitié du bénéfice net fiscale (c'est le même que celui utilisé pour le calcul de la participation).

4. **Calcul de la réserve de participation**

   La formule légale : R = ½ (B – 5 % C) × S/VA

   Il faut calculer chacune des composantes de la réserve de participation :

Calcul de B	
Résultat fiscal – Impôts sur les bénéfices (36 000 × 28 % = 12 000)	36 000 – 10 080
B	25 920

L'impôt ne peut pas être minoré des crédits et des réductions d'impôt. La contribution additionnelle sociale ne vient pas en diminution.

Calcul de C	
Capitaux propres – Résultat de l'exercice – Subvention d'investissement – Amortissements dérogatoires	400 000 – 30 000 – 40 000 – 10 000
C	320 000

Calcul de S	
Salaires et traitements	600 000
S	600 000

Calcul de la VA	
Résultat courant avant impôts + Impôts taxes et versements assimilés + Charges de personnel (Salaires + charges sociales) + Dotations aux amortissements, dépréciations et provisions d'exploitation + Charges financières	35 000 30 000 700 000 20 000 15 000
VA	800 000

Calcul de la réserve de participation (R)

R = 1/2 × [25 920 – 5 % (320 000)] × 600 000/800 000 = 3 720

5. **Les écritures comptables**

		31/12/N		
691		Participation des salariés aux résultats de l'entreprise	3 720	
	4284	Personnel, dettes provisionnées pour PRS *Participation des salariés exercice N*		3 720
6451		Cotisations à l'URSSAF – Forfait social (3 720 × 20 % = 744)	744	
	4313	Sécurité sociale – Forfait social *Forfait social*		744
		30/04/N+1		
4284		Personnel, dettes provisionnées pour PRS	3 720	
	4246	Participation des salariés – Réserve spéciale *Constitution de la réserve*		3 720
4246		Participation des salariés – Réserve spéciale	360,84	
	431	Sécurité sociale – CSG & CRDS (3 720 × 9,7 %)		360,84
		10/05/N+1		
4246		Participation des salariés – Réserve spéciale	3 359,16	
	1662	Fonds de participation *Emploi de la réserve*		3 359,16

Dossier 2 : intéressement

1. **L'entreprise n'est pas obligée** de mettre en place l'intéressement. Il est facultatif, il permet d'associer les salariés aux résultats ou à l'accroissement de la productivité de leur entreprise.
2. **Calcul du montant de l'intéressement**

   Intéressement = 8 % × 250 000 = 20 000 €

   Plafond intéressement N = 20 % × 80 000 = 16 000

   Intéressement (20 000) > Plafond (16 000), le montant de l'intéressement est limité à 16 000 €.

   La société a 60 salariés, elle est exonérée du forfait social.

3. Les écritures comptables

		31/12/N		
6414		Indemnités et avantages divers	16 000	
	4286	Personnel-Autres charges à payer		16 000
		05/03/N+1		
4286		Personnel-Autres charges à payer	16 000	
	421	Personnel-Rémunérations dues		14 448
	4311	Sécurité sociale-CSG (9,2 %)		1 472
	4312	Sécurité sociale – CRDS (0,5 %)		80
		30/03/N+1		
421		Personnel-Rémunérations dues	14 448	
	512	Banque		14 448

Rattachements obligatoires

Fiche 12

Schéma de synthèse

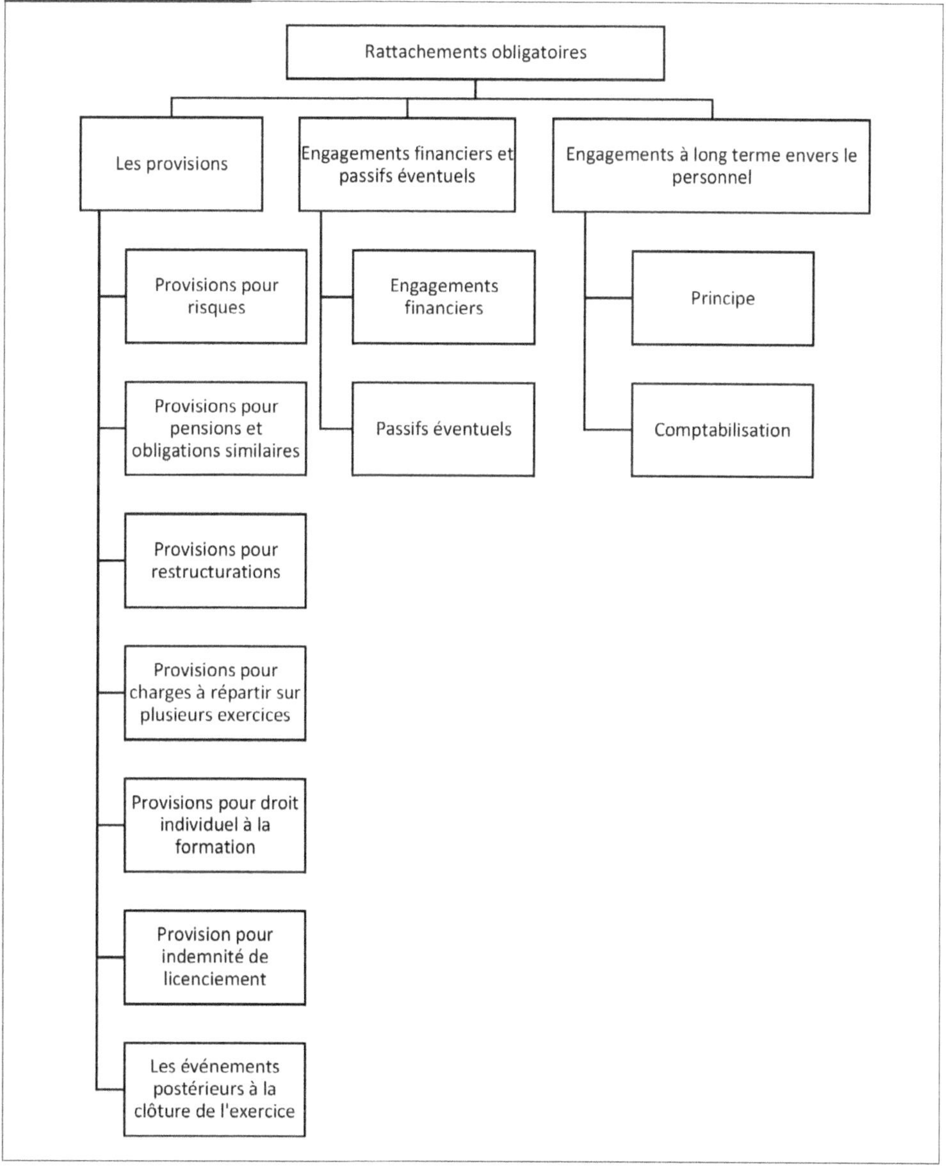

Le principe de séparation de l'exercice oblige à rattacher à chaque exercice toutes les charges et tous les produits qui résultent de l'activité de l'exercice.
Selon le PCG (art. 230-1), le résultat de l'entreprise est calculé par différence entre les produits et les charges de l'exercice. Le résultat dépend des méthodes retenues.

I. Les provisions

Une provision est un passif dont l'échéance ou le montant n'est pas fixé de façon précise (PCG art. 212-3).

Comme pour tout passif quatre conditions sont nécessaires pour constater une provision :
- Il faut qu'il ait une obligation de l'entité à l'égard des tiers ;
- Cette obligation doit exister à la clôture ;
- Cette obligation entraîne une sortie de ressources probable ou certaine au bénéfice de tiers ;
- Cette sortie de ressources doit être sans contrepartie équivalente attendue.

Selon l'article 323-2 du PCG, les provisions sont évaluées pour le montant correspondant à la meilleure estimation de la sortie de ressources nécessaires à l'extinction de l'obligation.
Selon l'article 312-8 du PCG, les pertes d'exploitation futures, ne répondent pas à la définition des passifs, ne sont pas provisionnées.

1. Provisions pour risques

Le compte 151 provisions pour risque enregistre toutes les provisions destinées à couvrir les risques identifiés inhérents à l'activité de l'entité.
Il est à noter que selon l'article 323-7 du PCG les profits résultant de la sortie attendue d'actifs ne doivent pas être pris en compte dans l'évaluation d'une provision pour risque et charges.

2. Provisions pour pensions et obligations similaires

Le compte 153 enregistre les provisions relatives aux charges que peuvent engendrer des obligations légales ou contractuelles conférant au personnel des droits à la retraite au d'autres avantages postérieurs à l'emploi (assurance vie, couverture médicale…).

3. Provisions pour restructurations

Le compte 154, provisions relatives aux charges que peuvent engendrer des opérations de restructurations telles que l'arrêt d'une branche d'activité ou la fermeture d'un site, la délocalisation, d'une façon générale, toute réorganisation ayant un effet significatif sur la nature ou les activités de l'entité.
Selon l'article 323-5 du PCG « une provision pour restructuration ne doit inclure que les dépenses nécessairement entraînées par celle-ci et qui ne sont pas liées aux activités futures ».

Conditions d'inscription au passif des coûts de restructuration
- S'ils résultent d'une obligation de l'entité, vis-à-vis de tiers, ayant pour origine la décision prise par l'organe compétent ;
- Cette obligation est matérialisée avant la date de clôture par l'annonce de cette décision aux tiers ;
- L'entité n'attend plus de contrepartie.

4. Provisions pour charges à répartir sur plusieurs exercices

Le compte 157, enregistre les provisions destinées à couvrir des charges prévisibles, importantes, ne présentant pas un caractère annuel.

L'avis 2000-01 Du CNC distingue deux catégories :
- Les dépenses qui ont pour objet de modifier des installations ou de prolonger leur durée de vie ou de remplacer tout ou partie des immobilisations existantes (dépenses dites de première catégorie) ;
- Les dépenses d'entretien qui ont pour seul but de vérifier le bon fonctionnement des installations et d'y apporter un entretien sans prolonger leur durée de vie au-delà de celle prévue initialement (dépenses dites de 2e catégorie).

Les dépenses de 1re catégorie doivent être comptabilisées obligatoirement en immobilisations (comme des composants).
Les dépenses de 2e catégorie peuvent être comptabilisées, au choix de l'entité, soit en immobilisations (comme des composants) soit en provision : 1572 – provisions pour gros entretien et grandes révisions.

5. Provisions pour droit individuel à la formation

Depuis le 1er janvier 2015, le compte personnel de formation (CPF) remplace le droit individuel à la formation (DIF).

Sa particularité : il est rattaché à la personne du salarié, et non au contrat de travail comme le DIF. Le CPF suit le salarié tout au long de son activité professionnelle, y compris en cas de changement de situation ou de perte d'emploi.
Les dépenses de formation constituent une provision.

6. Provision pour indemnité de licenciement

Pour qu'elle soit provisionnée, il faut que le licenciement ait été annoncé à l'intéressé, ce qui suppose au moins que ce dernier ait reçu avant la clôture sa convocation à l'entretien préalable.
Les évènements postérieurs à la clôture de l'exercice sont ceux qui ne sont pas connus qu'entre la date de clôture de l'exercice et celle de l'établissement des comptes annuels. Selon leur lien avec l'exercice clos et leurs significations, les comptes sont ajustés ou ne donneront lieu qu'à une information dans l'annexe.

7. Les évènements postérieurs à la clôture de l'exercice

Ils sont pris en compte en comptabilité de la façon suivante :
- S'il s'agit d'un **événement rattachable à l'exercice clos** : les comptes sont ajustés par une provision. Un licenciement probable à la date de clôture, n'est pas rattachable à l'exercice clos. Une baisse du cours de titres entre la date de clôture et la date d'établissement des comptes n'est pas liée à la situation des titres à la date de clôture. Dans ces deux cas pas de provision.
- S'il s'agit d'un **événement non rattachable à l'exercice clos** : c'est le cas par exemple d'un sinistre survenu après la clôture. Il n'y a aucune incidence sur les comptes, qui n'ont pas à être modifiés. Si la continuité de l'exploitation est remise en cause, il faut obligatoirement une information dans l'annexe. Si cette continuité n'est pas remise en cause, le PCG ne requiert aucune information dans l'annexe mais OEC recommande la présence d'une telle information si l'évènement à des incidences financières significatives et si leur connaissance est nécessaire à la bonne information concernant l'activité et la situation financière de l'entreprise.

II. Engagements financiers et passifs éventuels

1. Engagements financiers

Ce sont des engagements qui résultent d'une obligation (légale, contractuelle) mais ne remplissent pas les conditions du PCG pour figurer dans les passifs au bilan. Ils ne sont donc pas couverts par un poste de dette ou de provision.

Ils se traduisent par une information en annexe, lorsqu'ils dépassent un certain seuil de signification (10 % du résultat courant pour la caution donnée ou 10 % des comptes clients ou du passif bancaire pour les effets escomptés non échus).
L'art. 531-2 du PCG prévoit qu'il faut faire figurer dans l'annexe le montant total des engagements financiers avec notamment une information détaillée des engagements.

2. Passifs éventuels

A. Définition

L'article 212-4 du PCG : « un passif éventuel est :

- Soit une obligation (ni probable ni certaine) potentielle de l'entité à l'égard d'un tiers résultant d'évènements dont l'existence ne sera confirmée que par la survenance, ou non, d'un ou plusieurs évènements futurs incertains qui ne sont pas totalement sous le contrôle de l'entité ;
- Soit une obligation (probable dont la sortie de ressources n'est pas probable) de l'entité à l'égard d'un tiers dont il n'est pas probable ou certain qu'elle provoquera une sortie de ressources sans contrepartie au moins équivalente attendue de celui-ci.

B. Exemple

Les effets escomptés non échus (obligation potentielle de régler le porteur pour tout signataire si la traite n'est pas payée) ;
Hypothèque accordée sur immeuble en garantie d'un emprunt bancaire (obligation potentielle d'abandonner l'immeuble ou partie de l'immeuble pour payer la banque) ;
Les intérêts restant à courir sur emprunt auprès de la société mère (obligation de l'entité vis-à-vis de la société mère de payer des intérêts de l'emprunt).
Ne sont pas des passifs éventuels les commandes d'immobilisations en cours (il y aura sortie de ressources avec contrepartie au moins équivalente, l'acquisition d'immobilisation).

Remarques

Les opérations de passifs éventuels sont enregistrées dans le compte d'engagements (classe 8) : 809 à 801

III. Engagements à long terme envers le personnel

1. Principe

Des entreprises attribuent à leurs salariés au moment de leur départ en retraite des avantages particuliers en compléments des avantages servis par les caisses de retraite auxquelles elles cotisent. Ces prestations ont le caractère d'un salaire différé. Il y a :
- Les indemnités de fin carrière (ou de départ à la retraite) ;
- Les régimes particuliers de retraite ;
- Les régimes sur complémentaires, ils assurent une garantie minimale (on parle de régime chapeau).

Les prestations peuvent être servies sous forme de versement unique ou de rentes.
Les entreprises peuvent décider d'inscrire au bilan, sous forme de provision, la totalité ou une partie de ces engagements.
La constatation de la provision pour la totalité des engagements est considérée comme la méthode préférentielle : elle conduit à une meilleure information financière.
De manière facultative, les entreprises peuvent constater sous forme de provision leurs engagements de retraite. Compte 153 « provisions pour pensions et obligations similaires ».
Si l'entreprise ne comptabilise pas les engagements de retraite, ceux-ci doivent être obligatoirement mentionnés en annexe.

2. Comptabilisation

La 1re comptabilisation de la provision constitue un changement de méthode, le montant des engagements dans l'annexe doit être imputé au débit du compte « Report à nouveau » par le crédit du compte 153 : provisions pour pensions et obligations similaires (selon l'art. 314-1 du PCG).
Toutes les informations nécessaires à la compréhension du changement de méthode sont fournies dans l'annexe, notamment sa justification et les effets sur les résultats et les capitaux propres des exercices précédents.
La provision est comptabilisée : 681 à 153

Informations devant figurer dans l'annexe :
- Engagements en matière de pension ou d'indemnités assimilées (art. 531-2 & 9a du PCG) ;
- Provisions comptabilisées (art. 531-2 & 4 du PCG) ;
- Engagements contractés au profit de dirigeants (art. 531-3 du PCG) ;
- Description des méthodes actuarielles (Recommandation OEC) ;
- Échéance des engagements (Bulletin CNCC).

Exemple

Une entreprise ne mentionnait ses engagements de retraite que dans l'annexe. Au 31/12/N leur montant est de 120 000 €. Ces engagements s'élèvent à 145 000 € au 31/12/N+1. L'entreprise décide en N+1 de constater ses engagements par une provision.

Travail à faire

➥ **Passez les écritures**

Solution

		Courant N+1		
119		Report à nouveau (solde débiteur)	120 000	
	153	Provisions pour pensions et obligations similaires		120 000
		31/12/N+1		
681		DAP-charges d'exploitation	25 000	
	153	Provisions pour pensions et obligations similaires		25 000

Ce qu'il faut retenir

- **Une provision** est un passif dont l'échéance ou le montant n'est pas fixé de façon précise (art. 321-5 du PCG)
- **Une dette** est un passif certain dont l'échéance et le montant sont fixés de façon précise (art. 321-4 du PCG)
- **Un passif éventuel** n'est pas comptabilisé au bilan, mais il est mentionné dans l'annexe (art. 321-6 du PCG). Il s'agit :
  – soit d'une obligation ni probable ni certaine ;
  – soit d'une obligation probable dont la sortie de ressources n'est pas probable.
- Le PCG laisse le choix aux entreprises de :
  – comptabiliser une provision pour gros entretien ou grandes révisions, (on débite le compte 6815 et on crédite le 1572) ;

– les dépenses sont considérées comme un composant de 2e catégorie dès l'acquisition avec un plan d'amortissement propre.

	Dette	**Charges à payer**	**Provision**
Obligation	Certaine	Certaine	Probable ou certaine
Montant	Fixé précisément	Fixé avec incertitude moindre que la provision	Non fixé précisément (avec caractère éventuel)
Échéance	Fixé précisément	Fixé avec incertitude moindre que la provision	Non fixé précisément (avec caractère éventuel)
Comptabilisation	Classe 4	Classe 4	Classe 1
Exemple	Dette fournisseur suite à l'enregistrement d'une facture d'achat	Congés payés et charges sociales correspondantes dus au personnel à la clôture	Provision pour garantie donnée aux clients

Cas Risque

Dossier 1 Provision pour litige

Mission

Un litige entre la société MARTIN et son client ELLIPSON. Sur les informations de son avocat la société MARTIN avait constitué en décembre N une provision de 10 000 €. Des nouvelles informations permettent de prévoir une aggravation, elle a porté la provision à 12 000 € au 31 décembre N+1.

Le 11 mars N+2, le jugement condamne la société MARTIN à verser 9 000 € en dommages et intérêts à son client ELLIPSON. Pour réaliser cette mission, vous devez :

1. Définir : une provision, une dette et un passif éventuel.
2. Passez les écritures de décembre N et décembre N+1.
3. Passez l'écriture de l'année N+2.
4. Quelle est l'incidence de ce jugement sur l'exercice N+2.

Dossier 2 Provision pour gros entretiens ou grandes révisions

Mission

La société DCG a acheté une machine début janvier N pour 5 millions d'euros, durée d'utilisation : 10 ans ; doit subir une révision tous les 3 ans pour 1,2 millions d'euros. Pour réaliser cette mission, vous devez :

1. Expliquez les traitements possibles en matière du gros entretien ou des grandes révisions ?
2. Passez les écritures :
   Hypothèse 1 : Provision
   Hypothèse 2 : Composant de 2e catégorie

Dossier 3 Provision pour indemnité de licenciement

Mission

Les dirigeants de la société DCG ont décidé de licencier M. Diaz pour motif personnel en N+1.

Les dirigeants pensent annoncer le licenciement au salarié début février N+1. L'indemnité sera versée le 30 avril N+1 par chèque n° 437.

Les comptes de l'exercice N sont établis courant mai N+1.

La rémunération moyenne des 3 mois précédent la rupture du contrat de travail est de 2 000 € (qui est plus avantageux que 1/12 de la rémunération des 12 derniers mois). Le préavis est 2 mois.

Début février N+1, M. Diaz aurait travaillé 6 ans et 4 mois.

D'après l'article R. 1234-2 du code du travail, l'indemnité minimum légale est égale à 1/5 de mois par année d'ancienneté, auquel s'ajoute 2/15 de mois par année au-delà de 10 ans d'ancienneté (les années incomplètes sont retenues au prorata du nombre de mois de présence, et il est tenu compte de la durée de préavis). Pour réaliser cette mission, vous devez :

1. Calculez le montant minimum légal de l'indemnité de ce licenciement.
2. Quelle est la règle comptable en cas de licenciement non annoncé à la clôture ?
3. Passez les écritures au 31/12/N et au 30/04/N+1.

Solution

Dossier 1 : provision pour litige

1. Définitions

Une provision est un passif dont l'échéance ou le montant n'est pas fixé de façon précise (art. 321-5 du PCG)

Une dette est un passif certain dont l'échéance et le montant sont fixés de façon précise (art. 321-4 du PCG)

Un passif éventuel n'est pas comptabilisé au bilan, mais il est mentionné dans l'annexe (art. 321-6 du PCG). Il s'agit :

- soit d'une obligation ni probable ni certaine ;
- soit d'une obligation probable dont la sortie de ressources n'est pas probable.

2. Les écritures

		31/12/N		
687		DAP exceptionnelles	10 000	
	1511	Provisions pour litiges		10 000
		31/12/N+1		
687		DAP exceptionnelles	2 000	
	1511	Provisions pour litiges (12 000 – 10 000)		2 000
		11/03/N+2		
671		Charges exceptionnelles	9 000	
	512	Banque *Paiement des dommages et intérêts*		9 000
		31/12/N+2		
1511		Provisions pour litiges	12 000	
	787	Provisions pour litiges		12 000

3. Incidence sur l'exercice N+2

Il y a un produit exceptionnel de 12 000 et une charge exceptionnelle de 9 000. Le résultat exceptionnel va augmenter de 12 000 – 9 000 = 3 000

Dossier 2 : provision pour gros entretiens ou grandes révisions

1. Les traitements possibles

Le PCG laisse le choix aux entreprises de :

- comptabiliser une provision pour gros entretien ou grandes révisions, (on débite le compte 6815 et on crédite le 1572) ;
- les dépenses sont considérées comme un composant de 2e catégorie dès l'acquisition avec un plan d'amortissement propre.

Les conditions pour comptabiliser une provision sont :

- l'existence d'une obligation ;
- la sortie de ressources probable

On distingue les composants de 1re catégorie : éléments remplacés périodiquement et composants de 2e catégorie : ce sont les travaux périodiques d'entretien ou de révision sans remplacement d'un élément important.

2. Les écritures

Hypothèse 1

		01/01/N		
2154		Matériels Industriels	5000000	
44562		TVA déductible sur immobilisations	1000000	
	404	Fournisseurs d'immobilisations		6000000
		31/12/N+1		
6811		DAP exceptionnelles	500000	
	28154	Amortissements Matériels		50000
6815		Dotations aux provisions	400000	
	1572	Provisions pour grandes révisions		400000
		Début/N+3		
615		Entretien et réparations	1200000	
	401	Fournisseurs		1200000
		31/12/N+3		
1572		Provisions pour grandes révisions	1200000	
	7815	Reprises sur provisions		1200000

Hypothèse 2

		01/01/N		
21541		Matériels Industriels (structure)	3800000	
21542		Matériels Industriel (composant révision)	1200000	
44562		TVA déductible sur immobilisations	1000000	
	404	Fournisseurs d'immobilisations		6000000
		31/12/N		
6811		DAP exceptionnelles	780000	
	281541	Amortissements structure		38000
	281542	Amortissements composant		400000
		Début/N+3		
281542		Amortissements composant	1200000	
	21542	Matériels Industriel (composant révision)		1200000
21542		Matériel Composant	1200000	
44562		Provisions pour grandes révisions	240000	
	404	Fournisseurs d'immobilisations *Entrée de nouveau composant*		1440000

Dossier 3 : provision pour indemnité de licenciement

1. **Le montant minimum légal de l'indemnité de ce licenciement**

La rémunération moyenne des 3 mois précédent la rupture du contrat de travail est de 2 000 €.

Début février N+1, M. Diaz aurait travaillé 6 ans et 4 mois, auxquels il faut ajouter les 2 mois de préavis.

Le montant de l'indemnité est 2 000 × 1/5 × (6 + 6/12) = 2 600 €

N.B.

Le supplément de 2/15 n'est pas dû car l'ancienneté est inférieure à 10 ans

2. La règle comptable en cas de licenciement non annoncé à la clôture

Pour que l'indemnité soit enregistrée en provision, il faut que le licenciement soit annoncé au salarié, ce que suppose au moins que ce dernier ait reçu avant la clôture sa convocation à l'entretien préalable.

3. Les écritures au 31/12/N et au 30/04/N+1

Au 31/12/N, aucune écriture n'est à comptabiliser car l'annonce n'a pas été faite à la clôture. L'information à l'annexe n'apparaît pas nécessaire puisque la continuité de l'exploitation n'est pas remise en cause et que les incidences financières de ce licenciement ne sont pas significatives.

		30/04/N+1		
6414		Indemnités et avantages divers	2600	
	512	Banque *Chèque n° 437, règlement de l'indemnité*		2600

Fiche 13

Rattachements optionnels

Schéma de synthèse

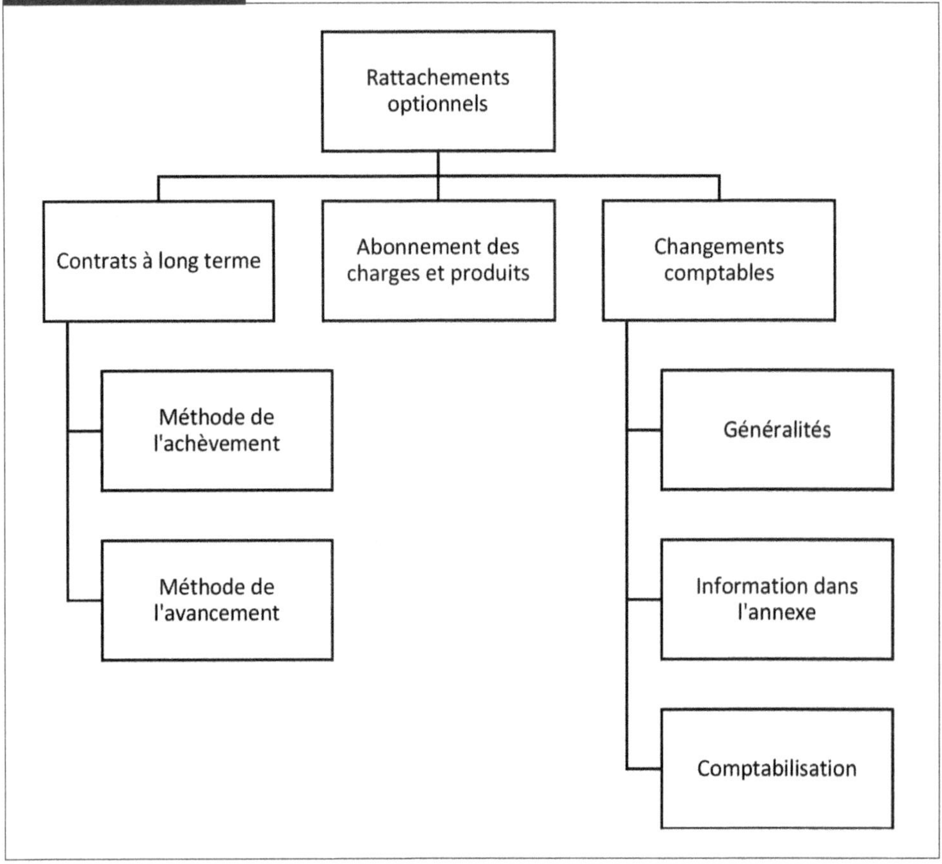

Les entreprises sont autorisées d'étaler certaines charges (frais d'établissement, charges à répartir sur plusieurs exercices, primes de remboursement d'obligations et certains produits (contrats à long terme) sur les exercices à venir.

I. Contrats à long terme

Selon l'article 622-1 du PCG : « un contrat à long terme est un contrat d'une durée généralement longue, spécifiquement négocié dans le cadre d'un projet unique portant sur la construction, la réalisation ou, le cas échéant, la participation en qualité de sous-traitant à la réalisation d'un bien, d'un service ou d'un ensemble de biens ou services fréquemment complexes, dont l'exécution s'étend sur au moins deux périodes comptables ou exercices. Le droit de l'entité à percevoir des revenus contractuels est fonction de la conformité au contrat du travail exécuté. »

Selon l'avis n° 99-10 du CNC (devenu ANC depuis 2009), un contrat à long terme présente simultanément les trois caractéristiques suivantes :
- Il est spécifiquement négocié ;
- Il porte sur la construction ou la réalisation d'un bien ou d'un service ou d'un ensemble complexe de biens ou de services ;
- Il prévoit que le droit de l'entité à percevoir les revenus contractuels est fonction de la conformité au contrat du travail exécuté. Les revenus dépendent de l'avancement des travaux.

Le PCG autorise deux méthodes.

1. Méthode de l'achèvement

Elle consiste à constater les produits seulement quand le contrat est terminé. Dans cette méthode aucun résultat n'est dégagé puisque le contrat n'est pas terminé. Elle n'a pas d'incidence sur le compte de résultat de l'exercice en cours. Les en-cours sont valorisés au coût de production et constatés à la clôture de chaque exercice.
335 à 71335 (il faut prendre le compte de stock approprié).
Si une perte globale est probable en fin de contrat, une provision doit être constatée. Pour l'évaluation de la provision, il faut distinguer si le contrat est qualifié de marginal ou non.
Un contrat est marginal s'il ne constitue pas un élément prépondérant de l'activité et si la marge sur les autres contrats permet de couvrir les frais généraux.
La perte totale peut se répartir en dépréciation des travaux en cours (limitée au pourcentage de coût des travaux réalisés au 31/12/N par rapport au coût total) et en provision pour risques.
On débite les comptes 6817 et 6815 et on crédite les comptes 39 et 1516.

2. Méthode de l'avancement

A. Conditions d'utilisation de la méthode de l'avancement

Seuls les bénéfices réalisés à la clôture peuvent être inscrits dans les comptes, à condition que :

- L'opération soit acceptée par le cocontractant
- Sa réalisation soit certaine et qu'il existe des instruments de gestion permettant d'évaluer avec une sécurité suffisante le bénéfice global de l'opération.

Dans cette méthode les produits sont calculés au fur et à mesure de l'avancement des opérations. Elle conduit à une meilleure information est considérée comme **méthode de référence.**

B. Les conditions de la fiabilité des estimations

Selon l'article 622-5 du PCG : la capacité à estimer de façon fiable le résultat à terminaison repose sur les trois critères suivants :

- La possibilité d'identifier clairement le montant total des produits du contrat ;
- La possibilité d'identifier clairement le montant total des coûts imputables au contrat ;
- L'existence d'outils de gestion, de comptabilité analytique et de contrôle interne permettant de valider le pourcentage d'avancement et de réviser, au fur et à mesure de l'avancement, les estimations de charges, de produits et de résultat.

Si l'entité est en mesure d'estimer de façon fiable le résultat à terminaison, le résultat est constaté en appliquant un pourcentage d'avancement.

Ce pourcentage est déterminé :

- Soit par le rapport : coûts des travaux exécutés à la clôture de N/coût total prévisionnel à terminaison.
- Soit par des mesures physiques ou études permettant d'évaluer le volume des travaux ou services exécutés.

Si l'entité n'est pas en mesure d'estimer de façon fiable le résultat à terminaison, aucun profit n'est dégagé.

Le manque de fiabilité des prévisions interdit de rattacher une fraction de résultat à l'exercice, les produits doivent être limités au montant des charges engagées.

Le complément de perte non encore réalisé (perte globale prévisionnelle – perte dégagée à la clôture de l'exercice) doit être comptabilisé en provision pour risque 6815 à 1518.

L'écriture comptable est : 4181 à 7... et 44587 TVA sur facture à établir

II. Abonnement des charges et produits

Selon l'article 944-48 du PCG, les charges et les produits pouvant faire l'objet d'un abonnement sont « les charges et les produits dont le montant peut être connu ou fixé d'avance avec une précision suffisante ».
Les entreprises ont la possibilité de mettre en place la méthode de l'abonnement des charges et des produits en ouvrant des comptes de régularisation (4486 ou 4487) afin de répartir des charges et des produits connus ou fixés d'avance sur l'ensemble de l'exercice.
Intérêt : elle rend possible la détermination d'un résultat comptable par période (permet d'avoir un meilleur suivi et pilotage de l'activité) et permet la mise en place d'un système de *reporting* périodique.
Cette répartition facilite également la liaison entre la comptabilité générale et la comptabilité analytique dans laquelle les résultats sont déterminés mensuellement.
Les charges et les produits répartis par abonnement sont enregistrés dans les comptes 4886 et 4887.
Dans le cas des charges, le compte 4886 est crédité par le débit du compte concerné de la classe 6.
En fin d'exercice, le compte 4886 (ou 4887) est soldé par le compte de charges (ou de produits) concerné.

III. Changements comptables

1. Généralités

L'article 121-5 du PCG précise désormais que « les méthodes comptables sont les principes, règles et pratiques spécifiques appliqués par une entité lors de l'établissement des comptes annuels »

Le changement de méthode comptable n'est possible que :
– S'il existe un choix entre plusieurs méthodes ;
– Que la modification apportée conduit à une meilleure information financière.

C'est le règlement ANC n° 2018-01 du 20 avril 2018, homologué par arrêté du 8 octobre et publié au journal officiel du 9 octobre qui traite des changements comptables, qui ne peuvent être qu'exceptionnels conformément au principe de permanence des méthodes. Ils distinguent trois catégories de changements comptables :

A. Changement de méthodes comptables

Il résulte :
- Soit d'un remplacement d'une méthode par une autre lorsqu'une option implicite ou explicite existe ;
- Soit d'un changement de réglementation.

Les changements de méthode comptable sont ceux qui concernent :
- Les méthodes d'évaluation et de comptabilisation ;
- Les méthodes de présentation des comptes.

Ils ne sont autorisés que dans deux cas :
- Changement de réglementation et il existe un choix entre plusieurs méthodes ;
- Obtention d'une meilleure information financière.

L'adoption d'une méthode de référence conduisant par définition à une meilleure information (PCG 120-4). Le PCG définit comme méthodes de référence les méthodes comptables suivantes :
- Enregistrement en charges des frais de constitution, de transformation et de premier établissement ;
- Imputation des frais d'augmentation de capital sur la prime d'émission ;
- Comptabilisation des coûts de développement dans les immobilisations incorporelles ;
- Dotation d'une provision pour les engagements de retraite ;
- Application de la méthode d'avancement pour les contrats à long terme.

Si une méthode de référence est adoptée, elle est pratiquement irréversible, il est en effet peu probable, même en cas de changement exceptionnel de situation, qu'une autre méthode améliore l'information.

B. Changement d'estimation et de modalités d'application

Une estimation est révisée si les circonstances sur lesquelles elle était fondée sont modifiées par suite de nouvelles informations ou d'une meilleure expérience. Par exemple une nouvelle estimation de la durée de vie d'une immobilisation conduit à modifier les annuités d'amortissement futures.
Le règlement Anc n° 2018-01 donne une définition d'une estimation : « les estimations comptables sont le résultat de l'exercice du jugement et de la mise en œuvre d'hypothèse dans l'application d'une méthode comptable ».

C. Correction d'erreurs

Elle résulte d'erreurs, d'omissions matérielles ou d'interprétation erronée adoption d'une méthode comptable non admise.
Il s'agit des cas des modifications des écritures comptables suite à une mauvaise comptabilisation.

2. Information dans l'annexe

Selon l'article 831-1.4, doivent figurer dans l'annexe les informations suivantes lorsqu'elles sont significatives.

– Justification du changement de méthode ;
– Effets sur les résultats et les capitaux propres des exercices précédents en cas d'application rétrospective, sur les résultats de l'exercice en cas d'application prospective.

L'annexe doit indiquer la nature des erreurs corrigées au cours de l'exercice.

3. Comptabilisation

L'application de la nouvelle méthode ne peut avoir pour effet de modifier les comptes des exercices antérieurs. Le bilan clos avant le changement de méthode ne peut être affecté par celui-ci (principe d'intangibilité du bilan d'ouverture).
L'impact du changement déterminé à l'ouverture, après effet d'impôt, est imputé en report à nouveau dès l'ouverture de l'exercice.
Toutefois, en raison de l'application de règles fiscales, l'entreprise peut être amenée à comptabiliser l'impact du changement dans le compte de résultat pour ses comptes individuels.

Ce qu'il faut retenir

- La méthode à l'achèvement consiste à comptabiliser le chiffre d'affaires et le résultat à terme de l'opération ;
- La méthode à l'avancement consiste à comptabiliser le chiffre d'affaires et le résultat au fur et à mesure de l'avancement des contrats.
- Selon l'article 622-7 du PCG : **la méthode à l'avancement** conduisant à une meilleure information, est considérée comme **méthode de référence.**
- Pour information : La notion de « **méthode préférentielle** » a été remplacée par la notion de « **méthode de référence** ». Cette modification s'applique aux exercices ouverts en 2018, selon le règlement de l'ANC du 20/04/2018, homologué le 08/10/2018 et publié au JO le 09/10/2018.
- Dans le cas d'un contrat bénéficiaire, les différences entre la méthode à l'achèvement et la méthode à l'avancement en ce qui concerne la présentation du bilan et du compte de résultat sont.

Achèvement	Avancement
Des stocks d'encours sont inscrits au bilan	Des créances clients (factures à établir) sont inscrites au bilan
Des variations de stocks apparaissent dans le compte de résultat	Un CA partiel apparaît en produit dans le compte de résultat
Le résultat en cours d'opération est nul	En cours d'opération, un résultat partiel à l'avancement est constaté au compte de résultat

- Selon l'article 622-3 du PCG, deux mesures du pourcentage d'avancement peuvent être retenues :
  - Le rapport entre les coûts des travaux et services exécutés et acceptés à la date de clôture et le total prévisionnel des coûts d'exécution du contrat ;
  - Les mesures physiques ou études permettant d'évaluer le volume des travaux ou services exécutés.
- Selon l'article 622-4 « Si l'entité retient la méthode à l'avancement mais n'est pas en mesure d'estimer de façon fiable le résultat à terminaison, aucun profit n'est dégagé. À la date de clôture, le montant inscrit en chiffre d'affaires est limité à celui des charges ayant concouru à l'exécution du contrat ».
- L'Abonnement des charges et des produits est possible **si le montant est connu ou fixé d'avance avec une précision suffisante**. Il permet un meilleur suivi et pilotage de l'activité. Cette répartition facilite également la liaison entre la comptabilité générale et la comptabilité analytique dans laquelle les résultats sont déterminés mensuellement.

- Il y a trois catégories de changements règlement ANC n° 2018-01 du 20 avril 2018 :
  - Changement de méthodes comptables ;
  - Changements d'estimations ;
  - Corrections d'erreurs.
- Le changement de méthode comptable n'est possible que :
  - S'il existe **un choix entre plusieurs méthodes** ;
  - Que la modification apportée **conduit à une meilleure information financière.**

Cas Hssouna

Dossier 1 Conséquences comptables

Mission

Votre maître d'apprentissage M. HSSOUNA vous interroge sur les conséquences comptables des cas suivants.

Cas n° 1 :

Un client du cabinet, pour les contrats à long terme, utilise la méthode de l'achèvement ; mais selon l'article 622-7 du PCG la méthode à l'avancement est la méthode préférentielle. Le client envisage de modifier la comptabilisation.

Cas n° 2 :

Une entreprise a oublié de comptabiliser en N−1, une facture d'achat de matières premières pour un montant de 15 000 €. Elle se rend compte de cette erreur le 11 mars N+1.

Cas n° 3 :

Une entreprise avait estimé la durée d'utilisation d'un équipement en se fondant sur une prévision des cadences de production. La cadence réelle est supérieure aux prévisions. Compte tenu du changement intervenu dans l'utilisation de cet équipement, son plan d'amortissement va être revu. Pour réaliser cette mission, vous devez :

1. Citez les différentes catégories de changement comptable ?
2. Analysez les trois cas présentés.

Dossier 2 Contrats à long terme

Mission

Juillet N, lancement des travaux qui doivent se terminer en N+1. Le produit attendu est estimé à 210 000 €. On considère que le contrat est marginal (d'autres contrats peuvent absorber les frais généraux). Au 31/12/N, les charges engagées (ou restant à engager) peuvent être estimées comme suit :

	N	N+1
Charges directes de production	50 000	80 000
Charges indirectes de production	20 000	36 000
Charges de distribution		14 000
Quote-part des frais généraux (ne sont pas directement rattachables)	15 000	30 000
	85 000	160 000

2e cas : supposons que le contrat se soit négocié à 180 000 €. Pour réaliser cette mission, vous devez :

Passez les écritures au 31/12/N, dans les deux cas avec les deux méthodes

Dossier 3 Contrats à long terme et changement de méthode

Mission

Votre mission est de traiter un dossier relatif à un contrat à long terme. Pour réaliser cette mission, à l'aide de document 1, vous pouvez :

1. Justifier pourquoi le contrat signé par la société est qualifié de contrat à long terme d'après les dispositions de l'article 622-1 du PCG.
2. Rappeler l'écriture relative à ce contrat au 31/12/N−1.
3. Après avoir distingué les méthodes de comptabilisation des contrats à long terme, justifier la décision de la société de changer de méthode pour ce contrat. Citer et définir le principe comptable remis en cause par la décision de la société de changer de méthode de comptabilisation.
4. Comptabiliser l'écriture relative au changement de méthode en N.
5. Indiquer les conséquences comptables qu'entraîne ce changement de méthode sur les documents de synthèse.

Document 1 – Informations sur le contrat à long terme

La société a signé, en décembre N−1, un contrat d'une durée de trois ans, à effet au premier janvier N. Les revenus contractuels seront perçus si les travaux sont conformes aux termes du contrat.

Données relatives au contrat

	31/12/N	31/12/N+1	31/12/N+2
Prix de vente ferme HT			5 000 000 €
Coût de revient total			4 400 000 €
Coût cumulé des travaux exécutés et acceptés	1 320 000 €	3 080 000 €	

La société utilise depuis toujours la méthode à l'achèvement pour comptabiliser ses contrats à long terme. Elle décide, à partir de l'exercice N+1, de changer de méthode de comptabilisation de ses contrats à long terme.

Par mesure de simplification, le taux d'IS retenu sera de 33,1/3 %.

Solution

Dossier 1 : conséquences comptables

1. Catégories de changement comptable

Il y a trois catégories de changements :

- Changement de méthodes comptables ;
- Changements d'estimations ;
- Corrections d'erreurs.

2. Analyse des cas

Cas n° 1 :

Il s'agit d'un changement de méthode comptable, résultant de l'application de la méthode de référence.

Cas n° 2 :

Il s'agit d'une correction d'erreur, résultant d'un oubli de comptabilisation d'une facture. Les corrections d'erreurs sont comptabilisées dans le résultat de l'exercice au cours duquel elles sont constatées.

Cas n° 3 :

Il s'agit d'un changement de modalités d'estimation, les conditions d'utilisation d'un actif changent. Les changements d'estimation n'ont un effet que sur l'exercice en cours et les exercices futurs.

Dossier 2 : contrats à long terme

Méthodes de l'achèvement

1er cas : contrat négocié à 210 000 €.

Le coût de revient de chantier peut être estimé à :

Dépenses N : 50 000 + 20 000 = 70 000

Dépenses N+1 : 80 000 + 36 000 + 14 000 = 130 000

Coût de revient : 70 000 + 130 000 = 200 000, le contrat est bénéficiaire.

Au 31/12/N le coût de production du chantier en cours est estimé à 70 000 €, l'écriture de variation de stock suivante est comptabilisée.

31/12/N				
335		Travaux en cours	70 000	
	71335	Variation de stocks, travaux en cours *Stock de fin d'exercice*		70 000

En N+1 la vente sera effective, on enregistre donc la vente pour 210 000 € et on contre passe l'écriture de variation de stock.

2e cas : contrat est négocié à 180 000 €, comme la charge totale est estimée à 200 000 €, le contrat est déficitaire.

La perte totale est de 200 000 – 180 000 = 20 000, peut se répartir :

Dépréciation des travaux : (20 000 × 70 000)/200 000 = 7 000 €

Provision : (20 000 × 130 000)/200 000 = 13 000 €.

Les écritures sont :

31/12/N				
335		Travaux en cours	70 000	
	71335	Variation de stocks, travaux en cours *Stock de fin d'exercice*		70 000
6817		Dotations aux dépréciations des actifs circulants	7000	
	3935	Dépréciations des travaux en cours *Provision pour stock*		7000
6815		Dotations aux provisions d'exploitation	13 000	
	1516	Provisions pour pertes sur contrats *Provision pour perte à terminaison*		13 000

Méthodes de l'avancement

1er cas : contrat négocié à 210 000 €.

1er cas : Le produit attendu est de 210 000 €, le contrat est bénéficiaire. Le degré d'avancement à la fin N est estimé à 70 000/200 000 = 35 %

Le chiffre d'affaires à constater est 210 000 × 35 % = 73 500 €, ce qui permettra de dégager une marge de 73 500 – 70 000 = 3 500.

31/12/N				
4181		Clients – factures à établir	88 200	
	704	Travaux		73 500
	44587	État, TVA sur factures à établir *Travaux à l'avancement*		14 700

Il n'y aura pas d'écriture de variation de stock

En N+1, la facture définitive sera comptabilisée et cette écriture sera contre-passée.

2e cas : Le produit attendu est de 180 000, le contrat est déficitaire. La perte globale attendue est de 200 000 – 180 000 = 20 000

Le degré d'avancement est toujours 35 %, le chiffre d'affaires à constater est de 180 000 × 35 % = 63 000 €. Ce qui permet de dégager une marge négative de 70 000 – 63 000 = 7 000 €.

31/12/N				
4181		Clients – factures à établir	75 600	
	704	Travaux		63 000
	44587	État, TVA sur factures à établir *Travaux à l'avancement*		12 600

La perte constatée correspond à la perte relative à la dépréciation du stock. Il faut comptabiliser la perte à terminaison de 20 000 – 7 000 = 13 000

31/12/N				
6815		Dotations aux provisions d'exploitation	13 000	
	1516	Provisions pour pertes sur contrats *Provision pour perte à terminaison*		13 000

Dossier 3 : contrats à long terme et changement de méthode

1. Justifier pourquoi le contrat signé par la société est qualifié de contrat à long terme d'après les dispositions de l'article 622-1 du PCG.

Est appelé contrat à long terme, un contrat d'une durée généralement longue, spécifiquement négocié dans le cadre d'un projet unique portant sur la construction, la réalisation ou, le cas échéant, la participation en qualité de sous-traitant à la réalisation, d'un bien, d'un service ou d'un ensemble de biens ou services fréquemment complexes, dont l'exécution s'étend sur au moins deux périodes comptables ou exercices. Le droit de l'entité à percevoir les revenus contractuels est fonction de la conformité au contrat du travail exécuté.

Le contrat négocié par la société est bien un contrat à long terme car :

- la durée du contrat est de 3 ans ;
- c'est un projet unique ;
- l'exécution du contrat s'étend sur au moins deux exercices (ici 3) ;
- les revenus contractuels seront perçus à la fin du contrat, quand les travaux seront terminés et conformes au contrat.

2. Rappeler l'écriture relative à ce contrat au 31/12/N.

En N, l'entreprise utilise la méthode à l'achèvement.

335		Travaux en cours	1 320 000	
	71335	Variations des en-cours de production de services *Selon tableau annexe*		1 320 000

Pas d'autre écriture car le contrat est bénéficiaire à terminaison :

5 000 000 – 4 400 000 = 600 000.

3. Après avoir distingué les méthodes de comptabilisation des contrats à long terme, justifier la décision de la société de changer de méthode pour ce contrat. Citer et définir le principe comptable remis en cause par la décision de la société de changer de méthode de comptabilisation.

La méthode à l'achèvement consiste à comptabiliser le chiffre d'affaires et le résultat au terme de l'opération. En cours d'opération, qu'il s'agisse de prestations de services ou de productions de biens, les travaux en cours sont constatés à la clôture de l'exercice à hauteur des charges qui ont été enregistrées.

La méthode à l'avancement consiste à comptabiliser le chiffre d'affaires et le résultat au fur et à mesure de l'avancement des contrats.

Justifier la décision

La société a choisi un changement de méthode à son initiative pour délivrer une meilleure information financière.

Citer et définir

Principe de permanence des méthodes

Sauf dans des cas exceptionnels, afin de donner une image fidèle du patrimoine, de la situation financière et du résultat de l'entreprise et dans les conditions prévues par un règlement de l'Autorité des normes comptables, les méthodes comptables retenues et la structure du bilan et du compte de résultat ne peuvent être modifiées d'un exercice à l'autre. Si des modifications interviennent, elles sont décrites et justifiées dans l'annexe et signalées, le cas échéant, dans le rapport des commissaires aux comptes.

4. Comptabiliser l'écriture relative au changement de méthode en N+1.

Taux d'avancement au 31/12/N du contrat : 1 320 000/4 400 000 × 100 = 30 %

Chiffre d'affaires HT à l'avancement : 5 000 000 × 0,3 = 1 500 000

01/01/N+1				
4184		Clients, facture à établir	180000	
	335	Travaux en cours		1320000
	110	Report à nouveau (1)		120000
	155	Provision pour impôt (2)		60000
	44587	État, TVA à régulariser		300000
		Changement de méthode comptable		

(1) (1 500 000 – 1 320 000) ' 2/3 (pour obtenir des capitaux propres nets d'IS)

(2) (180 000) × 1/3 (impact d'IS), accepter aussi le compte 444 ou 695

5. Indiquer les conséquences qu'entraîne ce changement de méthode sur les documents de synthèse.

Conséquences sur les documents de synthèse.

- Sur le bilan :
  - à l'actif, suppression des stocks de travaux en cours et création d'une créance clients et comptes rattachés (Clients, FAE)
  - au passif, augmentation du passif pour le résultat partiel de l'exercice précédent et la TVA à régulariser.
- Sur le compte de résultat : aucune incidence
- Sur l'annexe :
  - le changement de méthode doit être indiqué,
  - la méthode à l'avancement n'est pas une méthode de référence : son adoption doit être justifiée par la société comme conduisant à une meilleure information financière.

Fiche 14

Collectivités territoriales

Schéma de synthèse

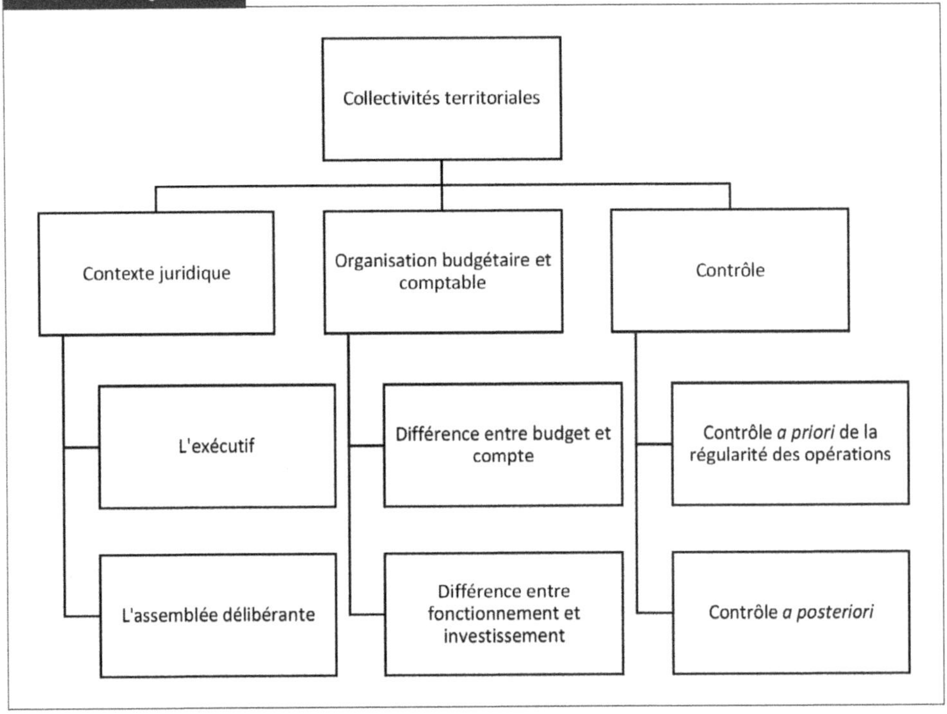

Les comptes des collectivités sont régis par les instructions budgétaires et comptables M14 (communes), M52 (départements) et M71 (régions) du ministère de l'économie et des finances. Ces instructions recherchent l'alignement sur le PCG, tout en tenant compte des spécificités des collectivités locales (missions de service public, financement par l'impôt, budget présenté et équilibré en deux sections, séparations des fonctions d'ordonnateur et de comptable…).

I. Contexte juridique

Les collectivités territoriales sont les régions, les départements et les communes. Elles sont administrées par un exécutif ordonnateur des dépenses et une assemblée délibérante qui vote les budgets a priori et les comptes établis a posteriori.

1. L'exécutif

Le maire (commune) : il prépare et propose le budget annuel communal, il exécute les délibérations du conseil municipal, il administre les biens communaux et il signe les contrats en sa qualité d'ordonnateur des dépenses.
Le président du conseil général (département) : il prépare et exécute les délibérations du conseil général, il prépare le budget et il est ordonnateur des dépenses du département et il gère le domaine départemental.
Le président du conseil régional (région) : il prépare et exécute le budget de la région, il est ordonnateur des dépenses et il gère le patrimoine régional.

2. L'assemblée délibérante

Le conseil municipal (commune), le conseil général (département), le conseil régional : élisent le chef de l'exécutif et ses adjoints et votent le budget annuel de la collectivité.

II. Organisation budgétaire et comptable

1. Différence entre budget et compte

Le budget est l'acte fondamental qui encadre les opérations financières de la collectivité. Il est établi a priori et l'ordonnateur (l'exécutif) n'a le droit d'ordonnancer une dépense que si elle est prévue au budget tant par sa nature que par son montant. Par exemple, le budget d'une commune est un acte de prévision : il est l'inventaire des recettes venant financer l'ensemble du programme des dépenses d'un exercice. C'est un acte d'autorisation : par son vote, le conseil municipal autorise le maire à exécuter le budget dans la limite des crédits inscrits.

Les comptes enregistrent a posteriori les opérations effectuées. Il y a :
- Le compte administratif est tenu sous la responsabilité de l'ordonnateur qui y enregistre les dépenses et les recettes qu'il ordonne.
- Le compte de gestion est tenu par le comptable public qui effectue les paiements et encaisse les recettes, ordonnancés par l'ordonnateur.

2. Différence entre fonctionnement et investissement

La section de fonctionnement comprend les recettes et les dépenses des opérations de gestion courante.
La section d'investissement comprend les dépenses et recettes suivantes : acquisitions foncières, constructions et travaux divers, les emprunts et leur remboursement, les dotations et subventions d'équipement de l'État, le produit des cessions d'immobilisations...

III. Contrôle

1. Contrôle a priori de la régularité des opérations

Il est assuré par une procédure de contrôle interne fondée sur la séparation des fonctions, en l'occurrence celle de l'ordonnateur (qui émet les titres de recettes et les mandats de paiement, il tient une comptabilité d'engagement, par définition, il ne peut pas engager plus de crédit que ce qui est prévu au budget) à celle de comptable public chargé d'exécuter les paiements et les encaissements. Il vérifie les dépenses, les pièces justificatives. Il contrôle si sur la ligne budgétaire correspondante, il dispose des fonds nécessaires pour les régler. Dès lors que le comptable détecte une illégalité, le paiement est rejeté. Avant d'encaisser les recettes, il vérifie qu'elles sont bien imputées sur les lignes budgétaires qui leur correspondent. Les comptables publics engagent leur responsabilité pécuniaire et personnelle sur les paiements qu'ils effectuent.

2. Contrôle a posteriori

A. Contrôle du préfet

Après leur vote les budgets sont transmis au préfet qui exerce un contrôle de légalité (conditions d'élaboration, d'adoption et de présentation des documents) et un contrôle budgétaire (respect des règles de gestion : calendrier, équilibre budgétaire, inscription des dépenses obligatoires).

B. Contrôle de la chambre régionale des comptes (CRC)

Elle a trois missions :
- Jugement des comptes des comptables publics : c'est un contrôle de régularité des opérations faites par les comptables publics.
- Contrôle budgétaire : il intervient lorsque le budget a été adopté en dehors des délais prévus (après le 31 mars), lorsque le budget a été en déséquilibre, en cas de défaut d'inscription d'une dépense obligatoire. À chaque fois, la CRC est saisie par le préfet et doit fournir des propositions ;

– Contrôle de gestion : Il vise à examiner la régularité et la qualité de la gestion.

Il existe deux plans comptables, fixés par l'instruction M14 :
– Développé, applicable aux communes de 500 habitants et plus ;
– Abrégé, applicable aux communes de moins de 500 habitants.

Ce qu'il faut retenir

- Le budget est l'acte par lequel sont prévues et autorisées par l'assemblée délibérante les recettes et dépenses d'un exercice. Il se compose d'une section de **fonctionnement**, qui retrace les dépenses et recettes nécessaires au fonctionnement courant de la collectivité, et d'une section **d'investissement**, relative aux opérations d'investissement et leur financement.
- Le budget décrit **les recettes et dépenses futures** ; il est en ce sens un outil de prévision.
- Une fois établi, le budget est voté par l'assemblée délibérante et seules peuvent être engagées les dépenses qui y sont inscrites ; **le vote du budget constitue donc autorisation de dépense.**
- Les comptes retracent a posteriori l'exécution du budget après enregistrement des opérations réalisées. Deux personnes sont chargées de la tenue des comptes des collectivités territoriales.
  - **L'ordonnateur**, retrace l'exécution du budget. Il récapitule les recettes et dépenses effectivement réalisées et permet de contrôler la bonne exécution du budget.
  - **Le comptable public**, retrace l'ensemble des dépenses et recettes de l'exercice, avec leur contrepartie.
- Les structures chargées du contrôle externe de la comptabilité des collectivités territoriales sont la **préfecture** et la **chambre régionale** des comptes qui sont chargées du contrôle externe de la comptabilité d'une commune.
- **Les missions respectives de l'ordonnateur et du comptable public.**
- L'ordonnateur, prépare le budget et il est l'ordonnateur des dépenses. Il émet les titres de recettes et les mandats de paiement. Lorsqu'un service engage une dépense, il lui faut tout d'abord obtenir l'autorisation. Il tient une comptabilité d'engagement, par définition, il ne peut pas engager plus de crédit que ce qui est prévu au budget.
- Le comptable public vérifie les dépenses, les pièces justificatives. Il contrôle si sur la ligne budgétaire correspondante, il dispose des fonds nécessaires pour les régler.
- Avant d'encaisser les recettes, il vérifie qu'elles sont bien imputées sur les lignes budgétaires qui leur correspondent.
- Il tient une comptabilité en partie double à partir des documents transmis par l'ordonnateur.

Cas Chems

D'après sujet DCG

Mission

Dans le cadre de la modernisation de son outil de production, la SA CHEMS a bénéficié d'une subvention de la Région Lorraine. Soucieuse de renforcer la compétitivité des entreprises et de développer le tissu économique local, la Région a en effet mis en place plusieurs dispositifs d'aide aux entreprises. La Région tient une comptabilité, conformément aux dispositions de l'instruction M71. Les collectivités territoriales élaborent deux sortes de documents : les budgets et les comptes.

Pour réaliser cette mission, vous devez :

1. Rappeler la définition du budget. Quelles sont les deux sections prévues dans les budgets des collectivités territoriales ?
2. Pourquoi peut-on dire que le budget est à la fois un outil de prévision et un outil d'autorisation ?
3. Préciser le nom et le rôle des personnes chargées de la tenue des comptes des collectivités territoriales.
4. Quelles sont les deux structures chargées du contrôle externe de la comptabilité des collectivités territoriales ?

Solution

1. Rappeler la définition du budget. Quelles sont les deux sections prévues dans les budgets des collectivités territoriales ?

Le budget est l'acte par lequel sont prévues et autorisées par l'assemblée délibérante **les recettes et dépenses d'un exercice.** Il se compose d'une section de **fonctionnement,** qui retrace les dépenses et recettes nécessaires au fonctionnement courant de la collectivité, et d'une section **d'investissement**, relative aux opérations d'investissement et leur financement.

2. Pourquoi peut-on dire que le budget est à la fois un outil de prévision et d'autorisation ?

Le budget décrit **les recettes et dépenses futures** ; il est en ce sens un outil de prévision.

Une fois établi, le budget est voté par l'assemblée délibérante et seules peuvent être engagées les dépenses qui y sont inscrites ; **le vote du budget constitue donc autorisation de dépense**.

3. Préciser le rôle des deux personnes chargées de la tenue des comptes des collectivités territoriales

Les comptes retracent a posteriori l'exécution du budget après enregistrement des opérations réalisées. Ils sont au nombre de deux :

- L'**ordonnateur,** retrace l'exécution du budget. Il récapitule les recettes et dépenses effectivement réalisées et permet de contrôler la bonne exécution du budget.
- Le **comptable public**, retrace l'ensemble des dépenses et recettes de l'exercice, avec leur contrepartie.

4. Quelles sont les deux structures chargées du contrôle externe de la comptabilité des collectivités territoriales ?

Ce sont la **préfecture** et la **chambre régionale** des comptes qui sont chargées du contrôle externe de la comptabilité d'une commune.

Fiche 15

Les associations

Schéma de synthèse

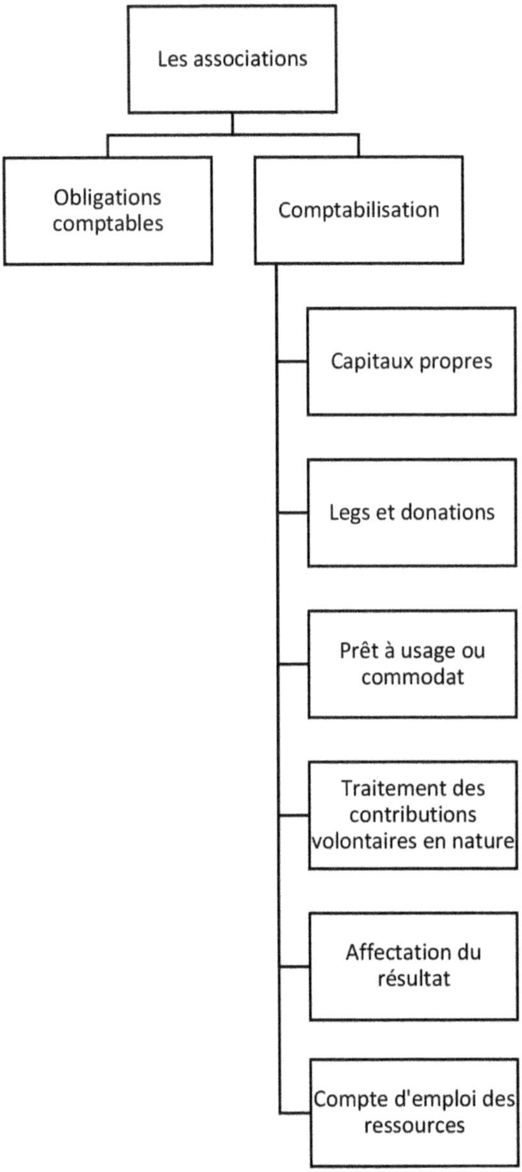

I. Obligations comptables

Les associations déclarées ne sont pas astreintes à la tenue d'une comptabilité. La comptabilité s'avère indispensable pour les besoins internes de la gestion et du contrôle et pour une bonne information des membres de l'association et des organismes prêteurs.

Des nombreuses associations sont obligées à présenter des comptes :

- Associations ayant une activité économique dépassant à la fin de l'année deux des trois critères suivants : 50 salariés ; 3 100 000 € de CA HT ou de ressources ; 1 550 000 € pour le total du bilan ;
- Associations reconnues d'utilité publique, cette reconnaissance n'est accordée que si l'association produit notamment à l'appui de sa demande les comptes financiers de ses trois exercices et s'engage dans ses statuts à tenir une comptabilité faisant apparaître un compte de résultat et un bilan ;
- Associations recevant des subventions publiques dont le montant annuel total dépasse 153 000 €, sont tenues de nommer un commissaire aux comptes et donc de tenir une comptabilité ;
- Associations recevant pour un montant annuel > 153 000 € des dons ouvrant droit à un avantage fiscal ;
- Associations recevant une aide supérieure à 23 000 € ou représentant plus de 50 % de leurs ressources, la loi du 12 avril 2000 prévoit qu'un rapport financier, comprenant charges et produits et évaluation des contributions volontaires en nature soit établi. Par ailleurs le code général des collectivités territoriales prévoit que les départements doivent annexer à leur budget le bilan certifié conforme des associations ayant reçu une subvention représentant plus de 50 % de leur budget ou supérieure à 75 000 € ;
- Associations et fondations faisant appel à la générosité publique sont tenues d'établir un compte d'emploi annuel des ressources collectées auprès du public, qui précise l'affectation des dons par type de dépenses (but). Ce compte d'emploi doit être joint à l'annexe des comptes de l'association. Son objectif : information du public.

II. Comptabilisation

1. Capitaux propres

Le plan comptable des associations appelle le compte 10 du plan de comptes, non pas capital et réserves comme le fait le PCG, mais fonds associatifs et réserves et pour les fondations fonds propres et réserves. On trouve :

102- Fonds associatifs sans droit de reprise

103- Fonds associatifs avec droit de reprise

106- Réserves

11- Éléments en instance d'affectation

Les fonds associatifs sans droit de reprise sont classés au passif à la rubrique des fonds propres.

Les fonds associatifs avec droit de reprise sont classés au passif à la rubrique des autres fonds associatifs. Les amortissements sont comptabilisés conformément au PCG. S'il s'agit de biens amortissables qu'il n'est pas prévu de renouveler à l'issue de leur durée d'utilisation, le compte 103 doit être débité, chaque année, par le crédit du compte 758- Produits divers de gestion courante (pour reprendre la dotation).

Le règlement 99-01 du 16 février 1999 distingue quatre comptes pour enregistrer les subventions :

Les subventions de fonctionnement (compte 74), lorsque la subvention n'a pu être utilisée en totalité (projet n'est pas complètement réalisé), la fraction non encore utilisée est inscrite au débit du compte 689- Engagements à réaliser sur ressources affectées et au crédit du compte 19- Fonds dédiés. Les fonds dédiés sont réintégrés aux résultats des exercices suivants, au rythme de réalisation des engagements, par le crédit du compte 789- Report des ressources non utilisées des exercices antérieurs. Une information est donnée dans l'annexe

Les subventions d'investissement affectées à des biens renouvelables sans droit de reprise (compte 1026)

Les subventions d'investissement affectées à des biens renouvelables avec droit de reprise (compte 1036)

Les subventions d'investissement affectées à des biens non renouvelables sont inscrites conformément aux règles générales du PCG compte 13 et reprises au compte de résultat au rythme de l'amortissement du bien.

2. Legs et donations

Enregistrement en engagements hors bilan dès la date de l'autorisation administrative dans le compte 475 : legs et donations en cours de réalisation. Solde du compte 475 lors de la réalisation définitive du bien.

Legs et donations qui correspondent à des biens durables mis à la disposition de l'association ou de la fondation pour réaliser son objet social sont considérés comme des apports au fonds associatif (compte 1025 ou 1035 avec droit de reprise).

Sans droit de reprise : inscription en fonds associatifs (équivalent au capital des sociétés) s'il s'agit d'un bien utilisé durablement et en résultat dans le cas contraire ;

Avec droit de reprise (c à d mise à disposition provisoire) inscription en fonds associatifs complétée par l'enregistrement de charges ou provisions permettant de remplir les obligations par rapport à l'apporteur.

3. Prêt à usage ou commodat

C'est un contrat par lequel le propriétaire d'un bien (généralement immobilier) laisse la gestion de ce bien à une association et se contente de contrôler l'orientation de l'utilisation et la manière dont il est entretenu et conservé par l'association. Le bien est inscrit au débit du compte d'actif 228- Immobilisations grevées de droits et on crédite le compte 229- Droits des propriétaires. L'amortissement est constaté en débitant le compte 229 par le crédit du compte 228.

4. Traitement des contributions volontaire en nature

Les contributions volontaires sont, par nature, effectuées à titre gratuit. Elles correspondent aux bénévolats, aux mises à disposition de personnes par des entités tierces ainsi que des biens meubles ou immeubles. Dès que ces contributions présentent un caractère significatif, elles font l'objet d'une information dans l'annexe portant sur leur nature et leur importance.
Si l'association ou la fondation dispose des informations quantifiables, elle peut opter pour un enregistrement en comptabilité dans les comptes de la classe 8. On débite le 86- Emplois des contributions volontaires en nature (861 : mise à disposition gratuite de biens, 862 : prestations, 864 : personnel bénévole) et on crédite le 87- Contributions volontaires en nature (870 : Bénévole, 871 : Prestations en nature, 875 : Dons en nature).

5. Affectation du résultat

Le résultat positif est un excédent et le résultat négatif c'est un déficit.

Le résultat comptable comprend :
- Le résultat définitivement acquis
- Pour certaines associations (Ets et services sanitaires et sociaux), des résultats pouvant être repris par un tiers financeur (compte 115, résultat sous contrôle des tiers financiers, parfois nommé résultat en instances.

Le résultat définitivement acquis peut être affecté en réserves ou report à nouveau (pas le résultat sous contrôle). Aucun résultat ne peut être attribué aux adhérents qui n'ont aucun droit individuel sur celui-ci car toute association est sans but lucratif.
Dans le cadre d'une association la distribution est impossible légalement. Toutefois, après affectation du résultat aux réserves prévues par les statuts, le solde peut être affecté pour tout ou partie à un projet associatif.

6. Compte d'emploi des ressources

Ce sont les associations (et fondations) faisant appel à la générosité du public qui doivent établir ce document.
Le but est de préciser l'affectation des dons par type de dépenses.
Son **objectif** est d'informer le public à quoi les dons ont servi.

Ce qu'il faut retenir

- Seules certaines associations sont soumises à l'obligation de présenter des comptes annuels :
  - Associations ayant une activité économique dépassant à la fin de l'année deux des trois critères suivants : 50 salariés ; 3 100 000 € de CA HT ou de ressources ; 1 550 000 € pour le total du bilan ;
  - Associations recevant des subventions publiques dont le montant annuel total dépasse 153 000 €, sont tenues de nommer un commissaire aux comptes et donc de tenir une comptabilité ;
  - Associations recevant pour un montant annuel > 153 000 € des dons ouvrant droit à un avantage fiscal ;
  - Etc.
- Le PCG n'est pas directement applicable aux associations, elles doivent se conformer aux dispositions du plan comptable des associations.
- L'apport sans droit de reprise implique **la mise à disposition définitive d'un bien.** Pour être inscrit en fonds associatifs, cet apport doit correspondre à un **bien durable utilisé pour les besoins propres de l'organisme.** Dans le cas contraire, il est inscrit au compte de résultat.
- L'apport avec droit de reprise implique **la mise à disposition provisoire d'un bien au profit de l'organisme. La convention fixe les conditions et modalités de reprise du bien** (bien repris en l'état, bien repris en valeur à neuf, etc.). Cet apport est enregistré en fonds associatifs. En fonction des modalités de reprise, l'organisme doit **enregistrer les charges et provisions** lui permettant de remplir ses obligations par rapport à l'apporteur.
- Seules les associations suivantes sont obligées de publier des comptes annuels.
  - Associations recevant des subventions publiques dont le montant annuel total dépasse 153 000 € ;
  - Associations recevant pour un montant annuel > 153 000 € des dons ouvrant droit à un avantage fiscal.

- Aucun résultat ne peut être attribué aux adhérents qui n'ont aucun droit individuel sur celui-ci car toute association **est sans but lucratif**.
- Dans le cadre d'une association la distribution est impossible légalement.
- Seules les associations (et fondations) faisant appel à la générosité du public qui doivent établir le compte d'emploi des ressources.

Cas Haffa

Dossier 1 Mise à disposition

Mission

Le 1er janvier N, Monsieur Ly vient de mettre à disposition d'une association un matériel de bureau d'une valeur de 10 000 € amortissable en linéaire en 5 ans. Le matériel n'est pas appelé à être renouvelé après usage. (Il faut reprendre la dotation). Pour réaliser cette mission, vous devez :

1. Passez les écritures.

Dossier 2 Subvention

Mission

Une association a reçu le 15/01/N 30 000 € de la municipalité dédiée à un projet particulier. Au 31/12/N, une partie de la subvention, soit 10 000 €, n'a pas été utilisée. En N+1, 6 000 € ont été utilisés. Pour réaliser cette mission, vous devez :

1. Passez les écritures.

Dossier 3 Répartition de résultat

Mission

Une association a réalisé un bénéfice (excédent) de 20 000 € en N. Ses statuts prévoient 10 % en réserve statutaire et après affectation au projet associatif de N+1 pour 10 000 €, l'assemblée décide de répartir le solde à parts égales entre réserves et report à nouveau. Pour réaliser cette mission, vous devez :

1. Passez les écritures.

Solution

Dossier 1 : mise à disposition

		01/01		
2183		Matériel de bureau et matériel informatique	10 000	
	1034	Apports avec droit de reprise *Apport du matériel*		10 000
		31/12		
681		DAP d'exploitation	2 000	
	28183	Amortissement matériel de bureau et matériel informatique		2 000
1034		Apports avec droit de reprise	2 000	
	758	Produits divers de gestion courante *Reprise de la dotation*		2 000

Dossier 2 : subvention

		15/01		
512		Banque	30 000	
	74	Subventions d'exploitation		30 000
		31/12/N		
689		Engagements à réaliser sur ressources affectées	10 000	
	194	Fonds dédiés sur subventions de fonctionnement *Quote-part non utilisée*		10 000
		31/12/N+1		
194		Fonds dédiés sur subventions de fonctionnement	6 000	
	789	Report des ressources non utilisées des exercices antérieurs *Quote-part utilisée en N+1*		6 000

Dossier 3 : répartition de résultat

120		Résultat : bénéfice	20 000	
	1063	Réserves statutaires		2 000
	10681	Autres réserves		4 000
	10682	Affectation au projet associatif		10 000
	110	Report à nouveau		4 000

Fiche 16 Capital et ses variations

Schéma de synthèse

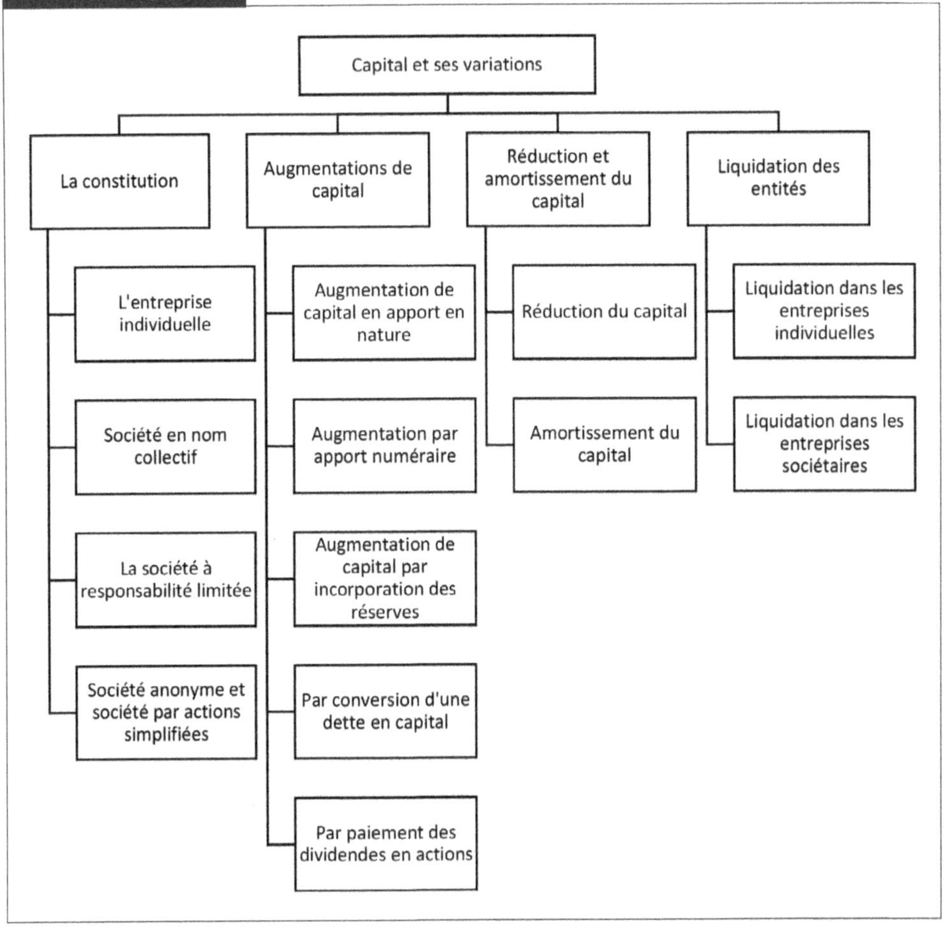

I. La constitution

La décision de créer une entreprise nécessite une réflexion approfondie sur la structure juridique à adopter ; Celle-ci conditionne le degré de liberté du créateur, mais détermine sa responsabilité, son statut social et son régime fiscal.
Le choix est également fonction des capitaux nécessaires à la création et au développement de l'entreprise.

1. L'entreprise individuelle

Elle repose sur le principe de l'unicité du patrimoine qui induit une responsabilité illimitée du chef d'entreprise malgré quelques atténuations de la loi du 11 février 1994.
L'imposition des revenus de l'activité relève de BIC.
Les apports sont enregistrés dans les comptes d'actif correspondant à la nature des biens. La contrepartie est le compte 101 capital.
Au cours de l'exercice pour les prélèvements, on débite le compte 108 compte de l'exploitant et on crédite le 512.
Au 31/12 ces prélèvements vont diminuer le capital : on débite le compte 101 et on crédite le compte 108
À la clôture de l'exercice, le résultat va augmenter le capital : on débite le compte 12 et on crédite le compte 101.

2. Société en nom collectif

Une société en nom collectif est une société dans laquelle tous les associés ont la qualité de commerçant et répondent indéfiniment et solidairement des dettes sociales.
La loi ne fixe aucune règle relative aux apports et à sa libération.

3. La société à responsabilité limitée

La responsabilité des associés est limitée à leurs apports, même chose pour le gérant (sauf en cas de faute de gestion).
Le gérant bénéficie d'un statut assimilé à celui des salariés (sauf si la gérance est majoritaire ou dans le cas d'une EURL), tant au niveau de son régime social que de l'imposition de ses revenus du travail en traitements et salaires.
Le nombre d'associés doit être compris entre 2 (un dans le cas d'une EURL) et 100 depuis l'ordonnance du 25 mars 2004.
Pour le capital minimum, le code de commerce ne fixe plus de minimum depuis la loi du 1er août 2003. Son montant, aussi faible soit-il, doit figurer dans les statuts ainsi que dans tous les papiers officiels de la SARL à destination des tiers.
Le capital minimum est librement fixé par les statuts (au moins 1 €). Il est divisé en parts sociales égales. **Les apports en nature doivent être intégralement libérés dès la constitution** et doivent faire l'objet d'une procédure spécifique de contrôle (rapport d'un commissaire aux apports : art. L. 223-9 du code de commerce). **Les apports en numéraire** doivent être libérés d'au moins **un cinquième.** La libération du reste doit intervenir en une ou plusieurs fois sur décision du gérant dans un délai maximum de 5 ans. Les statuts peuvent prévoir des souscriptions de parts sociales en industrie art. L. 223-7 du code de commerce. Donc, les apports en industrie sont possibles dans une SARL (les statuts déterminent les conditions de leur souscription).

Les apporteurs participent aux décisions collectives mais selon les dispositions du code civil art 1843-2 ces apports ne sont pas pris en compte pour la formation du capital. En conséquence, en comptabilité, ils ne donnent lieu à aucune écriture. (Idem pour la SNC).
Il est conseillé de distinguer deux catégories de comptes d'apports. 45611 apports en nature et 45615 apports et numéraire.

4. Société anonyme et société par actions simplifiée

A. Généralités

La SAS est constituée d'un ou plusieurs actionnaires, pour le capital aucun montant minimum. Elle relève obligatoirement de l'I.S. et ses dirigeants sont salariés.
Pour la S.A., le nombre minimum d'associés est de 2 et de 7 pour les sociétés cotées, son capital minimum est de 37 000 € ou 225 000 € en cas d'appel public à l'épargne.

Deux types d'apports sont possibles :
- Les apports en nature, **intégralement libérés** dès la constitution
- Les apports en numéraire, qui doivent être libérés **de moitié** dès la constitution, le reste dans un délai de 5 ans maximum.

L'existence d'apport en nature dans une SA entraîne obligatoirement la désignation d'un ou plusieurs **commissaires aux apports** par le président du tribunal de commerce statuant sur demande des fondateurs.
Désignation : il est choisi sur la liste des commissaires aux comptes ou des experts auprès des tribunaux.
Rôle : il rédige un rapport aux actionnaires dans lequel il apprécie l'évaluation des apports en nature.
Les fonds doivent être déposés chez le notaire, une banque ou à la caisse de dépôt et consignation.
Les frais de constitution, de transformation, de premier établissement, peuvent être inscrits à l'actif comme frais d'établissement.
Quelles sont les options d'enregistrement que propose le PCG ?
Les frais de constitution ne procurent aucun avantage économique futur. Ce sont des charges de l'exercice au cours duquel ils ont pris naissance. Toutefois le décret du 29 novembre 1983 non encore abrogé a permis leur étalement dans le temps.

Dès lors, un choix parmi deux méthodes est envisageable :
- Soit inscription en charges ;
- Soit inscription au compte d'actif du bilan (compte 2011)

La méthode de référence préconisée est **l'inscription au compte de charges**.
Ces frais sont amortis selon un plan et dans un délai maximum de 5 ans.

Aussi longtemps que cet amortissement n'est pas achevé, l'entreprise, lorsqu'elle est en forme de société, ne peut procéder à une distribution de dividendes (art. L. 232-9 du code de commerce).

B. Enregistrement de la constitution

Les apports peuvent être définis et classés :
Selon leur nature :
– Apports en numéraire (tout apport d'argent) ;
– Apports en nature (tout apport d'un bien autre que de l'argent) ;
– Apports en industrie (mise à disposition par l'associé de ses connaissances techniques, son travail ou ses services), ces apports sont très rares dans la pratique.

Ces apports sont impossibles dans les SA. En revanche, depuis le 1er janvier 2009, ils sont possibles dans les SAS.
Selon leur mode de rémunération :
– Apport à titre pur et simple (rémunéré par la remise de parts ou actions) ;
– Apport à titre onéreux (prise en charge d'un passif par la société)
– Apport mixte

Les apports en nature sont constatés en deux étapes :
– Les promesses sont inscrites pour la valeur nette dans le compte 45611, la contrepartie 1012 : capital souscrit, appelé, non versé
– La réalisation des apports : les éléments sont inscrits dans les comptes correspondants, la contrepartie le compte d'apport

Une fois les apports effectivement réalisés, le capital est viré du compte 1012 à 1013 : capital souscrit, appelé, versé
Pour les apports en numéraire, le montant non appelé est inscrit à l'actif du bilan dans le compte 109 : actionnaires, capital souscrit, non appelé et la contrepartie dans le compte 1011 : capital souscrit, non appelé
Après la réalisation des apports, le montant figurant en 1012 est viré en 1013.

C. Les appels ultérieurs

Le montant dû par les actionnaires est transféré du compte 109 au compte 45621 : actionnaires, capital souscrit-appelé, non versé et le capital est viré du compte 1011 au compte 1012 de manière transitoire.

Remarque

Même chose pour la SARL sauf au lieu de 45621, on utilise 45625 : associés, capital souscrit, appelé, non versé.
Pendant la libération, on débite la banque, on crédite 45621 et on régularise le capital 1012 à 1013.

D. Versements anticipés

Lors de la constitution ou au moment de l'appel du 3e quart, un actionnaire décide de verser la totalité de son apport, alors on a un versement anticipé.
Dans ce cas, le capital n'est toujours pas appelé même si le versement a eu lieu, celui-ci est constaté dans un compte de dette de la société vis-à-vis de l'associé 4564 : actionnaires-versements anticipés.
On débite 5125 et on crédite 45621 et 4564 au moment de la réalisation.
Pour les appels ultérieurs, on débite 45621, 4564 et on crédite 109.

E. Actionnaires retardataires et défaillants

a. Retardataires

Lors de l'appel d'une fraction de capital, certains actionnaires ne versent pas les fonds dans les délais.
Les dirigeants adressent une remise en demeure aux retardataires qui disposent d'un délai de 30 jours pour verser les fonds.
La société peut exiger, en plus du montant dû, des intérêts de retard et le remboursement des frais engagés.
A la date limite de paiement, le montant dû est viré dans le compte 4566 : actionnaires défaillants.

b. Défaillants

À la fin de délai suivant la mise en demeure des actionnaires retardataires, la société peut vendre les actions dont les porteurs sont défaillants.
La vente doit intervenir au minimum 45 jours après la mise en demeure.

c. Conséquences

Le produit de la vente revient à la société, à concurrence de ce qui est dû principal et intérêts (763) par l'actionnaire défaillant, et en remboursement de frais (791).
L'actionnaire défaillant reste débiteur ou profite de la différence.

II. Augmentations de capital

Ces augmentations nécessitent soit une nouvelle émission soit une augmentation de la valeur nominale.

Les augmentations sont diverses :
- Apports en numéraire ou en nature pour financer des investissements importants
- Compensations de créances pour éteindre une dette (conversion de créances simples ou d'obligations dites convertibles en actions).

– Incorporation de réserves pour accroître la garantie des créanciers.

Les augmentations de capital imposent toujours une modification des statuts et sont donc soumises à un certain nombre de formalités :
– Réunir l'AGE
– Le capital ancien doit être totalement libéré
– L'augmentation doit être intégralement souscrite
– Formalités d'enregistrement : dépôt au greffe de tribunal de commerce du procès-verbal et inscription modificative au RCS
– Formalités de publicité.

1. Augmentation de capital par apport en nature

Elle est soumise aux mêmes conditions (règles) que celles qui sont applicables aux apports en nature lors de la constitution
Comme en matière de constitution, les actions d'apport doivent être libérées dès leur émission. Deux problèmes se posent : le problème d'évaluation et le nombre d'action à donner à l'apporteur, il y a un problème de décalage de la valeur nominale et la valeur réelle de l'action.
Valeur réelle – valeur nominale = une variation (investissement supplémentaire fait par les anciens associés)
On demande au nouvel associé un droit d'entrée. Prime d'émission (1043) + valeur nominale = prix d'émission.
Utilité : la prime d'émission représente les droits que les souscripteurs acquièrent sur les réserves ou plus-values latentes.
Calcul : c'est la différence entre le prix d'émission et la valeur nominale.
Critère de fixation de prix d'émission : il est situé entre la valeur nominale et la valeur réelle (valeur intrinsèque, de marché).
Rappel
Actif net comptable = capitaux propres – actifs fictifs (Frais d'Ets, charges à répartir sur plusieurs exercices, primes de remboursement des obligations, partie de l'écart de conversion non couverte par une provision)
Actif net corrigé = total actif réel – dettes ou capitaux propres + PV/MV

2. Augmentation par apport en numéraire

A. Présentation

L'augmentation va avoir une incidence sur l'actif net. Les nouvelles actions sont émises à la valeur nominale mais à un prix d'émission différent.
Valeur nominale <= Prix d'émission <= valeur réelle avant l'augmentation de capital de l'action.

Lors d'une augmentation de capital par apports en numéraire, chaque actionnaire a le droit de souscrire un nombre d'actions nouvelles correspondant à sa participation dans le capital. Ce droit ne peut être réduit, il est protégé par la loi, il est appelé « droit de souscription à titre irréductible ».

Pour les anciens actionnaires, ce droit permet de :
- Maintenir leur droit dans le capital ;
- Compenser la perte de la valeur de leurs actions ;
- Donner la priorité pour souscrire les nouvelles actions

Pour les nouveaux actionnaires, ce droit permet de :
- Rentrer dans le capital ;
- Bénéficier des réserves antérieurement constituées par les anciens actionnaires dès lors qu'ils ont payé la différence entre la valeur des actions et le prix d'émission.

Si le prix d'émission est inférieur à la valeur de l'action ancienne, la valeur de l'action après l'augmentation diminuera par rapport à la valeur ancienne.
Pour éviter cette perte, un droit préférentiel de souscription (DPS) est accordé aux anciens actionnaires. Ce droit est négociable, il peut être côté en bourse. C'est un moyen juridique dont dispose les anciens actionnaires pour conserver leur pourcentage de contrôle.

Sa valeur est :
- Pour un ancien actionnaire qui vend ses droits
  DPS = valeur d'action avant l'augmentation – valeur d'action après l'augmentation
- Pour un nouvel actionnaire qui achète

$$DPS = \frac{N'}{(N+N')} \times (C-P)$$

N : nombre d'actions avant l'augmentation de capital
N' : nombre d'actions nouvelles
C : valeur d'action avant l'augmentation
P : prix d'émission de l'action nouvelle

La prime d'émission est libérée immédiatement ainsi qu'un quart de la valeur nominale de chaque action pour les SAS et SA (au lieu de la moitié lors de la souscription), pour les SARL le montant total (au lieu d'un cinquième lors de la souscription). Les modalités de versement de la prime d'émission sont librement fixées par les associés.

Libération action en numéraire	Constitution	Augmentation de capital
SA – SAS	1/2	1/4
SARL	1/5	Totalité

B. Comptabilisation

La souscription reçue est comptabilisée au crédit du compte 4563 associés-versements reçus sur augmentation de capital. On débite la banque ou un compte du notaire 467. À la fin de la période de souscription, ce compte est débité par le crédit du compte de capital pour le nominal et par le compte 1041 primes d'émission pour le montant de la prime.

Souscription

On débite le compte 467 ou 512 et on crédite le compte 4563

Augmentation

4563	
	1013
	1041

Versement des fonds

512	
	467

Si le capital n'est pas entièrement appelé la partie non appelée est au débit de compte 109 et on crédite le compte 1011.

Remarque

les différentes méthodes d'enregistrement des frais d'augmentation de capital

Les frais d'augmentation sont enregistrés :

- Soit directement à l'actif dans le compte 2013 en frais d'établissement

Les frais sont amortis sur 5 ans au plus.

2013	
44562	
	512

- Soit en charges et éventuellement activés

6226	
6227	
44566	
	512

- Soit imputés sur la prime d'émission (nets d'I.S), c'est **la méthode de référence**. Elle consiste à imputer sur la prime d'émission le montant net d'IS des frais. Si la prime est insuffisante, le reliquat est porté en charges.

1041 (2/3)	
695 (1/3)	
	512

3. Augmentation de capital par incorporation des réserves

Les Motivations :

- Amélioration de l'image de la société vis-à-vis des tiers puisque le montant du capital, donc la garantie des tiers, est augmenté ;
- Amélioration de l'image de la société vis-à-vis des actionnaires, ils détiendront plus d'actions et leur montant de dividende va augmenter ;
- Une plus grande dilution du capital qui permet de mieux lutter contre les éventuelles prises de participation.

L'augmentation peut être réalisée par incorporation des réserves comptabilisées (réserve légale, réserve facultative, etc.) ou assimilées (prime d'émission, prime d'apport, etc.) et même des bénéfices d'un exercice.

Elle est possible même si le capital ancien n'est pas intégralement libéré.

L'augmentation est réalisée soit par augmentation de la valeur nominale soit par attribution d'actions gratuites proportionnellement aux actions anciennes qui donnent chacune un droit d'attribution.

Ces droits peuvent être vendus par les actionnaires qui ne désirent pas recevoir d'actions nouvelles ou par ceux qui ont un résidu par rapport au nombre entier.

D.A = valeur de l'action avant l'augmentation – valeur de l'action après l'augmentation

Ou $D.A = \frac{N'}{(N + N')} \times C$

Pour l'écriture comptable, on débite les réserves et on crédite le compte 1013.

4. Par conversion d'une dette en capital

Cette opération est souvent appelée « conversion de créance en capital » car il s'agit de créance sur la société. La conversion est assimilée à une augmentation de capital en numéraire. Elle doit être décidée par l'AGE. Les créances doivent être liquides et exigibles.

L'opération se déroule en deux étapes :

- L'augmentation de capital par le débit du compte 4562 apporteurs capital appelé, non versé et on crédite le compte 1012 et 1041
- Réalisation des apports par conversion du compte de dette 455 ou 401…

401	
	4562
1012	
	1013

5. Par paiement des dividendes en actions

Cette opération peut porter sur l'intégralité ou une partie des dividendes

457

1013

1041

III. Réduction et amortissement du capital

1. Réduction du capital

La réduction du capital peut être motivée par :
– la nécessité de compenser les pertes
– un capital trop important.

A. Réduction du capital pour compenser une perte

En cas de perte des capitaux propres au moins égale à la moitié du capital social, la société (art. L. 223.42 al. 2 du code de commerce) est obligée dans un délai de deux ans de reconstituer ses capitaux propres.
L'imputation des pertes sur le capital évite que la valeur mathématique soit inférieure à leur valeur nominale. Ceci peut faciliter ensuite une augmentation de capital qui apportera des ressources nouvelles. La double opération réduction puis augmentation est appelée « coup de l'accordéon ».

119 à 129

101

119

1041

B. Réduction d'un capital trop élevé pour les besoins de la société

Une société peut réduire son capital lorsqu'elle estime qu'un montant inférieur ne nuira pas à son image et en particulier à la garantie des tiers.
Elle peut s'effectuer.

a. Par un remboursement en numéraire d'une partie des apports

Cette modalité est envisageable que si la société dispose d'un excédent de trésorerie qui n'est lui pas nécessaire.
En cas de remboursement, la réduction est enregistrée 101 à 4567 actionnaires, capital à rembourser et le remboursement des associés est enregistré 4567 à 512.

b. En renonçant à l'appel d'une fraction non appelée du capital

Il faut annuler la créance sur les associés qui figure au compte 109. Cette opération n'entraîne aucun mouvement de fonds.
1011 à 109.

c. Réduction par rachat d'actions ou parts propres en vue de leur annulation

Les raisons de ce rachat :

- le désir de simplifier les rapports d'émission ou d'échange d'actions en vue d'une augmentation de capital ou d'une fusion ;
- de fournir la possibilité à un associé de se séparer de ses titres alors que les repreneurs n'ont pas reçu l'agrément des autres associés.

Le rachat d'actions pour les annuler n'est possible que lorsqu'il n'est pas motivé par des pertes (art. L. 225-207 du code de commerce).
Le prix de rachat est inscrit dans le compte 2772. Si le prix est supérieur à la valeur nominale, l'excédent est imputé dans le compte 1068.
En cas de rachat :
2 772 actions propres à 512

101
1068
277

2. Amortissement du capital

L'amortissement consiste à rembourser tout ou partie de la valeur nominale. Les sommes remboursées sont prélevées sur les bénéfices ou les réserves distribuables et non sur le capital lui-même.
Les actions amorties prennent le nom d'actions de jouissance. L'amortissement du capital n'est en fait pratiqué que dans le cas de sociétés concessionnaires.

N.B.

Le capital remboursé (amorti) ne donne plus lieu au versement du premier dividende.

IV. Liquidation des entités

1. Liquidation dans les entreprises individuelles

Les écritures peuvent s'analyser en deux étapes :

- Réalisation de l'actif et le règlement du passif exigible (si les moyens le permettent) et la constatation d'un résultat de liquidité ;
- L'affectation des capitaux propres de l'entreprise à l'exploitation et le prélèvement des fonds rendus disponibles par la liquidation.

A. Réalisation de l'actif et règlement du passif

Il y a deux méthodes, dans la première les opérations sont enregistrées dans les comptes de charges et de produits, en fin de liquidation, elles sont groupées dans le compte « Résultat de liquidation ».
Dans la 2e **méthode, le compte « Résultat de liquidation » est directement utilisé.**

B. Affectation des capitaux propres à l'exploitation et prélèvement des fonds

On va attribuer à l'exploitant la part qui lui revient, il ne restera plus qu'à prélever les fonds disponibles.

2. Les liquidations dans les entreprises sociétaires

Dans les sociétés, même chose que pour les entreprises individuelles en ce qui concerne la réalisation de l'actif et le règlement du passif exigible. Par contre, se pose le problème du **partage** des capitaux propres entres les associés.
Il faut affecter les fonds aux différents associés (le compte 4551).

Ce qu'il faut retenir

- Les frais de constitution sont amortis selon un plan et dans un délai maximum de 5 ans.
- Aussi longtemps que cet amortissement n'est pas achevé, l'entreprise ne peut procéder à une distribution de dividendes (art. L. 232-9 du code de commerce).
- Un choix parmi deux méthodes est envisageable :
  - Soit inscription en charges ;
  - Soit inscription au compte d'actif du bilan (compte 2011)
- **La méthode de référence** préconisée par le PCG **est l'inscription au compte de charges.**
- L'existence d'apport en nature dans une SA entraîne obligatoirement la désignation d'un ou plusieurs commissaires aux apports par le président du tribunal de commerce statuant sur demande des fondateurs.
- Le prix d'émission est situé entre la valeur nominale et la valeur réelle (ou valeur mathématique, valeur intrinsèque, valeur de marché)
- La prime d'émission représente les droits que les souscripteurs acquièrent sur les réserves ou les plus-values latentes. La différence entre le prix d'émission et la valeur nominale constitue la prime d'émission.
- Le moyen juridique dont disposent les anciens actionnaires pour conserver leur pourcentage de contrôle, en cas d'augmentation par apports en numéraire, est le droit préférentiel de souscription.
- En cas d'augmentation par incorporation des réserves c'est le droit d'attribution.
- DPS ou DA = VR avant augmentation – VR après l'augmentation
- Le DPS et le DA représentent la perte de valeur que subit l'action ancienne. Ils donnent aux anciens la priorité pour souscrire aux actions nouvelles ou gratuites
- Les frais d'augmentation de capital sont :
  - soit enregistrés en charges (et éventuellement activés),
  - soit enregistrés directement à l'actif dans le compte 2013,
  - soit imputés sur la prime d'émission (nets d'IS) **c'est la méthode de référence.**

Libération action en numéraire	Constitution	Augmentation de capital
SA – SAS	1/2	1/4
SARL	1/5	Totalité

- La réduction du capital peut être motivée par :
  - la nécessité de compenser les pertes
  - un capital trop important.

Cas Avenir Dcg

Dossier 1 Constitution

Mission

La SA AVENIR-DCG est constituée le 11 mars N, son capital est divisé en 1 500 actions de 100 €. Les apports sont constitués :

Par apport en nature de M. RADISON, comprenant un fonds de commerce : 13 000 €, installations techniques : 20 000 € stocks de marchandises pour 5 000 € et un dépôt en banque de 5 000 €.

La société se charge du remboursement de ses dettes :

Emprunt bancaire : 10 000

Dettes fournisseurs : 3 000

La valeur nominale a été fixée à 100 €.

Les autres actionnaires réalisent des apports en numéraire en souscrivant 80 % du capital. Le minimum légal de leurs engagements a été déposé chez le notaire maître MEKKI.

Par contre, Mme SALAH (détentrice de 20 actions) a effectué un versement anticipé.

À la levée de l'indisponibilité des fonds, la société a réglé le 11 avril les frais de rédaction des statuts et des honoraires du commissaire aux apports pour 4 200 € ainsi que des frais de premier établissement pour 900 €.

Tous ces frais ont été immobilisés. Nous faisons abstraction de la TVA (car elle ne porte pas sur l'intégralité des frais).

La SA AVENIR-DCG a procédé le 1 juin, à l'appel du 3e quart du nominal de 300 actions de 100 €. A la date limite, le 30 juin, deux actionnaires, M. BLANC (détenteur de 60 actions) et Mme VIAL (détentrice de 30 actions) n'ont pas répondu à l'appel.

M. BLANC règle le 25 juillet le montant dû et une majoration de 42 € TTC de frais mis à sa charge et des intérêts de retard de 10 €.

À la fin de délai suivant la mise en demeure des actionnaires retardataires, la société peut vendre les actions dont les porteurs sont défaillants.

La vente doit intervenir au minimum 45 jours après la mise en demeure.

Le 15 août, les actions de Mme VIAL sont vendues aux enchères pour un montant de 72 € par action. Mme VIAL doit subir un intérêt de retard de 80 € et des frais TTC de 360 €. Pour réaliser cette mission, vous devez :

1. Rappelez les règles juridiques lors de la constitution d'une SA en matière de libération du capital pour les actions relatives aux apports en numéraire et en nature.

2. Quel est le montant des apports en numéraire, en nature ? Quel est le nombre d'actions détenues par M. RADISON.
3. Quelle est la conséquence de l'immobilisation des frais ? La méthode préférentielle du PCG a-t-elle été retenue ?
4. La désignation du commissaire aux apports est-elle obligatoire pour la société AVENIR-DCG ? Si oui, comment il est désigné et quel est son rôle ?
5. Passez les écritures de la constitution.
6. Passez les écritures de l'appel du 3e quart du capital.
7. Passez les écritures des actionnaires retardataires et défaillants.
8. Analysez la situation de Mme VIAL.

Dossier 2 Opérations sur le capital

Mission 1 : La technique du « coup d'accordéon »

La société AVENIR-DCG a accumulé des pertes qui dépassent la moitié du capital, la société (art. L. 223.42 al. 2 du code de commerce) est obligée dans un délai de deux ans de reconstituer ses capitaux propres.

Extrait des comptes N+4

Capital social	1500	100	150000
Report à nouveau (solde débiteur)			(118000)
Capitaux propres			32000

Le 1er avril N+4, une AGE a décidé de diminuer son capital de 120 000 € suivie d'une augmentation de capital en numéraire afin de porter celui-ci au minimum légal.

Pour réaliser cette mission, vous devez :

1. Citez les motivations d'une réduction du capital ?
2. Passez les écritures de l'imputation des pertes sur le capital.
3. Calculez le montant des capitaux propres après ces deux opérations.

Mission 2 : Opération simultanée : augmentation par incorporation des réserves et en numéraire

Suite à l'assainissement financier de l'année N+4, la société AVENIR-DCG a retrouvé son équilibre financier. Son capital est représenté par 1850 actions de valeur nominale 20 €, valant 125 € augmente son capital en réalisant simultanément :

- L'attribution aux actionnaires anciens de 1850 actions gratuites ;
- L'émission à 55 € de 5550 actions.

Pour réaliser cette mission, vous devez :

1. Calculez la valeur de l'action après la double opération.
2. Indiquer les critères de fixation du prix d'émission.
3. Préciser l'utilité de la prime d'émission et rappeler son mode de calcul.

4. Quel est le moyen juridique dont disposent les anciens actionnaires de la SA AVENIR-DCG pour conserver leur pourcentage de contrôle ?
5. Calculez la valeur de D.A et la valeur de D.P.S.
6. Rappelez la signification du droit préférentiel de souscription du point de vue des anciens et des nouveaux actionnaires ?
7. Rappeler les différentes méthodes d'enregistrement des frais d'augmentation de capital et indiquer la méthode de référence prévue par le plan comptable général (Règlement 99-03).

Solution

Dossier 1 : la constitution

1. **Rappelez les règles juridiques lors de la constitution d'une SA en matière de libération du capital pour les actions relatives aux apports en numéraire et en nature.**

Lors de la constitution d'une société anonyme :

– Les actions de numéraire doivent être libérées de la moitié de leur valeur nominale ;
– Les actions d'apport en nature doivent être libérées en totalité

2. **Quel est le montant des apports en numéraire, en nature ? Quel est le nombre d'actions détenues par M. RADISON.**

Le montant des apports en numéraire

Le capital est de : 1 500 × 100 = 150 000 €

Les apports en numéraire représentent 80 % : 150 000 × 80 % = 120 000 €

Le montant des apports en numéraire est de 120 000 €.

Le minimum légal est de 50 % : 120 000 × 50 % = 60 000 €.

Le montant des apports en nature

(13 000 + 20 000 + 5 000 + 5 000) – (10 000 + 3 000) = 30 000

Ou le montant des apports en nature = montant du capital – montant des apports en numéraire

30 000 = 150 000 – 120 000

M. RADISON détient 30 000/100 = 300 actions.

3. **Quelles sont les conséquences de l'immobilisation des frais ? La méthode de référence du PCG a-t-elle été retenue ?**

Ces frais seront amortis selon un plan et dans un délai maximum de 5 ans.

Aussi longtemps que cet amortissement n'est pas achevé, l'entreprise ne peut procéder à une distribution de dividendes (art. L. 232-9 du code de commerce).

Les frais de constitution ne procurent aucun avantage économique futur. Ce sont des charges de l'exercice au cours duquel ils ont pris naissance. Toutefois le décret du 29 novembre 1983 non encore abrogé a permis leur étalement dans le temps.

Dès lors, un choix parmi deux méthodes est envisageable :

– Soit inscription en charges ;
– Soit inscription au compte d'actif du bilan (compte 2011)

La méthode de référence préconisée par le PCG est **l'inscription au compte de charges**. La méthode de référence du PCG n'a donc pas été retenue.

4. **La désignation du commissaire aux apports est-elle obligatoire pour la société AVENIR-DCG ? Si oui, comment il est désigné et quel est son rôle ?**

L'existence d'apport en nature dans une SA entraîne obligatoirement la désignation d'un ou plusieurs commissaires aux apports par le président du tribunal de commerce statuant sur demande des fondateurs.

Désignation : il est choisi sur la liste des commissaires aux comptes ou des experts auprès des tribunaux.

Rôle : il rédige un rapport aux actionnaires dans lequel il apprécie l'évaluation des apports en nature.

5. Passez les écritures de la constitution

Au moment de la constitution, Mme SALAH décide de verser la totalité de son apport alors on a un versement anticipé.

Dans ce cas, le capital n'est toujours pas appelé même si le versement a eu lieu, celui-ci est constaté dans un compte de dette de la société vis-à-vis de l'associé 4564 : actionnaires-versements anticipés.

		11 mars		
109		Actionnaires : capital souscrit-non appelé	60 000	
45611		Apports en nature	30 000	
45615		Apports en numéraire	60 000	
	1011	Capital souscrit-non appelé		60 000
	1012	Capital souscrit-appelé, non versé *Constitution de la société (1)*		90 000
207		Fonds commercial	13 000	
2154		Matériel industriel	20 000	
37		Stocks de marchandises	5 000	
512		Banque	5 000	
	164	Emprunt		10 000
	401	Fournisseur		3 000
	45611	Apports en nature *Libération apports en nature*		30 000
467		Maître MEKKI	61 000	
	45615	Apports en numéraire		60 000
	4564	Actionnaire (Mme SALAH) versements anticipés $(20 \times 100 \times 1/2 = 1000)$ *Libération apports en numéraire de minimum* *Légal avec versement anticipé pour 20 actions*		1 000
1012		Capital souscrit-appelé, non versé	90 000	
	1013	Capital souscrit-appelé versé *Régularisation du capital*		90 000
		11 avril		
512		Banque	61 000	
	467	Maître MEKKI *Déblocage des fonds. Par son inscription au RCS elle acquiert la personnalité morale*		61 000
2011		Frais de constitution	4 200	
2012		Frais de premier établissement	900	
	512	Banque *Règlement des frais*		5 100

(1) On peut transiter par le compte 45621 lors de l'appel des fonds

6. Passez les écritures de l'appel du 3e quart du capital

Le montant dû par les actionnaires est transféré du compte 109 au compte 45621 : actionnaires, capital souscrit-appelé, non versé et le capital est viré du compte 1011 au compte 1012 de manière transitoire.

		1/06		
45621		Actionnaires-capital souscrit et appelé, non versé	30 000	
	109	Actionnaires : capital souscrit-non appelé		30 000
1011		Capital souscrit-non appelé	30 000	
	1012	Capital souscrit-appelé, non versé *Appel du 3e quart*		30 000
512		Banque	27 250	
4564		Actionnaire (Mme SALAH) versements anticipés (20 × 50 × 1/2)	500	10 000
	45621	Actionnaires-capital souscrit et appelé, non versé *20 actions ont été payées par anticipation et 90 actions n'engendrent aucun encaissement (défaillance). Libération du 3e quart et versements anticipés*		27 750
1012		Capital souscrit-appelé, non versé	27 750	
	1013	Capital souscrit-appelé versé *Régularisation du capital*		27 750

7. Passez les écritures des actionnaires retardataires et défaillants

Retardataires.

Lors de l'appel d'une fraction de capital, certains actionnaires ne versent pas les fonds dans les délais.

Les dirigeants adressent une remise en demeure aux retardataires qui disposent d'un délai de 30 jours pour verser les fonds.

La société peut exiger, en plus du montant dû, des intérêts de retard et le remboursement des frais engagés.

A la date limite de paiement, le montant dû est viré dans le compte 4566 : actionnaires défaillants.

		1/06		
4566		Actionnaires défaillants	2 250	
	45621	Actionnaires : capital souscrit- non appelé *Actionnaire retardataire (90 × 25)*		2 250
		25/07		
512		Banque	1 552	
	4566	Actionnaires défaillants (60 × 100/4)		1 500
	763	Revenus es autres créances		10
	791	Transferts de charges		35
	44571	TVA Collectée *Paiement de l'actionnaire défaillant*		7
1012		Capital souscrit-appelé, non versé	1 500	
	1013	Capital souscrit-appelé versé *Régularisation du capital*		1 500

Défaillants

À la fin de délai suivant la mise en demeure des actionnaires retardataires, la société peut vendre les actions dont les porteurs sont défaillants.

La vente doit intervenir au minimum 45 jours après la mise en demeure.

Conséquences :

Le produit de la vente revient à la société, à concurrence de ce qui est dû principal et intérêts (763) par l'actionnaire défaillant, et en remboursement de frais (791).

L'actionnaire défaillant reste débiteur ou profite de la différence.

		15/08		
512		Banque	2160	
	4566	Actionnaires défaillants (30 × 72)		2160
4566		Banque	440	
	763	Revenus es autres créances		80
	791	Transferts de charges		300
	44571	TVA Collectée		60
4566		Capital souscrit-appelé, non versé	970	
	512	Banque (2160 – (30 × 25 + 440) = 970		970

8. Analysez la situation de Mme VIAL.

Montant déboursé (paiement de la moitié du nominal) : 30 × 50	1500
Montant encaissé (versement par la société)	970
Perte	530

Cette perte s'analyse de la façon suivante :

Moins-value sur les actions vendues : 30 × (75 – 72)	90
Intérêts de retard	80
Frais TTC	360
Total	530

Le nouvel acquéreur devra encore régler, lors de l'appel du dernier quart, 25 € par action.

Dossier 2 : opérations sur le capital

Mission 1 : La technique du « coup d'accordéon »

1. Quelles sont les motivations d'une réduction du capital ?

La réduction du capital peut être motivée par :

- la nécessité de compenser les pertes
- un capital trop important.

2. Passez les écritures de l'imputation des pertes sur le capital et d'augmentation.

Le montant de l'augmentation

Le capital a été ramené à 150 000 – 120 000 = 30 000 €

Le minimum légal est de 37 000 €

L'augmentation du capital doit être de 37 000 – 30 000 = 7 000 €

La réduction de capital est de 120 000/1 500 = 80 € par action, ramenant la valeur nominale de l'action à 100 – 80 = 20 €

01/04				
1013		Capital souscrit – appelé, versé	120 000	
	1041	Prime d'émission		2 000
	119	Report à nouveau (solde débiteur) *Réduction de capital pour assainissement financier*		118 000
512		Banque	7 000	
	4563	Actionnaires- versements reçus sur augmentation du capital *Émission de 350 actions de 20 €*		7 000
4563		Actionnaires- versements reçus sur augmentation du capital	7 000	
	1013	Capital souscrit – appelé, versé		7 000

3. **Calculez le montant des capitaux propres après ces deux opérations.**

Les capitaux propres après ces deux opérations

Capital social	1 850	20	37 000
Primes liées au capital			2 000
Capitaux propres			39 000

Mission 2 : Opération simultanée : augmentation par incorporation des réserves et en numéraire

1. **Calculez la valeur de l'action après la double opération**

Valeur de l'action après la double opération

Valeur initiale	1 850 × 125	231 250
Incorporation des réserves	1 850 × 0	0
Apport des actionnaires	5 550 × 55	305 250
Total	9 250 Actions	536 500

Valeur d'action = 536 500/9 250 = 58 €

2. **Indiquer les critères de fixation du prix d'émission**

Le prix d'émission est situé entre la valeur nominale et la valeur réelle (ou valeur mathématique, valeur intrinsèque, valeur de marché)

3. **Préciser l'utilité de la prime d'émission et rappeler son mode de calcul.**

La prime d'émission représente les droits que les souscripteurs acquièrent sur les réserves ou les plus-values latentes. La différence entre le prix d'émission et la valeur nominale constitue la prime d'émission.

4. **Quel est le moyen juridique dont disposent les anciens actionnaires de la SA AVENIR-DCG pour conserver leur pourcentage de contrôle ?**

Les anciens actionnaires bénéficient d'un droit préférentiel de souscription. En exerçant ce droit, ils conservent leur pourcentage de contrôle.

Accepter : possibilité pour l'entreprise de n'émettre que des actions de préférence (sans droit de vote).

5. **Calculez la valeur de D.A et la valeur de D.P.S**

La perte de valeur totale d'une action ancienne est de 125 – 58 = 67 € correspond au droit de souscription et au droit d'attribution.

1 DA permette d'obtenir une action gratuite valent 58 € donc 1 DA = 58 €.

1/3 DPS est nécessaire pour avoir une action nouvelle valant 58 € donc, 1/3 DPS + 55 = 58

1/3 DPS = 58 – 55 = 3 alors un DPS = 9 €

Vérification DA + DPS = 67

58 + 9 = 67

6. Rappelez la signification du droit préférentiel de souscription du point de vue des anciens et des nouveaux actionnaires ?

Signification

Lors d'une augmentation de capital par **apports en numéraire**, chaque actionnaire a le droit de souscrire un nombre d'actions nouvelles correspondant à sa participation dans le capital. Ce droit ne peut être réduit, il est protégé par la loi, il est appelé : « **droit de souscription à titre irréductible** »

DS = VR avant augmentation – VR après l'augmentation

Pour les anciens actionnaires, ce droit permet de :

- Maintenir leur droit dans le capital
- Compenser la perte de la valeur de leurs actions
- Donner la priorité pour souscrire les nouvelles actions.

Pour les nouveaux actionnaires, ce droit permet de :

- Rentrer dans le capital
- Bénéficier des réserves antérieurement constituées par les anciens actionnaires dès lors qu'ils ont payé la différence entre la valeur des actions et le prix d'émission.

7. Rappelez les différentes méthodes d'enregistrement des frais d'augmentation de capital et indiquer la méthode préférentielle prévue par le plan comptable général (Règlement 99-03)

Les frais d'augmentation de capital sont :

- soit enregistrés en charges (et éventuellement activés),
- soit enregistrés directement à l'actif dans le compte 2013,
- soit imputés sur la prime d'émission (nets d'IS) **c'est la méthode de référence.**

Fiche 17 L’affectation du résultat

Schéma de synthèse

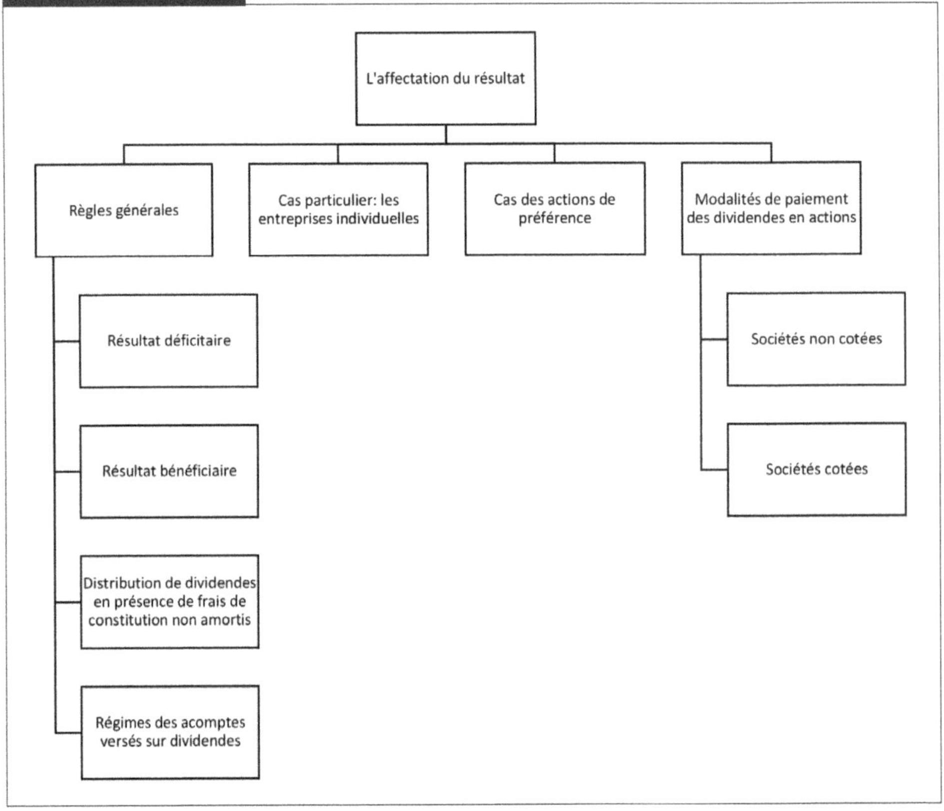

Dans une entreprise individuelle, l’entrepreneur utilise librement ses bénéfices. Dans les sociétés commerciales, l’AGO décide de l’affectation des bénéfices sur proposition des organes d’administration.

Après la clôture d’un exercice comptable, l’entreprise dispose en général de 3 mois pour mener à bien tous les travaux d’inventaire, déterminer son résultat net comptable et présenter ses documents de synthèse à l’administration fiscale.

Au plus tard 6 mois après la clôture de l’exercice, le projet est soumis à l’AGO des associés, qui statue sur les comptes annuels et décide de la répartition du résultat.

Si l’AGO a décidé le versement de dividendes aux associés, le paiement doit avoir lieu au plus tard 9 mois après la clôture de l’exercice.

I. Règles générales

1. Résultat déficitaire

En général la perte est reportée à nouveau en attente des résultats futurs.

119		Report à nouveau (solde débiteur)		
	129	Résultat de l'exercice (perte)		

Il est possible de l'imputer sur les réserves.

1068		Autres réserves		
	129	Résultat de l'exercice (perte)		

Dans les S.A et les SARL, lorsque les pertes cumulées atteignent la ½ du capital, les associés doivent décider de la poursuite ou non de l'activité et de la façon d'apurer les pertes.
Une AGE peut sous certaines conditions décider de les imputer sur le capital.

2. Résultat bénéficiaire

L'AGO décide de l'affectation sur proposition des organes d'administration. Il faut arbitrer entre le souhait des associés (versement de dividendes) et les besoins de la société (constitution de réserves).
La loi et les statuts imposent un certain nombre de calculs.

A. R.N. créditeur compte 110

L'AGO peut décider de ne pas affecter tout ou partie du résultat de l'exercice. Ces sommes seront réparties avec le résultat de l'année suivante. Avant d'envisager toute distribution, l'entreprise doit apurer les pertes antérieures.
Le RAN (N–1) débiteur compte 119 doit se soustraire du résultat de l'exercice N.

B. Réserves

Les soldes des comptes ne correspondent pas à la dotation de l'année mais au cumul des dotations.

- *Réserve légale* (R.L Compte 1061) : sa dotation est obligatoire dans les SA et les SARL, elle accroît la garantie des tiers. Son montant est de 5 % du bénéfice net, diminué des pertes antérieures (5 % (bénéfice net – RAN (N–1) débiteur) et à concurrence de 10 % du capital appelé ou non. Le prélèvement pour la R.L cesse d'être obligatoire quand la R.L atteint 10 % du capital social (C. Com. art. L. 232-10).

La R.L peut être compensée avec des pertes, quand il n'existe pas d'autres réserves pour imputer ces pertes. Elle peut être incorporée au capital. En revanche, il est interdit de la distribuer ou de l'utiliser pour racheter ou amortir des actions ou parts sociales car elle constitue avec le capital social le gage des créanciers.

- *Réserve statutaire* (compte 1063) : sa dotation peut être imposée par les statuts. C'est un % du bénéfice net (exceptionnelle en pratique).
- *Réserve facultative* (compte 1068) ou autre réserve : sa dotation est librement décidée par l'A G O

C. Le bénéfice distribuable

Il est constitué par le bénéfice de l'exercice, diminué des pertes antérieures, ainsi que des sommes à porter en réserve en application de la loi ou des statuts, et augmenté du report bénéficiaire (art. L. 232-16 de C. Com.).

Résultat Net

– RAN (N–1) débiteur

– Réserve légale : dotation en application de la loi

– Réserve statutaire : dotation en application des statuts

\+ RAN (N–1) créditeur

Bénéfice distribuable

D. Dividende

Les statuts prévoient souvent le calcul des dividendes.

Le dividende est la part de bénéfice attribuée aux associés. Il est composé :

- **d'un intérêt statutaire** (ou 1er dividende rémunère le capital apporté, il est calculé sur le montant libéré des actions ou parts sociales. Si le capital est libéré en cours d'année, on procède à un calcul prorata temporis. Il n'est pas identique pour toutes les parts et actions), les actions amorties n'ont pas droit au premier dividende ;
- **d'un super dividende** (rémunération du risque), il est identique à toutes les parts ou actions totalement libérées ou non ou amorties. Il est calculé en divisant ce qui reste du bénéfice distribuable par le nombre d'actions.

3. Distribution de dividendes en présence de frais de constitution non amortis

En présence de frais de constitution non amortis, la société ne peut distribuer de dividendes, même si au passif il existe des réserves libres. Cette interdiction revêt un caractère absolu.

Les **frais de constitution** : ce sont les frais engagés lors de la constitution de la société (droits d'enregistrement sur les apports, honoraires, débours, dépenses liées aux formalités légales de constitution, dépenses concernant la communication et publicité).
Les frais d'établissement comprenant : frais de premier établissement, frais d'augmentation du capital, doivent être amortis avant toute distribution de bénéfices, sauf s'il existe des réserves libres suffisantes. À défaut, il aurait délit de distribution de dividendes fictifs.
Le commissaire aux comptes, connaissant la proposition d'affectation, doit signaler cette irrégularité à l'AGO qui prendra la décision d'affectation.

4. Régime des acomptes versés sur dividendes

L'article L 232-12 du code de commerce prévoit que si un bilan établi au cours ou à la fin de l'exercice est certifié par un commissaire aux comptes fait apparaître que la société, depuis la clôture de l'exercice précédent, après constitution des amortissements et provisions nécessaires, déduction faite s'il y a lieu des pertes antérieures ainsi que des sommes à porter en réserve en application de la loi ou des statuts et compte tenu de report bénéficiaire, a réalisé un bénéfice. Alors il peut être distribué des acomptes sur dividendes avant l'approbation des comptes de l'exercice. Le montant de ces acomptes ne peut excéder le bénéfice tel qu'il est défini ci-avant.
Une société nouvelle ne peut verser des acomptes sur dividendes dans la mesure où la clôture du premier exercice n'a pas eu lieu.
La certification par un commissaire aux comptes est obligatoire, même si la société, ne tombe pas sur l'obligation légale. Dans ce cas un commissaire est nommé ponctuellement, il ne peut être l'expert-comptable de la société.
Le plan comptable n'a pas prévu de compte particulier, on peut utiliser le 129x Résultat de l'exercice-Acompte sur dividende ou 889 Acompte sur dividende. Ce compte sera soldé lors de l'affectation.
1292 à 457 lors de la décision de mise en paiement d'acompte sur dividende
457 à 512 lors de la mise en paiement.

II. Cas particulier : les entreprises individuelles

L'affectation ne dépend pas d'une décision d'AGO. Elle peut être comptabilisée dès l'ouverture de l'exercice N+1, en virant le montant du résultat au compte 101 capital. Pendant l'exercice N, les sommes prélevées par l'exploitant (avances sur bénéfice à venir) ont été inscrites au débit du compte 108, compte de l'exploitant. Ce compte doit également être soldé en contre partie du compte 101 Capital en fin d'année.

III. Cas des actions de préférence

Elles peuvent être émises à la constitution des sociétés par actions ou lors d'augmentation de capital.
Les actions de préférence sont des titres de capital avec ou sans droit de vote, assorties des droits particuliers accordés de manière temporaire ou définitive. Elles doivent représenter au maximum la moitié du capital social dans les sociétés non cotées et au maximum le quart dans les sociétés cotées.

Les droits particuliers attachés à ces actions sont définis par les statuts, ils peuvent être par exemple :
- Un taux d'intérêt statutaire majoré ;
- Un premier dividende prioritaire ;
- Un dividende reportable sur un ou plusieurs exercices s'il n'a pu être payé en totalité pour un exercice donné ;
- Un droit renforcé dans le boni de liquidation, etc.

Afin de limiter les abus, la distribution d'un dividende majoré est strictement encadrée par la loi. Elle est soumise aux conditions suivantes :
- Seuls peuvent en bénéficier les actionnaires détenant leurs actions sous la forme nominative depuis 2 ans au moins à la date de la clôture de l'exercice ;
- Le taux de majoration du dividende doit être fixé par les statuts en AGE et ne peut excéder 10 % ;
- Aucune majoration de dividende ne peut être attribuée avant la clôture du 2e exercice suivant celui de la modification des statuts ayant créé cette majoration.

Le droit de vote peut être aménagé pour un délai déterminé ou déterminable. Il peut être suspendu pour une durée déterminée ou déterminable ou supprimé.

IV. Modalités de paiement des dividendes en actions

Le paiement des dividendes en actions n'est possible que s'il est prévu par les statuts de la société. Chaque actionnaire peut opter ou non pour le paiement de ses dividendes en actions (art. L. 232-18 de C. Com.).

1. Sociétés non cotées (art. L. 232-19 de C. Com.)

Le prix d'émission des actions nouvelles est déterminé soit en fonction du montant de l'actif net, soit fixé par un expert désigné en justice à la demande des dirigeants.

2. Sociétés cotées

Le prix d'émission des nouvelles actions ne peut être inférieur à 90 % des cours des 20 séances de bourse qui précèdent le jour de la décision de mise en distribution, diminué du montant net du dividende.

Le prix d'émission des nouvelles actions ne doit pas être inférieur au nominal. Le paiement entraîne une augmentation de capital assortie d'une prime.
Le nombre d'action est arrondi par défaut, une soulte est versée pour compenser la différence.

Ce qu'il faut retenir

- Il est constitué par le bénéfice de l'exercice, diminué des pertes antérieures, ainsi que des sommes à porter en réserve en application de la loi ou des statuts, et augmenté du report bénéficiaire (art. L. 232-16 de C. Com.).
- Le bénéfice distribuable correspond au résultat comptable corrigé du report à nouveau de l'exercice précédent et des dotations des réserves obligatoires.
- La dotation à la réserve légale est **imposée par la loi** (art L. 232-10 du Code de commerce) pour garantir les tiers créanciers des SARL et des sociétés par actions dans laquelle la responsabilité des associés est limitée aux apports. Elle consiste à **prélever un vingtième (5 %) du bénéfice de l'exercice,** diminué le cas échéant, des pertes antérieures. Ce prélèvement cesse d'être obligatoire **lorsque la réserve légale atteint 10 % du capital social.**
- L'intérêt statutaire ou 1er dividende rémunère le capital apporté, il est calculé sur le **montant libéré.**
- En présence de frais de constitution non amortis, la société ne peut distribuer de dividendes, même si au passif il existe des réserves libres. Cette interdiction revêt un caractère absolu.
- Le superdividende rémunère le risque, il est identique à toutes les parts ou actions totalement libérées ou non ou amorties.
- Les actions de préférence sont des titres de capital avec ou sans droit de vote, assorties des droits particuliers accordés de manière temporaire ou définitive. Elles doivent représenter au maximum la moitié du capital social dans les sociétés non cotées et au maximum le quart dans les sociétés cotées.

- **Les conditions que doit respecter la société pour distribuer des acomptes sur dividendes.**
  - un **bilan établi au cours ou à la fin de l'exercice** et **certifié par un commissaire aux comptes même si la société n'est pas obligé de nommer un commissaire aux comptes** ;
  - les acomptes à verser avant l'approbation des comptes de l'exercice n'excèdent pas le montant du bénéfice distribuable.

Cas Amilcar

Dossier 1 Bénéfice distribuable

Mission

Extrait de la balance au 31/12/N de la société AMILCAR

101 Capital	120 000
1061 Réserves légales	7 000
1063 Réserves statutaires	25 000
1068 Autres réserves	8 500
110 RAN (N–1) Créditeur	2 000

Extrait des statuts :

- Dotation à la réserve légale dans les conditions prévues par la loi
- Dotation à la réserve statutaire : 5 % du solde (arrondi à € inférieur)

Renseignements complémentaires :

H1 : Bénéfice net : 90 000 €. H2 : Bénéfice net : 120 000 €

Pour réaliser cette mission, vous devez :

1. Calculez le bénéfice distribuable dans les deux hypothèses.

Dossier 2 Entreprise individuelle

Mission

La boulangerie « bon pain » a réalisé pour l'exercice N un bénéfice de 25 000 €. Monsieur Durant a prélevé 1 500 € tous les mois. Pour réaliser cette mission, vous devez :

1. Passez les écritures.

Dossier 3 Dividendes en actions

Mission

Le dividende par action de l'année N est de 1,2 €. L'AGO offre la possibilité de percevoir les dividendes en actions (valeur nominale 10 €). Le prix d'émission a été fixé à 25 €.

L'actionnaire A détient 256 actions et demande le paiement de ses dividendes en actions. Pour réaliser cette mission, vous devez :

1. Calculez le nombre d'actions.
2. Calculez le montant de la soulte.
3. Passez les écritures.

Solution

Dossier 1 : bénéfice distribuable

Hypothèse 1		Hypothèse 2
Résultat net	90 000	120 000
Réserves légales	4 500	5 000 (1)
Solde	85 500	115 000
Réserves statutaires	4 275	5 750
RAN (N–1) Créditeur	2 000	2 000
Bénéfice distribuable	**83 225**	**111 250**

(1)120 000 × 5 % = 6 000 or (7 000 + 6 000 = 13 000 > 12 000)

Dossier 2 : entreprise individuelle

		Courant N		
108		Compte de l'exploitant	1 500	
	512	Banque *Prélèvement*		1 500
		31/12/N		
101		Capital	18 000	
	108	Compte de l'exploitant *Les prélèvements portés en diminution du capital*		18 000
		01/01/N+1		
120		Résultat de l'exercice (bénéfice)		
	101	Capital *Affectation de résultat de l'exercice N*		25 000

Dossier 3 : dividendes en actions

1. Nombre d'actions

Il a droit à un dividende de 256 × 1,2 = 307,2 €

Il peut obtenir 307,2/25 = 12,29 actions soit 12 actions

2. Calcul de la soulte

La soulte est de 307,2 – (12 × 25) = 7,2 €

3. Écritures

457		Associés-dividendes à payer	300	
	1013	Capital souscrit-appelé versé		120
	1041	Primes d'émission		180
457		Associés-dividendes à payer	7,2	
	512	Banque		7,2

Provisions réglementées

Fiche 18

Schéma de synthèse

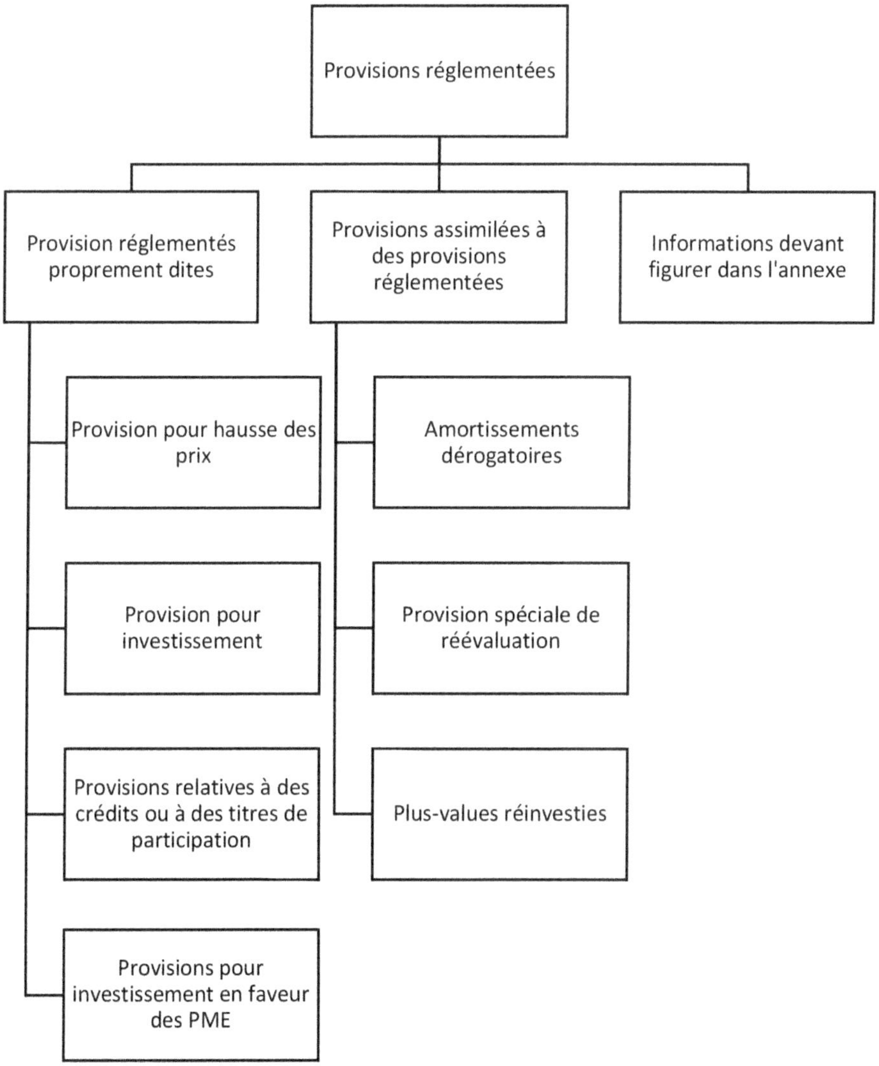

Le droit comptable prévoit les provisions pour risques et pour charges. Les lois fiscales ont créé artificiellement les provisions réglementées.

Ces provisions :
- Favorisent le financement du besoin en fonds de roulement induit par la hausse des prix ;
- Subventionnent de manière déguisée les entreprises exportatrices ou les PME.

Les provisions réglementées sont des provisions qui ne correspondent pas à l'objet normal d'une provision. Elles sont comptabilisées en application de dispositions légales (PCG 441-14)
Ces provisions ont le caractère de réserves non libérées d'impôt (sur ces provisions pèse une charge différée ou latente d'impôt non comptabilisé). C'est pourquoi elles sont classées dans les capitaux propres. Toutefois, elles ne sont pas comprises dans la situation nette de l'entreprise.
Il faut débiter un compte de charges : 687 et créditer un compte de capitaux : 14
Après un certain délai, ces provisions doivent être rapportées aux bénéfices. Ce rapport s'effectue en débitant le compte 14 et en créditant le compte 787.

On distingue **les provisions réglementées proprement dites** (pour hausse de prix, investissement, etc.) et **les provisions assimilées à des provisions réglementées** (amortissements dérogatoires, provision spéciale de réévaluation, etc.).

I. Provision réglementés proprement dites

1. Provision pour hausse des prix (compte 1431)

Elle est constituée dans les entreprises qui constatent des hausses de prix supérieures à 10 % au cours d'une période ne pouvant excéder deux exercices successifs.
La dotation se calcule séparément pour chaque élément des stocks de matières premières, approvisionnements, marchandises et produits.
Il y a deux cas :

1er cas : prix de l'exercice N–2 est inférieur au prix de l'exercice N–1
$P_{n-2} < P_{n-1} \rightarrow D_n = (P_n - (1{,}1\ P_{n-2})) \times Q_n - D_{n-1}$
Si le résultat de ce calcul est négatif, la dotation D_n égale à zéro.
2e cas : prix de l'exercice N–2 est supérieur ou égal au prix de l'exercice N–1
$P_{n-2} >= P_{n-1} \rightarrow D_n = (P_n - (1{,}1\ P_{n-1})) \times Q_n$
Si le résultat de ce calcul est négatif, la dotation D_n égale à zéro.
La dotation de l'exercice est le cumul des dotations calculées élément par élément.

La provision pour hausse des prix est déductible par le jeu normal des écritures mais elle n'offre qu'un avantage de trésorerie puisque la loi oblige à rapporter la dotation au résultat, à la clôture du 6e exercice suivant celui de la dotation. Elle est alors normalement soumise à l'impôt.
Au 31/12/N+6, on enregistre :
1431 à 787

Différentes solutions pour les capitaux propres
- Le CNCC a indiqué qu'une provision pour impôt pouvait être comptabilisée en plus de la provision pour hausse des prix, mais, bien qu'il estime que cette solution soit la plus prudente, il ne l'impose pas.
- En application de la méthode de l'impôt exigible, aucune provision n'a à être constituée.
- En application de la méthode de l'impôt différé, un impôt différé devrait être constaté, mais, pour des motifs purement fiscaux (impossibilité de ventiler les provisions), l'OEC recommande, par exception, de ne pas constater d'impôts différés passifs.

En conclusion, une provision pour impôt n'a pas à être constatée.

2. Provision pour investissement (compte 1424)

A. principe

C'est une provision réglementée c'est-à-dire, provision dotée pour bénéficier d'un avantage fiscal et non pour rendre compte d'un risque.
La provision pour investissement, comme toutes les provisions réglementées, est instituée par une disposition de la loi. C'est la loi qui lui donne le nom de provision, en contradiction avec les dispositions du PCG. Du fait de la hiérarchie des textes, la loi l'emporte sur le PCG qui n'est qu'un simple règlement homologué par arrêté ministériel.

B. Détermination

Pour les exercices clos depuis le 17 août 2012, la possibilité de doter une PPI est réservée uniquement aux sociétés coopératives de production (SCOP).

SCOP détenue à 50 % au moins par des coopérateurs.	PPI = 100 % de la réserve de participation
SCOP détenue à plus de 50 % par des non coopérateurs et des titulaires de certificats d'investissement :	
Principe	PPI = 50 % de la réserve de participation
Exception : détention de la majorité du capital par une autre SCOP	PPI = 100 % de la réserve de participation

C. Conditions de dotation et de reprise

Cette provision est définitivement exonérée d'impôt si elle est employée à l'acquisition ou à la création d'immobilisation dans un délai de 2 ans. Si l'entreprise a investi le montant de la provision, aucune écriture à passer et la provision sera reprise au 31/12/N+6 en franchise d'impôt (déduite d'une façon extra-comptable) Dans le cas contraire, la provision (ou une partie) est reprise au 31/12/N+2 et sera imposable.

D. Enregistrement

Aucune écriture à la clôture de N. La provision est créée pendant l'exercice au cours duquel la participation est approuvée.

Provision

	31/12/N+1	
6872 1424	Dotations provisions réglementées Provisions pour investissement	Montant

Reprise de la provision

	31/12/N+6	
1424 7872	Provision pour investissement Reprises sur provisions réglementées	Montant

3. Provisions relatives à des crédits ou à des titres de participation (compte 144)

L'intention du législateur est de subventionner de manière indirecte, par des allègements fiscaux, les entreprises exportatrices et les entreprises qui favorisent la reconversion de leurs salariés.

A. Provisions pour crédit à l'étranger

Les entreprises qui consentent des crédits à moyen terme à l'exportation (de 2 à 5 ans) bénéficient de la possibilité de doter une provision.
Le montant de la provision en franchise d'impôt est égal à 10 % du montant des crédits figurant au bilan et consenties à des clients étrangers.
La provision est reprise quand elle devient sans objet du fait de l'encaissement ou de la perte de la créance.

B. Provision pour essaimage (prêts d'installation des salariés)

Les entreprises qui consentent une aide sous forme de prêts à des taux privilégiés ou de souscription en capital à des entreprises nouvelles fondées par les membres de leur personnel peuvent constituer une provision spéciale.

La déduction de la dotation globale est plafonnée à 25 % de bénéfice net imposable de l'exercice précédent.

Le montant de la provision pour un même salarié est égal à :
– 50 % du montant du prêt ;
– 75 % de l'apport en capital ;

Avec un plafond de 46 000 €.
La provision doit être rapportée par tiers aux résultats imposables, de 5e, 6e et 7e année, suivant celle de sa constitution.

4. Provisions pour investissement en faveur des PME

Provisions constituées, dans les trois premières années de leur création ou de leur reprise, par des entreprises individuelles ou EURL de moins de 20 salariés, CA < 50 millions ou total de bilan < 43 millions d'euros, exerçant une activité artisanale, industrielle ou commerciale.

II. Provisions assimilées à des provisions réglementées

1. Amortissements dérogatoires (compte 145)

Ce sont des amortissements ne correspondant pas à l'objet normal d'un amortissement pour dépréciation et comptabilisés en application de textes particuliers. Ils correspondent à la différence entre l'amortissement fiscal autorisé et l'amortissement pour dépréciation.

2. Provision spéciale de réévaluation (compte 146)

Provision constituée dans le cadre de la réévaluation légale.

3. Plus-values réinvesties (compte 147)

Compte destiné à enregistrer les amortissements des biens acquis au remploi des plus-values exonérées.

III. Informations devant figurer dans l'annexe

Tout commerçant, personne physique ou morale, doit indiquer dans l'annexe, la part des amortissements et provisions pratiqués pour l'application de la législation fiscale (PCG art. 531-2 point 4).

Le PCG (art. 532-2 point 19) prévoit l'indication (même sommaire) de la mesure dans laquelle le résultat a été affecté par les évaluations dérogatoires.
Cette information n'est pas demandée ni aux personnes physiques (art. 532-12) ni aux personnes morales bénéficiant d'une présentation simplifiée (art. 532-11)
Il prévoit le tableau de l'article 532-3 sur les provisions, provisions en début de l'exercice, les dotations, les reprises et les provisions en fin de l'exercice.

Ce qu'il faut retenir

- Les lois fiscales ont créé artificiellement les provisions réglementées.
- Ces provisions :
  - Favorisent le financement du besoin en fonds de roulement induit par la hausse des prix ;
  - Subventionnent de manière déguisée les entreprises exportatrices ou les PME.
- Les provisions réglementées sont des provisions qui ne correspondent pas à l'objet normal d'une provision. Elles sont comptabilisées en application de dispositions légales (PCG 441-14)
- Ces provisions ont le caractère de réserves non libérées d'impôt. C'est pourquoi elles sont classées dans les capitaux propres. Toutefois, elles ne sont pas comprises dans la situation nette de l'entreprise.
- **La provision pour hausse** de prix est constituée dans les entreprises qui constatent des hausses de prix supérieures à 10 % au cours d'une période ne pouvant excéder deux exercices successifs.
- La dotation se calcule séparément pour chaque élément des stocks de matières premières, approvisionnements, marchandises et produits.
- **La provision pour essaimage**
- Les entreprises qui consentent une aide sous forme de prêts à des taux privilégiés ou de souscription en capital à des entreprises nouvelles fondées par les membres de leur personnel peuvent constituer une provision spéciale.
- Le montant de la provision pour un même salarié est limité à :
  - 50 % du montant du prêt ;
  - 75 % de l'apport en capital ;
- Avec un plafond de 46 000 €.
- La déduction de la dotation globale est plafonnée à 25 % de bénéfice net imposable de l'exercice précédent.
- La provision doit être rapportée par tiers aux résultats imposables, de 5e, 6e et 7e année, suivant celle de sa constitution.

Cas Bakar

Dossier 1 Provision pour hausse de prix

Mission

L'entreprise BAKAR a un bénéfice de 120 000 € avant I.S (à 33, 1/3 %) et provision pour hausse prix qui a un montant de 6 000 €. Par simplification, on considère que le résultat comptable est égal au résultat fiscal.

La société tient compte de la contribution de 3,3 % de l'IS.

M. BAKAR souhaite des explications sur le fonctionnement des provisions réglementées et en particulier sur la provision pour hausse de prix. Pour réaliser cette mission, vous devez :

1. Expliquer pourquoi le droit fiscal a créé les provisions réglementées ?
2. Définir les provisions réglementées.
3. Dans le bilan, elles sont classées dans quelle rubrique ?
4. Quand est-ce une entreprise peut constituer une provision pour hausse de prix ? Comment est-elle calculée ?
5. Passez les écritures au 31/12/N et au 31/12/N+6.
6. Calculez les capitaux propres avant et après l'enregistrement de la provision pour hausse de prix et commentez.
7. Quelles sont les différentes solutions en matière de provision pour impôt ?

Dossier 2 Provision pour essaimage

Mission

L'entreprise BAKAR a prêté à des taux privilégies à Mme Frej, M. Laktari et M. Turki en N respectivement 100 000 €, 70 000 € et 50 000 € pour leur permettre de créer une entreprise. Le bénéfice imposable en N–1 est de 300 000 €. Pour réaliser cette mission, vous devez :

1. Pourquoi l'entreprise BAKAR peut constituer une provision spéciale ?
2. Quelles sont les limites de la provision pour un salarié ? Quel est le plafond de déduction de la dotation globale ? Quel est le sort de cette provision sur le plan fiscal ?
3. Déterminez le montant de la provision et quel est son montant déductible ?

Solution

Dossier 1 : provision pour hausse de prix

1. Pourquoi le droit fiscal à crée les provisions réglementées ?

Les lois fiscales ont créé artificiellement les provisions réglementées.

Ces provisions :

– Favorisent le financement du besoin en fonds de roulement induit par la hausse des prix ;

Subventionnent de manière déguisée les entreprises exportatrices ou les PME.

2. Définir les provisions réglementées

Définition : Les provisions réglementées sont des provisions qui ne correspondent pas à l'objet normal d'une provision. Elles sont comptabilisées en application de dispositions légales (PCG 441-14)

3. Dans le bilan, elles sont classées dans quelle rubrique ?

Ces provisions ont le caractère de réserves non libérées d'impôt (sur ces provisions pèse une charge différée ou latente d'impôt non comptabilisé). C'est pourquoi elles sont classées dans les capitaux propres. Toutefois, elles ne sont pas comprises dans la situation nette de l'entreprise.

4. Quand est-ce une entreprise peut constituer une provision pour hausse de prix ? Comment est-elle calculée ?

Elle est constituée dans les entreprises qui constatent des hausses de prix supérieures à 10 % au cours d'une période ne pouvant excéder deux exercices successifs.

La dotation se calcule séparément pour chaque élément des stocks de matières premières, approvisionnements, marchandises et produits.

5. Passez les écritures au 31/12/N et au 31/12/N+6

La provision pour hausse de prix est déductible en N mais elle doit être reprise dans les résultats du 6e exercice suivant celui de sa dotation. Elle est normalement soumise à l'impôt.

		31/12/N		
687		DAP exceptionnelles	6000	
	1431	Provisions hausse des prix		6000
		31/12/N+6		
1431		Provisions hausse des prix	6000	
	787	RAP exceptionnelle *Reprise de la dotation*		6000

6. Calculez les capitaux propres et commentez

	Avant provision	Après provision
Résultat avant IS et provision	120 000	120 000
Provision pour hausse de prix		−6 000
Résultat imposable	120 000	114 000
IS à 33, 1/3 %	−40 000	−38 000
Contribution de 3,3 %	0	0 (1)
Résultat net	80 000	76 000
Capitaux propres	80 000	82 000
Résultat net	80 000	76 000
Provision pour hausse de prix	0	6 000

(1) La contribution est égale à (IS à taux normal et réduit – 760 000 €) × 3,3 %. Ici l'assiette est négative

Les capitaux propres sont majorés par cette provision d'un montant égal à l'impôt différé passif qu'elle crée 2 000 €. Dans six ans, la reprise de la provision pour hausse de prix entraînera un paiement d'impôt de 6 000 × 33, 1/3 % = 2 000. L'économie d'impôt de l'année de la constitution sera annulée.

7. Quelles sont les différentes solutions en matière de provision pour impôt ?

Différentes solutions pour les capitaux propres

- Le CNCC a indiqué qu'une provision pour impôt pouvait être comptabilisée en plus de la provision pour hausse des prix, mais, bien qu'il estime que cette solution soit la plus prudente, il ne l'impose pas.
- En application de la méthode de l'impôt exigible, aucune provision n'a à être constituée.
- En application de la méthode de l'impôt différé, un impôt différé devrait être constaté, mais, pour des motifs purement fiscaux (impossibilité de ventiler les provisions), l'OEC recommande, par exception, de ne pas constater d'impôts différés passifs.

En conclusion, une provision pour impôt n'a pas à être constatée.

Dossier 2 : provision pour essaimage

1. Pourquoi la société BAKAR peut constituer une provision spéciale ?

Les entreprises qui consentent une aide sous forme de prêts à des taux privilégiés ou de souscription en capital à des entreprises nouvelles fondées par les membres de leur personnel peuvent constituer une provision spéciale.

2. Quelles sont les limites de la provision pour un salarié ? Quel est le plafond de déduction de la dotation globale ? Quel est le sort de cette provision sur le plan fiscal ?

Le montant de la provision pour un même salarié est égal à :

- 50 % du montant du prêt ;
- 75 % de l'apport en capital ;

Avec un plafond de 46 000 €.

La déduction de la dotation globale est plafonnée à 25 % de bénéfice net imposable de l'exercice précédent.

La provision doit être rapportée par tiers aux résultats imposables, de 5e, 6e et 7e année, suivant celle de sa constitution.

3. Déterminez le montant de la provision et quel est son montant déductible ?

La provision ne peut excéder pour un même salarié de l'entreprise prêteuse, ni la moitié des sommes effectivement versées au titre de prêt, ni la somme de 46 000 €.

La dotation au titre d'un exercice ne peut excéder le quart du bénéfice net imposable de l'exercice précédent.

Provision Mme Frej

100 000 × 50 % = 50 000 €, la provision est limitée à 46 000 €.

Provision M. Laktari

70 000 × 50 % = 35 000 €, la provision est limitée à 35 000 €.

Provision M. Turki

50 000 × 50 % = 25 000 €, la provision est limitée à 25 000 €.

Provision totale est de (46 000 + 35 000 + 25 000) = 106 000 €

Le montant déductible est limité à 300 000 × 25 % = 75 000 €

Dettes financières

Fiche 19

Schéma de synthèse

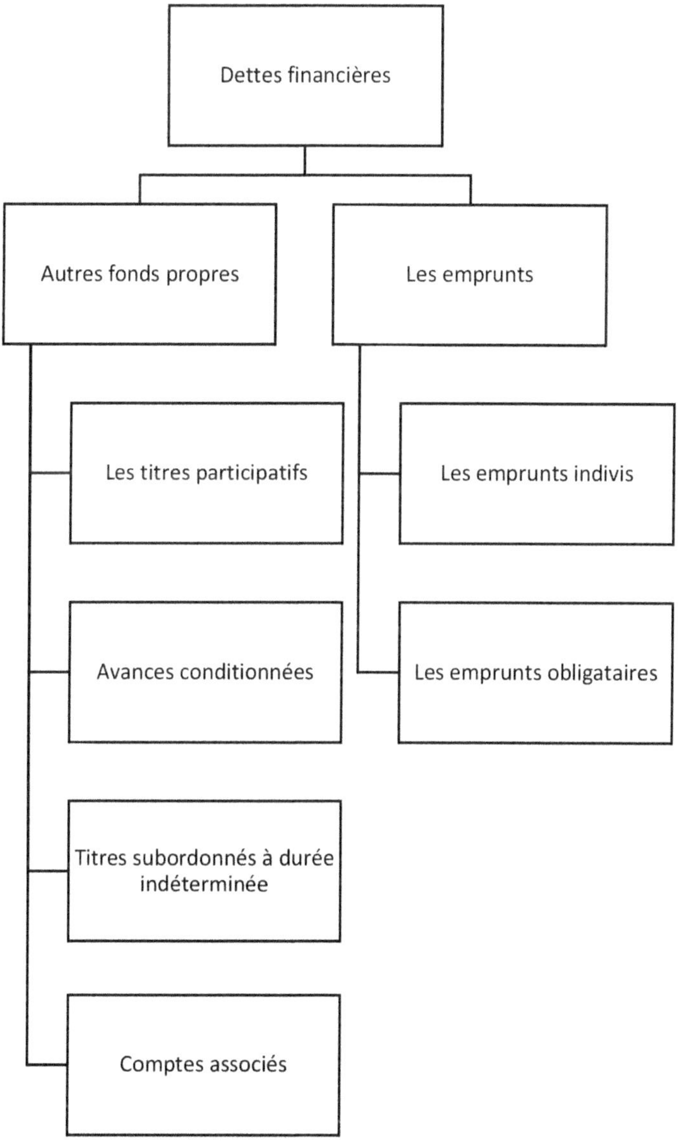

Les investissements, l'accroissement du besoin en fonds de roulement doivent être financés par des ressources stables.
L'autofinancement étant souvent insuffisant, il faut alors envisager de recourir à des modes de financement externes : emprunt
Certains emprunts dont le remboursement est improbable sont inscrits au bilan, non dans les dettes mais à la rubrique des « autres fonds propres », après les capitaux propres.

I. Autres fonds propres

Les fonds propres comprennent essentiellement les capitaux propres, mais aussi les autres fonds propres.

Ils peuvent avoir les caractéristiques suivantes :
- Emprunts dont le remboursement est laissé à l'initiative de l'emprunteur (titres participatifs) ;
- Emprunts dont le remboursement est conditionné par l'aboutissement d'un projet (avances conditionnées)

Par extension, on peut aussi classer dans les autres fonds propres :
- Les titres subordonnés à durée indéterminée ;
- Les emprunts qui ne seront jamais remboursés car destinés à être incorporés au capital (obligations remboursables en actions, comptes bloqués des associés).

1. Les titres participatifs

L'émission des titres participatifs est réservée aux sociétés et aux établissements du secteur public, aux sociétés coopératives et aux sociétés mutuelles d'assurance. Ces titres permettent de recueillir des fonds propres.

Ils ont les caractéristiques suivantes :
- Ils ne sont pas remboursables par l'entreprise avant sept ans ;
- Ils sont rémunérés par une partie fixe et une partie variable ;
- Leurs porteurs ont les mêmes droits que les porteurs d'obligations ;
- Ils prennent rang après les prêts, y compris participatifs, juste avant les actions ou les parts sociales.

Les titres sont inscrits au crédit du compte 1671. Émissions des titres participatifs. À la clôture : 661 à 1688 : Intérêts courus.

2. Avances conditionnées

L'État peut verser aux entreprises une avance en vue de financer des recherches ou développement de certaines fabrications.

L'entreprise doit rembourser avec prime, en cas de succès du projet. En cas d'échec, l'avance reste acquise à l'entreprise.
À la signature du contrat, l'avance est enregistrée au crédit du compte 1674 : Avances conditionnées de l'État.
En cas de succès, le compte 1674 est débité et la prime est portée au débit du compte 678 : Autres charges exceptionnelles
En cas d'échec, le compte 1674 est viré au crédit du compte 74 : Subventions d'exploitations ou du compte 778. Autres produits exceptionnels.

3. Titres subordonnés à durée indéterminée (TSDI)

Les TSDI (ou obligations perpétuelles) ne sont remboursables qu'à la liquidation de la société.
Ils sont inscrits au crédit du compte 167 : Emprunts et dettes assortis de clauses particulières

4. Comptes d'associés

Il faut enregistrer le montant des fonds laissés par les associés à la disposition de la société.

On peut distinguer :
- Les comptes courants d'associés où figurent les fonds laissés temporairement pour une durée indéterminée (rémunérations, dividendes, etc.). Ces sommes sont inscrites au crédit du compte 455 : Associés – comptes courants et les intérêts au débit du compte 6615.
- Comptes courants bloqués où figurent les fonds pour une durée déterminée. Si la durée de disponibilité est supérieure à un an, il est conseillé d'inscrire ces sommes dans le compte 1681 : Autres emprunts
- Comptes bloqués d'associés qui enregistrent des sommes qui doivent être incorporées au capital dans un délai de cinq ans. Seuls ces derniers peuvent être classés dans les « autres fonds propres ».

II. Les emprunts

1. Les emprunts indivis

Un emprunt est dit indivis quand il est accordé par un prêteur unique. Le remboursement s'effectue par versements périodiques appelés : annuités, chaque annuité est constituée par :
- Une fraction du capital emprunté, on parle d'amortissement de l'emprunt

– Les intérêts sont calculés sur la fraction du capital non encore amortie en appliquant un taux d'intérêt.

On a donc : Annuité = Amortissement + intérêts

A. Modalités de remboursement

a. Remboursement in fine

L'emprunt est remboursé en une seule fois à la fin. Les intérêts sont payables périodiquement. Ils sont calculés à chaque fois sur le montant total de l'emprunt.

b. Remboursement par amortissement constant

Au terme de chaque période, l'entreprise rembourse une fraction du montant emprunté et paye les intérêts relatifs à cette période.

Amortissement = Montant de l'emprunt/durée de remboursement

Remarques

La dernière annuité est égale au dernier amortissement × (1 + i)

Les annuités sont en progression arithmétique de raison : –C/n × i et de 1er terme C/n + Ci

c. Remboursement par annuités constantes

$$A = \frac{C * i}{1-(1+i)^{-n}}$$

Remarques

Les amortissements sont en progression géométrique de raison (1 + i)

$A = a_n (1 + i)$, l'annuité est égale au dernier amortissement multiplié par (1 + i)

B. Enregistrement

a. Chez l'emprunteur

Au moment de l'emprunt

512		Banque	Montant de l'emprunt
	164	Emprunts	Montant de l'emprunt

À la clôture de l'exercice

661		**Charges financières**
	1688	**Intérêts courus sur emprunt**

À l'échéance

164		Emprunts	Amortissement	
661		Charges financières	Intérêts	
	512	Banque		Annuité

b. Chez le prêteur

L'octroi du prêt

274		**Prêts**
	512	**Banque**

À la clôture

2764		**Intérêts courus sur prêts**
	762	**Revenus des prêts**

À l'échéance

512		Banque
	274	Prêts
	762	**Produits des autres immobilisations financières**

N.B.

Le montant des intérêts peut être connu ou fixé d'avance avec une précision suffisante (ce sont les critères de l'abonnement). Ils peuvent faire l'objet d'un abonnement.

2. Emprunts obligataires

A. Définition et caractéristiques

C'est un emprunt à moyen et long terme contracté par une société, divisé en parts égales représentées par des titres appelés obligations. Ce sont des titres qui confèrent à leurs détenteurs un droit de créance : droit à intérêt annuel (sont versés sous forme d'un coupon) et un droit au remboursement de l'obligation.
Les conditions d'émission d'un emprunt obligataire pour les sociétés par actions :
Seules les sociétés par actions ayant deux années d'existence, qui ont établi deux bilans régulièrement approuvés par les actionnaires et dont le capital est entièrement libéré peuvent émettre des obligations (art. L. 228-39 al. 2 du code de commerce).
Exception : l'émission reste possible si les actions non libérées ont été réservées aux salariés dans le cadre d'un PPE ou dans le cadre de la participation.

Remarque

Depuis la loi NRE (2001), les sociétés par actions qui n'ont pas deux années d'existence et deux bilans régulièrement approuvés peuvent émettre des obligations à condition de faire procéder à une vérification de leur actif et de leur passif par un commissaire aux comptes (désigné à l'unanimité des actionnaires).
Le remboursement peut être en fin de contrat ou échelonné sur la durée de l'emprunt, il se fait par tirage au sort. Une obligation peut avoir 3 valeurs :

- Une valeur nominale : C, c'est une quote-part de l'emprunt on calcule l'intérêt en appliquant le taux nominal i à cette valeur C, Ci : coupon unitaire d'intérêt
- Prix d'émission E : il peut être égale à la valeur nominale C, mais le plus souvent E < C afin d'offrir un avantage aux souscripteurs et donc les inciter à acheter les obligations
- Un prix de remboursement R : Le titre peut être remboursé à sa valeur nominale, mais pour accentuer l'avantage, le prix de remboursement peut être supérieur à C. (quand R > C alors i' = Ci/R). La dette est inscrite au compte 163 : Autres emprunts obligataires

B. Traitement comptable

a. Émission de l'emprunt

Lors de l'ouverture de la souscription, la dette totale est constatée au crédit du compte 163. Le prix d'émission des obligations est dans le compte 471 : Obligations à placer et la différence (prime de remboursement) dans le compte 169.

b. Amortissement des frais d'émission

Les frais d'émission sont, en principe, déductibles du résultat de l'exercice de l'emprunt mais sur option valable pour 2 ans, l'entreprise peut étaler la déduction sur la durée de l'emprunt :
– soit linéairement sans prorata ;
– soit au prorata des intérêts courus.

L'option s'applique à tous les emprunts émis pendant 2 ans. Au 31/12, l'écriture comptable est :
4816 à 791 et 681 à 4816 pour l'étalement des frais de l'emprunt.
L'annexe qui a pour objectif d'apporter des informations complémentaires, lorsqu'elles sont significatives, permettent d'améliorer la compréhension du bilan et du compte de résultat. De ce fait, la méthode de comptabilisation choisie pour les frais d'émission ainsi qu'un état des échéances des dettes à la clôture doivent figurer dans l'annexe.

c. *Amortissement de prime de remboursement*

La prime de remboursement fait l'objet d'un amortissement direct par le compte 686. La durée est obligatoirement la durée de l'emprunt. Soit au prorata des intérêts courus, soit par fractions égales sur la durée de l'emprunt. Au 31/12, on enregistre 661 à 1688 et 686 à 169.

Dans la pratique, les obligations et les bons donnant accès au capital ou à l'attribution de titres de créance sont :
- Les obligations convertibles en actions ;
- Les bons de souscription d'actions ;
- Les bons de souscription d'obligations ;
- Les titres (actions ou obligations) assortis de bons de souscription.

C. Les obligations Convertibles en actions

Le prix d'émission de ces obligations ne peut être inférieur à la valeur nominale des actions qui seront proposées en échange. Le contrat d'émission fixe le taux et les dates de conversion. À l'émission, le prix d'émission est porté au crédit du compte 161 obligations convertibles. Deux solutions sont possibles pour la prime d'émission.

a. *Enregistrement de l'emprunt au prix d'émission (solution de la CNCC)*

La prime n'est pas comptabilisée, on présume que les porteurs opteront pour la conversion et qu'il n'y aura pas à rembourser. Par prudence, la société devrait constituer une provision pour risque de remboursement de la prime. On débite le 686 et on crédite le 158.

b. *Enregistrement de l'emprunt au prix de remboursement (solution de l'AMF et admise par la CNCC)*

La prime est comptabilisée et amortie normalement.
La conversion entraîne une augmentation du capital, avec s'il y a lieu une prime d'émission des actions, la prime est inscrite au crédit du compte 1044 primes de conversion d'obligations en actions.

D. Les obligations remboursables en actions

Ce sont des obligations dont le remboursement s'effectue par la remise d'actions de la société émettrice dans un rapport déterminé dès l'émission des obligations.
Elles peuvent être classées dans les « autres fonds propres » dans la mesure où toute possibilité de remboursement en espèces est exclue dans le contrat. Elles peuvent être enregistrées au compte 167 : Emprunts et dettes assorties de clauses particulières. On peut utiliser le sous compte 1672 : Obligations remboursables en actions.

Ce qu'il faut retenir

- Un emprunt est dit **indivis** quand il est accordé par un prêteur unique. Le remboursement s'effectue par versements périodiques appelés : **annuités.**
- Annuité = Amortissement + intérêts
- Trois modalités de remboursement
  - Remboursement in fine : L'emprunt est remboursé en une seule fois à la fin. Les intérêts sont payables périodiquement. Ils sont calculés à chaque fois sur le montant total de l'emprunt.
  - Remboursement par amortissement constant
- Amortissement = Montant de l'emprunt/durée de remboursement
  - Remboursement par annuités constantes
- $A = \dfrac{C * i}{1 - (1+i)^{-n}}$
- **Les intérêts sont toujours calculés sur le capital restant dû.**
- L'emprunt obligataire est un emprunt à moyen et long terme contracté par une société, divisé en parts égales représentées par des titres appelés obligations. Ce sont des titres qui confèrent à leurs détenteurs un droit de créance : droit à intérêt annuel (sont versés sous forme d'un coupon) et un droit au remboursement de l'obligation.
- Seules les sociétés par actions ayant deux années d'existence, qui ont établi deux bilans régulièrement approuvés par les actionnaires et dont le capital est entièrement libéré peuvent émettre des obligations (art. L. 228-39 al. 2 du code de commerce).
- La prime de remboursement fait l'objet d'un amortissement direct par le compte 686. La durée est obligatoirement la durée de l'emprunt. Le PCG donne le choix.
  - soit au prorata des intérêts courus ;
  - soit par fractions égales sur la durée de l'emprunt.
- Au 31/12, on enregistre 661 à 1688 et 686 à 169.
- Les frais d'émission sont, en principe, déductibles du résultat de l'exercice de l'emprunt mais sur option valable pour 2 ans, l'entreprise peut étaler la déduction sur la durée de l'emprunt :
  - soit linéairement sans prorata ;
  - soit au prorata des intérêts courus.
- L'option s'applique à tous les emprunts émis pendant 2 ans.
- Au 31/12, l'écriture comptable est :
- 4816 à 791 et 681 à 4816 pour l'étalement des frais de l'emprunt.
- La conversion d'obligation en actions entraîne une augmentation du capital, avec s'il y a lieu une prime d'émission des actions, la prime est inscrite au crédit du compte 1044 primes de conversion d'obligations en actions.

Cas Dikhal

Dossier 1 Emprunt obligataire

Mission

La société DCG a émis le 1er avril un emprunt de 10 000 obligations de valeur nominale de 300 €. Prix d'émission : 296 €, taux d'intérêt 5 % remboursable en 10 ans, par amortissements constants. Frais d'émission 15 000 € HT seront réparties sur la durée de l'emprunt ainsi que les primes. Pour réaliser cette mission, vous devez :

1. Passez les écritures à l'émission au 1er avril.
2. Passez les écritures au 31/12/N.

Dossier 2 Obligations convertibles en actions

Mission

La société AG-SEF émit le 2 janvier N, 100 obligations de 2 000 € convertibles en actions à tout moment à partir du 1er janvier N+4. Le taux de conversion est d'une obligation contre trois actions de nominal 500 €. Les obligations non converties sont remboursées le 2 janvier N+5 au prix de 2 015 €. Au cours de N+4, 40 obligations ont été présentées à la conversion. Le 2 janvier N+5, les 60 obligations restantes ont été remboursées. Pour réaliser cette mission, vous devez :

1. Expliquez les deux possibilités d'enregistrement pour la prime d'émission.
2. Qu'elle est la conséquence de la conversion d'obligations en actions ?
3. Passez toutes les écritures nécessaires avec les deux possibilités.

Dossier 3 Emprunt et abonnement des charges et produits

En février N, la société DIKHAL signe le contrat de crédit et la période de collecte, d'une durée de 2 mois, débute le 1er avril N. La souscription auprès du public est un succès puisque le montant total des contributions reçues atteint 25 000 € dès le 15 juin N. Les fonds sont versés le 1er juillet N à DIKHAL. Les frais d'émission, réglés le 2 juillet N, ont été étalés par fractions égales sans prorata temporis.

Mission 1

Pour réaliser cette mission, à l'aide de document 1, vous devez :

1. Comptabiliser toutes les opérations relatives à l'emprunt pour l'exercice N.
2. Après avoir précisé le rôle de l'annexe dans les comptes sociaux, citer les informations que la société DIKHAL doit faire figurer dans ce document.
3. Présenter l'extrait de bilan de la société DIKHAL au 31/12/N.

Depuis le 1er janvier N+1, la société a décidé de mettre en place un abonnement trimestriel de ses charges et produits.

Mission 2

On vous demande de poursuivre les travaux sur l'abonnement des charges et produits pour le second semestre de l'année N+1. Pour réaliser cette mission, vous devez :

4. Expliquer le choix de procéder à un abonnement trimestriel de ses charges et produits.
5. Justifier pourquoi les intérêts de l'emprunt et la dotation aux amortissements des charges à répartir peuvent faire l'objet d'un abonnement.
6. Comptabiliser toutes les opérations relatives à l'abonnement des intérêts et de la dotation aux amortissements des charges à répartir à compter du 1er juillet N+1 pour l'exercice N+1 (en sachant que les écritures d'abonnement des deux premiers trimestres ont été correctement passées).

Document 1 – Extrait du contrat de crédit

ARTICLE 2 – OBJET

2.1. Le montant total du financement que l'emprunteur souhaite collecter au moyen du présent crédit consenti par des personnes physiques s'élève à vingt-cinq mille euros (25 000 €).

ARTICLE 4 – DURÉE

Le crédit est consenti pour une durée de quatre (4) ans (la « Durée du Crédit »).

ARTICLE 5 – INTÉRÊTS APPLICABLES AU CRÉDIT

5.1 Taux d'intérêt. C'est un taux fixe annuel de 4,75 %. Les intérêts commenceront à courir à compter le jour où les fonds seront mis à sa disposition et seront payables, à terme échu, par échéances semestrielles le 1er du mois et pour la première fois le 01/01/N+1.

Les intérêts au taux d'intérêt seront donc versés au prêteur conformément au tableau d'amortissement suivant :

Date de prélèvement	Remboursement du capital	Intérêts	Semestrialités	Capital restant dû
01/01/2020	2874	594	3468	22126
01/07/2020	2943	525	3468	19183
01/01/2021	3013	456	3468	16170
01/07/2021	3084	384	3468	13086
01/01/2022	3157	311	3468	9929
01/07/2022	3232	236	3468	6697
01/01/2023	3309	159	3468	3388
01/07/2023	3388	80	3468	0
	25000	2745		

ARTICLE 6 – COÛT TOTAL DU CRÉDIT

Le coût total du présent crédit s'élève à 3 445 € ; il se décompose de la façon suivante :

- montant total des intérêts : 2 745 € ;
- le montant des frais de service dus à Mouf.com en qualité d'intermédiaire en financement participatif s'élève à 3,2 % HT du montant du crédit, soit 800 € HT.

[…]

Solution

Dossier 1 : emprunt obligataire

1. Passez les écritures à l'émission au 1er avril

		01/04/N		
471		Obligataires, compte d'émission	2 960 000	
169		Primes de remboursement des obligations (300 – 296) × 10 000	40 000	
	163	Émission de l'emprunt *10 000 obligations de 300 à 296*		3 000 000
512		Banque	2 942 000	
627		Services bancaires et assimilés	15 000	
44566		TVA déductible/ABS	3 000	
	471	Obligataires, compte d'émission *Versement des fonds*		2 960 000

2. Passez les écritures au 31/12/N

		13/12/N		
661		Obligataires, compte d'émission	112 500	
	16883	Intérêts courus/emprunts obligataires (300 000 × 5 % × 9/12)		112 500
4816		Frais d'émission des emprunts *10 000 obligations de 300 à 296*	15 000	
	791	Transfert des charges *Frais d'émission*		15 000
681		DAP d'exploitation (15 000/10)	1 500	
	4816	Frais d'émission des emprunts *Amortissement des frais*		1 500
686		DAP financières (40 000/10)	4 000	
	169	Primes de remboursement des obligations *Amortissement des primes*		4 000

Pour le remboursement de la 1re tranche, on enregistre l'écriture suivante

661		Charges d'intérêts		
163		Autres emprunts obligataires		
	512	Banque		

Dossier 2 : obligations convertibles en actions

1. Expliquez les deux possibilités pour la prime d'émission

Deux solutions sont possibles pour la prime d'émission :

– Enregistrement de l'emprunt au prix d'émission (solution de la CNCC)

La prime n'est pas comptabilisée, on présume que les porteurs opteront pour la conversion et qu'il n'y aura pas à rembourser. Par prudence, la société devrait constituer une provision pour risque de remboursement de la prime. On débite le 686 et on crédite le 158.

– Enregistrement de l'emprunt au prix de remboursement (solution de l'AMF et admise par la CNCC)

La prime est comptabilisée et amortie normalement.

2. Quelle est la conséquence de la conversion d'obligations en actions ?

La conversion entraîne une augmentation du capital, avec s'il y a lieu une prime d'émission des actions, la prime est inscrite au crédit du compte 1044 primes de conversion d'obligations en actions.

3. Les écritures comptables

Possibilité 1 : Emprunt au prix de l'émission

		20/01/N		
512		Banque	200 000	
	161	Emprunts obligataires convertibles *Émission de 100 obligations au prix de 2 000*		200 000
		31/12/N		
686		DAP- charges financières (15 × 100)	1 500	
	158	Autres provisions pour charges *Provision pour risque de remboursement de la prime*		1 500

		N+4		
161		Emprunts obligataires convertibles	80 000	
	101	Capital		60 000
	1044	Primes de conversion d'obligations en actions Augmentation de capital		20 000
		31/12/N+4		
158		Autres provisions pour charges	600	
	786	RAP- charges financières		600

		02/01/N+5		
161		Emprunts obligataires convertibles (60 × 2 000)	120 000	
668		Autres charges financières (60 × 15)	900	
	512	Banque		120 900
		31/12/N+5		
158		Autres provisions pour charges (60 × 15)	900	
	786	RAP financières		900

Possibilité 2 : Emprunt au prix de remboursement

		20/01/N		
512		Banque	200 000	
169		Primes de remboursement des obligations	1 500	
	161	Emprunts obligataires convertibles *Émission de 100 obligations au prix de 2 000 avec prime de 15 €*		201 500
		31/12/N		
686		DAP- charges financières (15 × 100)/5	300	
	169	Primes de remboursement des obligations *Amortissement de prime par fractions égales*		300

		N+4		
161		Emprunts obligataires convertibles (40 × 2015)	80 600	
	101	Capital (40 ×3 ×500)		60 000
	1044	Primes de conversion d'obligations en actions		20 480
	169	Primes de remboursement des obligations (Fraction restant à amortir : 40 × 15 × 1/5) *Augmentation de capital*		120
		31/12/N+4		
686		DAP- charges financières	180	
	169	Primes de remboursement des obligations *Amortissement 60 primes de 15 € en 5 fractions restant (60 × 15)/5*		180
		02/01/N+5		
161		Emprunts obligataires convertibles (60 × 2015)	120 900	
	512	Banque		120 900

Dossier 3 : emprunt et abonnement des charges et produits

Mission 1

1. Comptabiliser toutes les opérations relatives à l'emprunt pour l'exercice N

		01/04/N (1)		
467		Autres comptes débiteurs et créditeurs	25 000	
	168	Autres emprunts		25 000
		Émission de l'emprunt		
		01/07/2019		
512		Banque	25 000	
	467	Autres comptes débiteurs et créditeurs		25 000
		Libération de l'emprunt		

(1) On peut mettre la date du 15 juin N

		02/07/N		
627 ou 622 44566		Services bancaires État, TVA déductible sur ABS	800 160	
	512	Banque		960
		Frais d'émission de l'emprunt		
		31/12/N		
4816		Frais d'émission des emprunts	800	
	791	Transferts de charges d'exploitation		800
		Transfert des frais d'émission		
		31/12/N		
6812		Dotations aux amortissements des charges d'exploitation à répartir	200	
	4816	Frais d'émission des emprunts		200
		Étalement des frais d'émission 800/4		
		31/12/N		
6611		Intérêts des emprunts et des dettes	594	
	16888	Intérêts courus sur autres emprunts		594
		Intérêts courus pour le 1er semestre N		

2. **Après avoir précisé le rôle de l'annexe dans les comptes sociaux, citer les informations que la société doit faire figurer dans ce document.**

L'annexe a pour objectif d'apporter des informations complémentaires, lorsqu'elles sont significatives, permettant d'améliorer la compréhension du bilan et du compte de résultat.

En annexe de la société, doivent figurer :

- la méthode de comptabilisation choisie pour les frais d'émission : ici, l'étalement linéaire sur la durée de l'emprunt ;
- un état des échéances des dettes à la clôture de l'exercice ;

3. **Présenter l'extrait de bilan de la société au 31/12/N**

ACTIF	Brut	Amort. Dép.	Net	PASSIF	
Comptes de régularisation :				**Dettes** Emprunt **(1)**	25 594
Frais d'émission d'emprunt à étaler **(2)**	600		600		

(1) 25 000 + 594

(2) 800 – 200

Mission 2

4. **Expliquer le choix de procéder à un abonnement trimestriel des charges et produits de la société.**

Procéder à un abonnement trimestriel des charges et produits de la société permet d'établir des états financiers trimestriels et ainsi, avoir un meilleur suivi et pilotage de l'activité de la société.

5. **Justifier pourquoi les intérêts de l'emprunt et la dotation aux amortissements des charges à répartir peuvent faire l'objet d'un abonnement.**

Selon l'article 944-48 du PCG, les charges et les produits pouvant faire l'objet d'un abonnement sont « les charges et produits dont le montant peut être connu ou fixé d'avance avec une précision suffisante ».

Les intérêts de l'emprunt répondent bien à ces critères puisqu'ils sont versés semestriellement selon un échéancier connu par la société dès la signature du contrat de crédit. De même, le plan d'amortissement des charges à répartir est établi à la clôture de l'exercice de souscription d'emprunt.

Ces deux charges peuvent donc être estimées de façon fiable dès la signature du contrat de crédit.

6. Comptabiliser toutes les opérations relatives à l'abonnement des intérêts et de la dotation aux amortissements des charges à répartir à compter du 1er juillet N+1 pour l'exercice N+1 (en sachant que les écritures d'abonnement des deux premiers trimestres ont été correctement passées).

		01/07/N+1		
4886 168		Compte de répartition périodique des charges Autres emprunts	525 2 943	
	512	Banque		3 468
		Intérêts 1er semestre 2020		
		30/09/N+1 et 31/12/N+1		
6611		Intérêts des emprunts et des dettes	228	
	4886	Compte de répartition périodique des charges		228
		Abonnement des intérêts 456/2		
6812		Dotations aux amortissements des charges d'exploitation à répartir	50	
	4886	Compte de répartition périodique des charges		50
		Abonnement des dotations 200/4		
		31/12/N+1		
4886		Compte de répartition périodique des charges *Pour solde*	656	
	1688 4816	Intérêts courus sur autres emprunts Frais d'émission des emprunts		456 200
		Intérêts courus pour le 2e semestre 2020 et Étalement des frais d'émission 800/4		

Table des matières

Imprimé en France par CPI
en août 2021

Dépôt légal : août 2021
N° d'impression : 165226